Doris Janzen Longacre

Weniger ist mehr

Einfach günstig kochen

SCM Collection

SCM

Stiftung Christliche Medien

MIX
Papier aus verantwortungsvollen Quellen
FSC® C006701
FSC www.fsc.org

SCM Collection im SCM-Verlag GmbH & Co. KG · Bodenborn 43 · 58452 Witten
Internet: www.scm-collection.de; E-Mail: info@scm-collection.de

Die Bibelverse entstammen folgender Übersetzung:
Neues Leben. Die Bibel, © 2002 und 2006 SCM R.Brockhaus im SCM-Verlag GmbH & Co. KG, Witten.

Die amerikanische Originalausgabe wurde unter dem Titel MORE-WITH-LESS COOKBOOK vom Mennonite Central Committee (MCC), Akron, Pennsylvania, USA, in Zusammenarbeit mit der Aktion »Brot für die Welt« herausgegeben.
© 1976 Herald Press, Scottdale, PA 15683
Deutsch von Berthold Burkhardt

Umschlaggestaltung: Yellow Tree Kommunikationsdesign, www.yellowtree.de
Satz: Breklumer Print-Service, 25821 Breklum
Druck und Bindung: CPI-Ebner & Spiegel, Ulm
ISBN 978-3-7893-9509-3
Bestell-Nr. 629.509

Inhaltsverzeichnis

Vorwort zur deutschen Ausgabe 2011

Dieses Kochbuch ist heute so aktuell wie vor fast 30 Jahren bzw. vor 20, als es zum ersten Mal in Deutschland erschien. Damals wiesen immer mehr entwicklungspolitisch engagierte Gruppen darauf hin, dass die reichen Nationen noch immer den Löwenanteil für sich behalten und die armen Nationen mit den Brosamen vertrösten – trotz aller ernsthaften Bemühungen und unzweifelhaften Erfolge staatlicher, kirchlicher oder privater Organisationen, die neben ihrer Hilfstätigkeit stets auf die Dringlichkeit des Problems hinwiesen, das durch die tiefe wirtschaftliche Kluft entsteht, die unsere Welt teilt.

Eine Reaktion der Mennonitenkirche darauf war dieses Kochbuch, durch das man lernen kann, sparsamer mit den Nahrungsreserven der Welt umzugehen. Im Jahr 2011 hat sich an der Problematik leider nichts verändert. Im Gegenteil – wenn überhaupt hat sich die Situation noch verschärft. Der überhöhte Verbrauch an Fleisch und anderen tierischen Produkten für die Ernährung der Bevölkerung in den reichen Nationen hat zu einer verhängnisvollen Entwicklung geführt. Solche Mengen Fleisch, Milch und Eier, wie sie in der Europäischen Union erzeugt werden, lassen sich allein mit hier gewachsenem Viehfutter nicht mehr herstellen. Deshalb muss viel Futter auf dem Weltmarkt eingekauft werden. In vielen Erzeugerländern herrscht aber Hunger; die Armen würden zwar liebend gern die Nahrungsmittel kaufen, die zumeist von den Großgrundbesitzern oder internationalen Agrarkonzernen auf dem Weltmarkt verkauft werden. Der Weltmarkt bietet viel bessere Preise und harte Devisen; die Armen haben das Nachsehen.

Um mit dem riesigen Bedarf Schritt zu halten, wird zudem der Regenwald abgeholzt, um Platz für neue Weiden oder Felder zu schaffen. Die Folgen sind u.a. Wüstenbildung, Erosion, Artensterben, Trinkwasserverschwendung und erhöhte Treibhausgase. So hat beispielsweise die Fleischproduktion einen fast 50-mal höheren Anteil an den CO_2-Emissionen als die Gemüseproduktion.

Für die Neuausgabe dieses Kochbuches im Jahr 2011 mussten nur einige wenige Dinge wie beispielsweise Statistiken angepasst werden. Gleichzeitig scheint in manchen der Bemerkungen zu den Rezepten und einigen der Kapitel-Einführungstexte noch der Charme vergangener Zeiten und der Lebensbedingungen der in den USA meist ländlich lebenden Mennoniten durch. Sie machen dieses Kochbuch zu einem echten Juwel.

Im ersten Teil finden Sie wichtige Informationen zum angesprochenen Problem und hilfreiche Hinweise, wie Sie Ihren Lebens-, Koch- und Essstil ändern können. Beginnen Sie daher nicht gleich mit der Lektüre der Rezepte, sondern überlegen Sie, ob und wie Sie mit Ihrer Familie auf die Ungleichverteilung der Nahrungsmittel in dieser Welt reagieren möchten.

Wichtig ist auch: Dieses ist kein Reform- oder Gesundheitskochbuch, auch wenn vieles eine Reform darstellt oder gesünder ist. Vielen ernährungsbewussten Menschen wird es nicht weit genug gehen und nicht konsequent genug sein. Es ist aber denen eine Hilfe, die vorerst einmal kleine Schritte auf einen verantwortungsbewussteren Lebensstil hin machen wollen.

Doch auch abgesehen von der angesprochenen Problematik: Dieses Kochbuch enthält viele leckere Rezepte, die einem schon beim Lesen das Wasser im Munde zusammenlaufen lassen. Es geht nicht um säuerlichen Verzicht, sondern vielmehr um Freude an einer neuen, schönen und verantwortungsbewussten Art zu essen und zu leben. Lassen Sie sich inspirieren!

Vorwort

Wir sind bereit,
mit ganzem Herzen unseren Besitz zu teilen,
unseren Reichtum und alles, was wir haben,
so wenig es auch sei;
im Schweiße unseres Angesichts zu arbeiten,
um den Nöten der Armen zu begegnen,
wie der Geist und das Wort Gottes
und die wahre brüderliche Liebe
uns lehren und sagen.

Menno Simons

Warum noch ein Kochbuch, wenn der Markt schon mit Rezeptbüchern aller Art überflutet ist? Paradoxerweise gehören Kochbücher zu den Bestsellern, obwohl die bequeme Fertignahrung zum großen Geschäft wurde. Man bringe ein Kochbuch auf den Markt mit einer einmaligen und kreativen Idee, einer attraktiven Aufmachung und ausführlichen Anleitungen für die Verwendung der Rezepte – und es lässt sich sehr gut verkaufen.

Das »Weniger ist mehr«-Kochbuch besitzt alle Kennzeichen eines Bestsellers: Es ist aus einer kreativen Idee heraus entstanden, nämlich aus der Notwendigkeit, dass irgendjemand uns überernährte Nordamerikaner und Europäer dazu bringen muss, etwas gegen unseren Überfluss im Zusammenhang mit dem Welthunger zu tun. Es fordert uns auf, heute mit einem verantwortungsbewussten Essen zu beginnen. Zweitens zeigt es uns eindeutig, wie wir *mehr* genießen und doch *weniger* essen können. »Es gibt einen Weg, weniger zu verschwenden, weniger zu essen und weniger Geld auszugeben und dabei nicht weniger, sondern mehr zu bekommen«, sagt die Verfasserin.

Die Mennoniten sind in Amerika weithin als gute Köche bekannt. Aber sie sind auch Menschen, die sich um die Hungernden der Welt sorgen. Mitte der 70er-Jahre hat das Mennonitische Zentralkomitee (MCC), ein Hilfswerk, getragen von nordamerikanischen Mennoniten- und »Brüder-in-Christus«-Kirchen, die Mennoniten aufgerufen, die Welthungerkrise zum Schwerpunktthema zu machen. Es wurden extra Menschen ernannt, die an langfristigen Lösungen zur Ausweitung und Unterstützung ländlicher Entwicklung und an Familienplanungsprogrammen in der ganzen Welt arbeiteten. In Ergänzung dazu hat das MCC zum ersten Mal in seiner 55-jährigen Geschichte jeden selbstständigen Haushalt aufgerufen, auf seinen Lebensstil und besonders auf seine Ernährungsgewohnheiten zu achten. Im Hinblick auf die Zusammenhänge zwischen nordamerikanischem Überfluss und den Nöten der Welt setzte es das Ziel, zehn Prozent weniger zu essen und zu verbrauchen. In den nordamerikanischen Mennonitengemeinden reagierten die Leute mit Fragen der Enttäuschung: »Wir wollen ja weniger verbrauchen. Doch wie sollen wir das anfangen? Wie sollen wir dieses Vorhaben in unserer Überflussgesellschaft durchhalten? Wie können wir uns gegenseitig helfen?« Fragen wie diese ließen das Kochbuch *Weniger ist mehr* entstehen.

Zeitschriften der Mennoniten- und Brüderkirchen druckten die Bitten um Rezepte, Hinweise und unterstützende Materialien ab. Innerhalb weniger Wochen füllten Briefe von Frauen und Männern, von Studenten und Großeltern den Briefkasten der Herausgeberin.

Tausende von Rezepten kamen aus der ganzen Welt. Doris Longacres Berater und sie kamen zu dem Schluss, alle Rezepte erst zu testen, bevor sie sie in ihre Sammlung aufnahmen. Mehr als 30 Hauswirtschafterinnen probierten und bewerteten sie zu Hause.

Alle Rezepte, die aufgenommen wurden, sind sorgfältig durchgearbeitet. Über 1 000 wurden getestet. Viele wurden nach den Vorstellungen der Prüfer verändert und berichtigt. Einige sind aus der Zusammenfassung mehrerer sich ähnelnder Rezepte entstanden; viele ausgezeichnete Rezepte konnten jedoch nicht aufgenommen werden, da nur ein begrenzter Raum zur Verfügung stand.

Obwohl das Buch fertig ist, bestehen die Fragen weiter. Verstehen Sie dieses Buch nicht als eine Sammlung fertiger Antworten. Es kann höchstens zeigen, dass wir uns um den Welthunger Gedanken machen und auf der Suche sind.

Doch das Kochbuch ist nicht einfach eine Sammlung von Lieblingsrezepten. Der Rezeptteil, der den Hauptteil des ganzen Buches einnimmt, zeichnet sich durch Rezepte besonderer Art aus. Wie man es von einer Rezeptsammlung erwartet, die sparsam in Bezug auf Geld, Zeit und Energie sowie gesundheitlich orientiert sein möchte, werden hier einfache Grundnahrungsmittel statt teuer verpackter Luxuswaren verwendet. Enthalten sind viele Rezepte, in denen das Fleisch in Fleischgerichten sowie Suppen, Schmorgerichten und Eintöpfen durch pflanzliches Eiweiß ersetzt wird. Wenig Gewicht wird auf das Grillen und Braten von Fleisch und auf mächtige, süße Nachspeisen gelegt; stattdessen werden ernährungsphysiologisch wertvolle Früchte und Gemüse empfohlen.

Die Tatsache, dass die Autorin lange Zeit im Ausland gelebt hat und dass viele Einsender ebenfalls weit gereist sind, zeigt sich in den internationalen Rezepten. Dies ergänzt die Vielfalt der Menüs, bringt Farbe, Aroma und wertvolle Nahrung für wenig Geld.

Das vorliegende Kochbuch enthält einige Besonderheiten. Den Text begleiten anregende Kommentare und interessante persönliche Anmerkungen zu bestimmten Rezepten; Alternativvorschläge ermöglichen es dem Koch, Rezepte zu verändern und sich dabei schöpferisch zu entfalten. Jedem Kapitel ist ein Abschnitt »Resteverwertung« angefügt. Schnelle, zeitsparende Rezepte sind ebenfalls entsprechend gekennzeichnet.

Das »Weniger ist mehr«-Kochbuch möchte Christen in ihrem Versuch unterstützen, in einer Welt mit begrenzten Nahrungsquellen verantwortlich zu leben und zu teilen. Es kann Ihre Familie ständig an das zentrale Thema erinnern: Es gibt einen Weg, der das Ziel »Weniger ist mehr« erreicht; mehr Freude, mehr Frieden, weniger Schuld; mehr körperliche Gesundheit, weniger Übergewicht und Fettleibigkeit; mehr zu teilen und weniger für uns selbst zu horten.

Wir suchen nach Wegen, einfacher und mit mehr Freude zu leben; nach Wegen, die vom lebendigen Glauben und den Herausforderungen der hungernden Welt bestimmt werden. Es gibt keinen allein richtigen Weg, der alle Probleme auf einmal löst; es gibt auch keine allein gültige Antwort auf das Welthungerproblem. Vielleicht liegt es nicht in unserer Macht, die richtige Antwort zu finden; aber unsere Aufgabe ist es, nach einer ehrlichen Antwort zu suchen.

Teil 1

Mehr durch Weniger

1. Weniger ist mehr

Die Sonne scheint, ohne zu flimmern. Wind fegt über das Land.
Die Alten schütteln ihre Häupter. Frauen und Kinder ziehen zu den Speisungszentren. Schon befinden sich mehr als 200 000 in solchen Lagern. Wir alle beten um Regen.
In den Städten stehen die Menschen Schlange. Zucker, Maismehl, Mehl und Öl gehen zur Neige. Die Spannung wächst.
Die mageren Jahre sind da.
Lehre uns zu sorgen, o Gott, auf die Art, welche weder hortet noch Güter für die Zukunft anhäuft, sondern froh teilt, nicht achtend, wie wenig es auch sei.
Bertha Beachy, Mogadischu (Demokratische Republik Somalia)

Für viele ist es eine schreckliche Aussicht, die eigenen Ansprüche zurückschrauben zu müssen. Sie neigen eher zu der Devise: »Lasst uns mal so richtig schwelgen.« Aber schieben Sie Ihre Befürchtungen beiseite, denn dieses Buch handelt nicht vom Verzicht. Dieses Buch erzählt von einem reichen, schöpferischen Leben voller Freude. Als das Mennonitische Zentralkomitee (MCC) in kirchlichen Zeitschriften dazu aufrief, Vorschläge für einen sparsameren Lebensstil einzusenden, strömten die Antworten nur so herbei. »Es war ein freudiges Experiment, unsere Mahlzeiten zu vereinfachen, um die Essensausgaben zu vermindern«, schrieb einer. »Wir stehen keineswegs ohne gute, schmackhafte und wertvolle Nahrung da«, so ein anderer. Ein Dritter erinnerte sich an »köstliche Festessen«. Als ich so die tägliche Post las, Ernährungstexte durchforschte und über Artikeln von Experten über die Weltnahrungsversorgung grübelte, ergänzten sich die einzelnen Teile langsam zu einem Ganzen. Ich entdeckte einen Weg, weniger zu verschwenden, weniger zu essen und weniger Geld auszugeben, der jedem Menschen nicht weniger, sondern mehr gibt. Der Gewinn dabei ist so groß, dass die Redewendung »seine Ansprüche zurückschrauben« nicht mehr zutrifft.
Bevor wir jedoch diesen Gewinn verstehen können, ist ein Überblick über die Nahrungsversorgung der Welt und die Ernährungsgewohnheiten der Nordamerikaner und Europäer notwendig.

Die Nahrungsmittelknappheit in der Welt

Stellen Sie sich unseren Planeten als ein gigantisches Puzzle vor, in dem die jeweilige Qualität der Nahrungsmittelversorgung mit einer Farbe gekennzeichnet ist. Während der ganzen Menschheitsgeschichte zeigen die Farben, dass es Gebiete mit Hunger gibt. Seit den frühen 70er-Jahren jedoch fügen sich die Teile zu einem neuen Bild: Mehr Menschen auf der Erde, mehr Überschwemmungen, mehr Dürrekatastrophen und die Zunahme wohlhabender Gruppen, die nach reichhaltiger Kost verlangen, haben die Nahrungsreserven der Welt auf einen gefährlichen Tiefstand gedrückt. Besonders die ärmeren Länder leiden darunter.

Der Weltmarktpreis für Weizen verdreifachte sich im Zeitraum von Ende 1972 bis Ende 1973. Der Reispreis folgte. Der Preis für Sojabohnen verdoppelte sich in zwei Jahren. Zwischen 1972 und 1973 vervierfachte sich der Erdölpreis, ein lebenswichtiger Rohstoff für die moderne Landwirtschaft. Ärmere Länder, die oft sowohl Nahrungsmittel als auch Öl importieren müssen, litten am meisten darunter.

Zum ersten Mal stand die Welt vor einem Mangel an allen vier wichtigen natürlichen Landwirtschaftsressourcen: Land, Wasser, Energie und Düngemittel. »Wenn alle Nahrungsmittel in der Welt gleich verteilt würden und jeder Mensch genau die gleiche Menge bekäme, wären wir alle unterernährt«, schrieb Georg A. Borgstrom, Fachmann für Ernährung und Geografie an der Universität Michigan.[1]

Als man sich plötzlich bewusst wurde, dass die Nahrungsmittelreserven knapp werden, entstand 1974 der Ausdruck »Ernährungskrise«. Nun, eine »Krise« kommt und geht. Aber auch fast dreißig Jahre später deutet nichts darauf hin, dass die Ernährungskrise vorübergehen wird.

Die beiden Hauptursachen für den Nahrungsmittelmangel sind Überbevölkerung und steigender Wohlstand. Wir gehören zu denjenigen, die im Wohlstand leben. Der Durchschnittsbürger in den Industrieländern verbraucht fast fünfmal mehr Getreide pro Jahr als einer der zwei Milliarden Menschen in den armen Ländern: rund 650 kg pro Person und Jahr. Das meiste davon konsumiert er indirekt über Fleisch, Milch, Eier und alkoholische Getränke. Die Menschen in den ärmsten Ländern dagegen essen kaum 140 kg Getreide im Jahr, das meiste direkt als Reis oder Weizen.

Menschen, die von nur 140 kg Getreide im Jahr existieren, haben Eiweiß- und Kalorienmangel. Der größere Teil unseres Getreidekonsums muss als Exzess bezeichnet werden, vom gesundheitlichen wie vom christlichen Standpunkt aus. Die Weltgetreidevorkommen erlauben dem ärmeren Teil der Welt niemals, die Verbrauchsgewohnheiten der Industrienationen zu erreichen.

Wir haben nicht immer in diesem Übermaß gelebt, deshalb können wir auf eine mögliche Veränderung hoffen. Unsere Großeltern haben nicht annähernd so viel Fleisch und Süßigkeiten gegessen, wie wir es heute tun. Unser Problem ist: Wir verschwenden unser Geld, wir essen zu viele Kalorien, Eiweiß, Fette, Zucker und verfeinerte, entwertete Nahrungsmittel. Wir machen uns das Leben schwerer als nötig.

Unsere Geldverschwendung

Das Wehklagen über die langen Einkaufslisten fällt uns leicht. Aber sie zu kürzen ist schon schwieriger. Eine Familie schrieb, sie hätten sich nach dem Aufruf der Mennonitischen Kirchenleitung, die Lebensmittelausgaben um 10 Prozent zu senken, aufrichtig um einen bescheideneren Lebensstil bemüht. Doch am Ende des Jahres waren ihre Essensausgaben um 6 Prozent gestiegen. Rechnet man die damalige Inflationsrate von 12 bis 15 Prozent mit ein, dann waren sie trotzdem teilweise erfolgreich.

Wir verwenden einen weit niedrigeren Anteil unseres Einkommens auf Lebensmittel als die meisten Menschen in anderen Ländern. Edgar Stoesz, Experte für Nahrungsmittelressourcen des MCC, schreibt:

1 Dies gilt zumindest dann, wenn das erzeugte Getreide teilweise durch Tiermast zu Fleisch »veredelt« wird.

»Obwohl sich die Nordamerikaner lauthals über die steigenden Nahrungsmittelpreise beschweren, sind sie wahrscheinlich am wenigsten betroffen. Während der letzten 15 Jahre gab die durchschnittliche amerikanische Familie 16-18 Prozent ihres Einkommens für Lebensmittel aus. Die Menschen in der Dritten Welt, wie in Indien, Äthiopien und Haiti, wo die Nahrungsmittelversorgung immer angespannt ist, wenden dafür normalerweise 70-80 Prozent ihres Verdienstes auf. In schlechten Zeiten müssen alle Familieneinkünfte für Nahrung ausgegeben werden – und trotzdem werden sie nicht satt.«

Trotzdem ist unsere Ernährung teuer. Die Lebensmittelpreise hätten in den letzten 100 Jahren eigentlich insgesamt sehr stark sinken müssen, weil wir die Flächen- und Pro-Kopf-Produktivität in der Landwirtschaft steigerten, höhere Erträge erzielten, bessere Düngemittel sowie wirksamere Verarbeitungsmethoden entwickelten. Indem wir unseren Fortschritt nutzen, müssten wir eigentlich mehr für weniger erhalten. Zum Teil ist das mittlerweile auch der Fall, vor allem, wenn es sich um Grundnahrungsmittel handelt. Für den Verbraucher jedoch fallen die finanziellen Vorteile der Erhöhung der landwirtschaftlichen Produktivität häufig weg, und zwar durch eine Lebensmittelverarbeitung, die uns veranlasst, weniger natürliche Nahrung zu uns zu nehmen. Wir sind auf Bequemlichkeit und Abwechslung trainiert, nicht auf eine gesunde Ernährung. Wir lassen uns von der Reklame und von verlockenden Verpackungen täuschen. Anstatt einfache Haferflocken in Großpackungen zu kaufen, bevorzugen wir gefärbte, gesüßte, vitaminentleerte, teure Produkte in Folien- und Pappverpackungen. Für Maismehl bezahlen wir ein Vielfaches des Preises, wenn wir es in Form von Chips kaufen. Mittlerweile kann man auch Sojafleisch in den Ladenregalen finden. Es enthält mehr wirksames Eiweiß als Fleisch, aber es kostet das Siebenfache einer selbstgemachten Sojabohnenmahlzeit mit gleichem Eiweißgehalt.

Wir zahlen für die endlose Vielfalt in unseren Supermärkten und für die ständige Entwicklung neuer Produkte. Mein örtlicher Markt führt 20 verschiedene Waschmittelmarken, die aber alle ähnlich wirksam sind. Die Tatsache, dass ich unter verschiedenen, ähnlichen Produkten auswählen kann, verteuert meinen Einkauf enorm.

Unsere Lebensmittelausgaben sind auch deswegen sehr hoch, weil wir einen großen Teil unserer täglichen Nahrung in Form von tierischem Eiweiß zu uns nehmen. Fleisch, Milch und Eier sind vom Ernährungsstandpunkt her sehr wertvoll, aber teuer, da sie viel mehr Kalorien zur Produktion verbrauchen, als sich am Ende in ihnen befinden. Wir verschwenden wertvolle Ressourcen, wenn wir über unseren Bedarf hinaus essen.

Zu viel Kalorien

Sie brauchen sich nur an eine Straßenecke zu stellen und die vorübergehenden Menschen zu beobachten, um sich von unserer Überernährung zu überzeugen. Die gleiche Szene in einer asiatischen Stadt unterscheidet sich davon bei Weitem, auch wenn es sich dabei um ein industrialisiertes Land wie Japan handelt, wo sich die meisten Menschen heute ausreichend ernähren können. Als wir nach drei Jahren Vietnamaufenthalt in die USA zurückkehrten, wurde uns sehr deutlich bewusst, dass wir von übergewichtigen Menschen umgeben sind. Wir vermissten die geschmeidige Eleganz der Asiaten.

Nach Angaben des Statistischen Bundesamts gelten 60 Prozent der Männer und 43 Prozent der Frauen in Deutschland als übergewichtig (Stand: 2009). Wenn der Welthunger und die eigene Gesundheit ein Anliegen sind, kann an dem Problem »Übergewicht« nicht vorbeigegangen werden.

Über den Bedarf hinaus zu essen verschwendet Nahrung. Es verschwendet Geld und menschliche Kräfte, wenn wir dann auch noch medizinische Hilfe in Anspruch nehmen müssen. Die Versicherungsprämien steigen, während die Lebenserwartung und die Berufschancen sinken. Wenn wir zu viel essen, bekommen wir weniger durch mehr.

Einsamkeit, Angst, Langeweile und Gleichgültigkeit steigern zweifellos die Zahl der Fettleibigen. Aber die Menschen in anderen Erdteilen haben auch ihre Probleme – doch äußern sie sich nicht in Form von Fettleibigkeit. Unsere falsche Ernährungsweise spielt eine gewichtige Rolle.

Die meisten von uns üben sitzende Tätigkeiten aus und verbringen ihren Tag bei angenehmen Temperaturen. Unser Kalorienbedarf ist daher deutlich niedriger als vor ein paar Jahrzehnten. Aber wir haben es versäumt, unsere Essgewohnheiten den heutigen Lebensbedingungen anzupassen.

Unser Körper braucht nach wie vor einen hohen Ballaststoffanteil in der Nahrung, wie er im vollen Korn, grünen Blattgemüse und ungeschälten Früchten zu finden ist. Ballaststoffe geben uns ein angenehmes Sättigungsgefühl im Magen und helfen dem Verdauungsapparat bei seiner Arbeit. »Die Regelung unseres Appetits läuft teilweise über den gefüllten Magen. Unser Magen ist groß genug, um genügend ballaststoffreiche, weniger gehaltvolle Nahrung für einen Tag aufzunehmen. Wenn wir unseren Magen aber mit ballaststoffarmen, gehaltvollen Speisen füllen, kommt es zu Übergewicht und den damit verbundenen Krankheiten« (The Intelligent Consumer).

Die Nahrungsmittelindustrie hat uns an Produkte mit viel Zucker, Fett und verfeinerten Mehlen gewöhnt. Diese Speisen enthalten außer reinen Kalorien keine anderen lebenswichtigen Nährwerte. Da sie aber billig und überall erhältlich sind und leicht zu allen möglichen beliebten Gerichten verwendet werden können, finden sich genug Verbraucher, um die Produktion weiter anzukurbeln. Sie sind schnell und bequem, deshalb essen wir sie.

Zu viel Eiweiß

Die meiste Literatur über unser Fehlverhalten in Beziehung zu den Welternährungsproblemen konzentriert sich auf die Verschwendung von Eiweiß. Lester Brown nennt Eiweiß den »maßgeblichen Qualitätsanzeiger« für die Ernährung. Jeder Eiweißmangel hat unmittelbare, schwerwiegende Auswirkungen auf unsere Gesundheit. Doch während in den armen Ländern Eiweißmangel sehr verbreitet ist, nehmen die Nordamerikaner das Doppelte der empfohlenen Richtwerte zu sich. Ein zweiter Punkt: Im Gegensatz zu den armen Ländern beziehen die Nordamerikaner und Europäer den größten Teil ihres Eiweißes aus tierischen Produkten wie Fleisch, Milch und Eiern. Je nach Tierart werden zwischen fünf und dreißig pflanzliche Kalorien verfüttert, um eine tierische Kalorie (Fleisch, Milch, Eier) zu erhalten, wohingegen 1 Kalorie Getreide auch direkt in eine Kalorie Brot umgesetzt werden kann (auch wenn die Frage, wie viel Getreide ein Tier genau benötigt, um ein Pfund Eiweiß für den menschlichen Verbrauch zu produzieren, heiß umstritten ist). Wenn man die Zahlen einmal beiseite lässt, sind jedoch einige grundsätzliche Tatsachen klar: Fleischrinder setzen Getreide relativ schlecht in Eiweiß für den menschlichen Verzehr um. Wie alle anderen Wiederkäuer sind sie aber gute Verwerter von Raufutter (Heu u.ä.). Milchkühe sind dagegen recht günstig für die Umwandlung von Getreide in Nahrungseiweiß. In den meisten Informationsquellen rangieren Schweine und Puten in der Mitte.

Dass heute so viele Rinder (und Schweine, Hähnchen u.a.) im Schnellverfahren hochgemästet werden, liegt nicht zuletzt daran, dass in den letzten Jahrzehnten die

Nachfrage nach Fleisch so stark gestiegen ist. Die fragwürdige Mastfütterung ist ein Versuch, daran vorbeizukommen, dass die Fleischvorräte letztlich ebenso begrenzt sind wie die Wasser-, Holz-, Papier- und Brennstoffvorräte. Außerdem werden mittlerweile fast 30 Prozent des Festlandes weltweit von Weiden und Feldern bedeckt, auf denen Viehfutter angebaut wird (Stand: 2006). 70 Prozent des abgeholzten Amazonaswaldes werden für Weiden verwendet, und auf einem großen Teil des Restes werden Futtermittel angebaut. Dies führt zur erhöhten Bildung von Treibhausgasen, zu Wüstenbildung, Artensterben etc. Weniger Fleischkonsum bedeutet mehr Gesundheit für uns – und bessere Fleischqualität.

Eng verbunden mit dem hohen Eiweißkonsum ist der hohe Anteil an gesättigten Fettsäuren in unserer Nahrung. Nicht alle eiweißhaltigen Nahrungsmittel liefern gesättigte Fettsäuren. Aber die beliebtesten Gerichte in den USA und Europa wie z.B. gut durchwachsenes Rindfleisch, Schweinefleisch, Eier und Vollmilch enthalten hohe Anteile. Eine Ernährung, die reich an gesättigten Fettsäuren und Cholesterinen ist, trägt zu unserem Gesundheitsproblem Nummer eins bei – Arteriosklerose der Herzkranzgefäße. Dieses Leiden wird durch eine Anlagerung von Fetten an den Arterienwänden verursacht. Nach Dr. Jean Mayer, einem Ernährungsexperten in Harvard, ist es zu den Zivilisationskrankheiten zu rechnen. Gefördert wird es durch hohen Konsum von gesättigten Fettsäuren, Bewegungsmangel und Rauchen.

Nahrung mit einem hohen Eiweißanteil aus tierischen Produkten wirft aber noch weitere Probleme auf. Die Zeitschrift »Consumer Reports« veröffentlichte folgende Warnung: Zu viel Fleisch kann im Körper Kalziummangel hervorrufen. Eine hohe Eiweißaufnahme vergrößert den Kalziumbedarf und kann so die Kalziumvorräte im Körper erschöpfen. Viel Fleisch und wenig Ballaststoffe wirken sich schlecht auf die Verdauungsorgane aus. Das »National Cancer Institute« (Nationales Krebsinstitut) sieht Verbindungen zwischen einem hohen Fleischkonsum und dem Dickdarmkrebs. Andere Erkrankungen der Verdauungsorgane zeigen eine noch deutlichere Verbindung zu hohem Fleischkonsum mit geringem Ballaststoffanteil.

Zu viel Zucker

Das meiste Land, das heute für die Produktion von Zuckerrüben und Zuckerrohr verwendet wird, könnte anders genutzt werden und so zum Wohl der hungrigen Welt beitragen. Weißer Zucker enthält nur reine Kalorien, nicht den geringsten Anteil an Eiweiß, Vitaminen und Mineralien. Gerade bei Kindern besteht die Gefahr, dass der Zucker gesunde Lebensmittel wie Früchte, Gemüse, Getreide und Fleisch ersetzt.

Die Deutschen nehmen jährlich um die 35 kg Zucker (Stand: 2008) und andere verfeinerten Süßstoffe zu sich. Viele sind sich nicht bewusst, dass dieses Übermaß zu frühzeitiger Arteriosklerose führen kann. Die meisten von uns wissen schon von der Schule her, dass zu viel Zucker Zahnfäule verursacht und zu Fettleibigkeit, Vitaminmangel und Diabetes führt. Doch sie wenden dieses Wissen bei der Gestaltung ihrer Mahlzeiten nicht an.

Zu viel Fertignahrung

»Eine gesundheitsfördernde Ernährung erfordert weniger Fleisch, weniger Weißbrot und weniger verfeinerte Getreideprodukte, weniger übersüßte Limonaden, weniger gezuckerte Frühstücksprodukte und Süßigkeiten zwischendurch; dafür mehr Vollkornprodukte, Bohnen, Früchte, Gemüse und Nüsse. Wenn die Amerikaner ihre Ernährungsgewohnheiten danach ausrichteten, würde die Nahrungsmittelindustrie einen massiven Schock erleben« (Michael Jacobson).

Viele der heutigen Packungen und Flaschen in unseren Küchenregalen waren vor einigen Jahrzehnten noch unbekannt. Wir bezeichnen diese Neulinge heute als »convenience food«. Die Fertignahrung vermindert den Nährwert des Ausgangsproduktes fast immer. Das ist eine der Ursachen des Welthungers. Das Erzeugen und Vermarkten von Grundnahrungsmitteln wirft keine großen Gewinne ab; davon wissen die Bauern ein Lied zu singen. Doch die Verarbeitung von billigen und gesunden Grundnahrungsmitteln in eine bequeme Fertigpackung bringt meist einen hohen Profit (und massenhaft Abfall).

Wir bezahlen sehr viel mehr für Fertignahrung als für Grundnahrungsmittel. Dies erhöht die privaten Haushaltsausgaben enorm und verbraucht Gelder, welche gegen Hunger in anderen Ländern helfen könnten. Aber hier endet das Problem noch nicht. Mit Fertignahrung erhalten wir weniger als durch Grundnahrungsmittel, da im Verarbeitungs- vorgang Nährwerte verloren gehen und dafür Chemikalien mit fragwürdiger Verträglichkeit zugesetzt werden. Für die großen Konzerne ist wichtig, was sich verkaufen lässt, und nicht, was gut für uns ist.

In unserer Kultur sind technologische Machbarkeit und Wirtschaftlichkeit zum Selbstzweck geworden. Die Produktion von Wintertomaten ist ein gutes Beispiel. Jeder, der schon einmal seine eigenen Tomaten gezogen hat, weiß, dass irgendetwas mit diesen, im Winter frisch verkauften Tomaten, nicht stimmt. Dazu »The Corporate Examiner«:

> »Diese Tomaten sind ein typisches Produkt der technologischen Revolution in der Landwirtschaft. Sie sind genetisch manipuliert auf Dickschaligkeit, festes Fruchtfleisch und gleichmäßig runde Form. Sie werden mechanisch in grünem Zustand geerntet, danach durch Äthylenbegasung chemisch gereift, elektronisch sortiert und zum Schluss maschinell in Zellophanfolie verpackt. Tomaten, bei denen der Reifungsprozess mit Äthylenbegasung beschleunigt wurde, zeigen eine mindere Qualität in Farbe, Festigkeit und Geschmack sowie einen geringeren Gehalt an Vitamin A und C. Trotzdem wird die Begasung weiterhin angewendet. Wenn Verbrauchergruppen gegen die Qualitätsmängel dieser »Red-Rock«-Tomate protestieren, versichert man ihnen, dass man 70 Chemikalien, die für das Aroma der Tomate sorgen, gefunden hat und dass diese dem Produkt künstlich wieder zugeführt werden können.«

Auch bei der Verfeinerung des Mehls gehen die wertvollsten Teile – Keim und Kleie – verloren. Einige unserer Mehle werden zwar dann künstlich wieder mit lebenswichtigen Stoffen angereichert, doch den Wert des vollen Kornes kann man nicht wiederherstellen. Nicht nur Nährwerte gehen verloren, sondern auch die wichtigen Ballaststoffe.

Neulich saß ich in einem Restaurant, und da kam mir eine Plastikpackung mit Milchersatz für den Kaffee in die Hände. Ich schaute mir eingehend das Kleingedruckte auf dem Deckel an; da stand: »Inhaltsstoffe: Keimfreies Wasser, getrockneter Maissirup, Kokosöl, Natriumphosphat, Carrageenau, Guargum, Polysorbat 60, Sorbitmonostearat, Kaliumsorbat, synthetische Farbstoffe.« Eine Broschüre der »United States Food and Drug Administration« preist die Unbedenklichkeit von Nahrungsmittelzusätzen an und vertritt den Standpunkt, dass sie zum Färben, Härten, Trocknen, Gären, Knusprigmachen, Festigen, Schäumen, Weichmachen, Reinigen, Sterilisieren und anderem notwendig seien. Die Broschüre kommt zu dem Ergebnis: »Ohne diese vielen Hilfsmittel für die Herstellung und Behandlung der Nahrungsmittel bliebe nicht mehr viel übrig, was die Lebensmittelgeschäfte noch verkaufen könnten.«

Die Verarbeitung, aber auch die Verpackung der Lebensmittel wird sinnlos übertrieben. Beides ist verschwenderisch und trägt zur Nahrungsmittelverknappung in der Welt bei. Wenige Dinge können wir heute noch in einfachen Papierverpackungen kaufen. Nicht selten werden Produkte, die sowieso schon mit Konservierungsstoffen behandelt wurden, nachträglich auch noch in Plastikfolien gesteckt. Wie viel Zeit, Energie, Geld und Nährwert ließe sich durch weniger Verarbeitung und Verpackung sparen!

Die richtige Einstellung

Unsere körperlichen Bedürfnisse sind wirklich und wichtig – genau wie alle anderen Bedürfnisse des Menschen auch. Es ist nicht weniger ehrenvoll, unsere hungrigen Mägen zu füllen, als erhabene Gedanken zu haben. Aber wenn wir das Essen zu einer Staatsaktion machen, dann stimmt etwas nicht. Wir strengen uns an, unser Essen zu einem Erlebnis zu machen. Wir übersättigen unseren Geschmackssinn und unseren Magen. Und doch sind wir nicht zufrieden. Wir bekommen weniger, weil wir zu viel nehmen. »Deshalb wollen wir zufrieden sein, solange wir nur genug Nahrung und Kleidung haben« – Diese Worte des Paulus in 1. Timotheus 6,8 haben für uns heute ihre Bedeutung verloren.

In Asien beobachteten mein Mann und ich, dass die Leute immer wieder das gleiche aßen. In Asien ernährt man sich hauptsächlich von Reis, in Afrika von Maisbrei oder Maniok und in Lateinamerika von Reis und Bohnen. Manchmal sind diese Ernährungsformen für die Erhaltung der Gesundheit zu einseitig. Ernährungsfachleute raten zu vielfältiger Mischkost, um eine ausreichende Versorgung mit Vitaminen und Mineralstoffen zu gewährleisten. Bei uns aber besteht die »Vielfalt« oft an einem Mehr an Fleisch und süßen Nachspeisen als an frischen Gemüse oder Kornarten.

2. Veränderung – ein Akt des Glaubens

Mit Danksagung genießen wir immer wieder Essen und Trinken, Kleidung und Wohnung als Hilfe für das eigene Leben und zum freien Dienst am Nächsten, wie es dem Wort Gottes entspricht.

Menno Simons

Hilft es wirklich, wenn ich mich einschränke?

Viele Leute sagen, dass es nicht sehr viel ausmacht, ob wir in den reichen Ländern mehr oder weniger essen. Sie argumentieren etwa so: »Wenn wir in dieser Woche weniger Fleisch verzehren, ist noch lange nicht gewährleistet, dass nächstes Jahr mehr Getreide in Bangladesch zur Verfügung steht. Wenn wir keine Süßigkeiten und Fertiggerichte mehr kaufen, wird die Nahrungsmittelindustrie noch viel schlechtere Produkte herausbringen. Wenn wir aufhören, freitagabends zum Essen auszugehen, werden unsere Freunde eben ohne uns ausgehen. Was erwarten wir anderes? Die Ursachen der Probleme liegen doch vor allem darin, dass schlechte Politik gemacht wird und dass in der Dritten Welt die Regierungen korrupt sind und die Familienplanungsprogramme im Schneckentempo vorwärtskommen.«

Alle diese Argumente enthalten ein Stück Wahrheit. Aber vor allem zeigen sie eine sehr gängige Grundeinstellung: dass es sich nicht auf die Weltlage auswirken kann, was einer allein tut. In unserer vielseitig verflochtenen Welt ist es schwer zu sehen, wie die Nahrungsmitteleinsparung einiger weniger Familien helfen soll. Die Wege zu den Bedürfnissen sind lang und verschlungen. Aber dass einzelne weniger verbrauchen ist ein logischer erster Schritt. Gerade die Verflochtenheit unserer Welt, die einfache Antworten so schwierig macht, bedeutet doch auch, dass unsere Entscheidungen nicht ohne Wirkung auf die große Weltfamilie bleiben. »Das Leben ist wie ein riesiges Spinnennetz. Berührt man es an einer Stelle, bewegt sich das ganze Gebilde«, sagt Frederick Buccher in dem Buch »The Hungry One«.

Unsere Welt ist klein geworden. Wie können wir angesichts des Welthungers weiterprassen und dabei im Frieden mit uns selbst und unserem Nächsten leben? Ein Mitglied des MCC schreibt: »Der Arme leidet physisch, der Übersatte moralisch.« Jesus sah den Wunsch nach immer mehr als eine zerstörerische Macht an, als er sagte: »Was nützt es, die ganze Welt zu gewinnen und dabei seine Seele zu verlieren? Gibt es etwas Kostbareres als die Seele?« (Matthäus 16,26).

Wenn wir anfangen, weniger zu essen, haben wir damit unsere Schuldigkeit noch nicht getan. Das ist nur ein erster Schritt. Wenn wir glauben, dass die Einsparung von Nahrungsmitteln in den Industrieländern das Welthungerproblem schon vollständig lösen könne, darf man uns mit guten Gründen naiv und sogar bevormundend nennen. Engagierte Christen werden Programme zur Nahrungsmittelproduktion und -verteilung starten. Sie werden gegen politische Ungerechtigkeiten angehen. Aber diese Dinge sind an anderer Stelle zu behandeln. Die Absicht dieses Buches ist notwendigerweise begrenzt auf das, was die alten Prediger »unser eigenes Haus in Ordnung bringen« genannt haben.

Es schien nicht genug

Wenn Christen sich mit menschlichen Nöten befassen, sollten sie sich immer wieder daran erinnern, dass sie nicht erfolgreich, sondern gläubig sein sollen. Was Jesus von uns erwartet, sollte maßgebend sein – und nicht unsere Spekulationen darüber, was wohl am besten funktioniert.

Dies schreibt auch Wayne North, ein Mennonitenpastor aus Ohio, in seiner Schrift »Können wir wirklich etwas gegen den Hunger tun?«. Er vergleicht unsere gegenwärtige Reaktion auf das Welthungerproblem mit den Gefühlen der Jünger inmitten der 5 000 Hungrigen. Jesus befahl den Jüngern, dafür zu sorgen, dass alle satt würden. North sagt dazu: »Was die Jünger dann taten, ist lehrreich. Ohne Rücksicht auf das, was sie fühlten, gehorchten sie und teilten alles aus, was vorhanden war. Obwohl es völlig ungenügend schien, verteilten sie das wenige Essen an alle. Ihr Glaubensakt war das Teilen, alles andere überließen sie Gott.«

Das soll nicht heißen, dass wir blind für die Realitäten sein sollen. Wir müssen uns um die leidenden Menschen kümmern. Es ist unsere Aufgabe, Gottes Reich auf Erden zu leben. In diesem Reich, in das Jesus uns berufen hat, werden die Täler erhöht und die Berge erniedrigt werden. Für uns heißt dies heute: weniger Nahrung für uns und mehr für den Rest der Welt.

Selbst wenn nur die anderen von unseren Veränderungen profitieren würden, würde uns unser teilender Glaube hoffentlich die Kraft dazu geben. Aber auch wir werden gewinnen. Denn Vollkornspeisen, Hülsenfrüchte, Gemüse, Früchte und Mäßigung im Verzehr tierischer Produkte dienen nicht nur dem Kampf gegen den Welthunger, sondern auch unserer Gesundheit. Mit ein paar Ausnahmen gehören die oben genannten Nahrungsmittel auch zu den billigeren. Wenn wir unseren Verbrauch an Mastfleisch, hoch verarbeiteter Nahrung und an Zucker vermindern, schonen wir nicht nur die Weltvorräte, sondern auch unsere Gesundheit und unseren Geldbeutel.

Wir mochten es beim zweiten Mal lieber

»Es ist ein langer Weg zur Freiheit, ein steiler, hoher Berg …«, heißt es in einem Missionslied. Viele Köche und Köchinnen, die Rezepte für dieses Buch einsandten, können diesen Satz bestätigen. Es ist ein langer Weg zur Freiheit von Limonaden und Chips, zur Freiheit von zu viel Zucker, zur Freiheit vom Mitmachen.

»Unsere Familie hat mehrere Jahre daran gearbeitet«, war ein typischer Kommentar zu den Rezepten. Diese Familien tun mehr, als über die Nahrungsmittelkrise zu jammern. Sie machen ernst, sie ändern sich. Wir müssen verantwortlich leben in einer Welt, in der die Nahrungsmittelknappheit nicht leicht zu beheben ist. Dies ist ein langer Prozess – so lang wie die Erziehung unserer Kinder zu Menschen, die es verstehen, mit weniger auszukommen.

»Man kann das Soufflé nicht zweimal gehen lassen«, so der Kommentar eines erfahrenen Kirchenführers, der über den Unterschied zwischen Liebhabereien und Überzeugungen nachgedacht hatte. Wenn wir Menschen sind, die sich über einem Problem begeistert aufblasen wie ein Soufflé, werden wir ein halbes Jahr später, wenn die Medien sich wieder einer anderen Sache zuwenden, wieder platt zusammenfallen. Vielleicht ist das Bild vom Sauerteig nachahmenswert: Man behält immer ein bisschen Teig in Reserve, um wieder neue Brote säuern zu können. Dieser Teig kann mit Freunden geteilt werden. Er kann aufbewahrt und wieder verwendet werden, wenn man ihn benötigt. Unsere Veränderung ist von längerer Dauer, wenn wir keine fertigen Lösungen erwarten. Leute, die sich zu einer verantwortungsbewussten Ernährung entschlossen haben, schickten uns folgende Ideen zur Veränderung der Ernährungsgewohnheiten:

Bleiben Sie Ihrem Entschluss treu. Studieren Sie die Bibel, um zu erfahren, was Jesus und die Apostel über das Leben in Gottes Reich und über das Teilen gesagt haben. Lernen Sie viel über den Welthunger aus der Sicht von Landwirtschaftsblättern, Zeitungen, Dritte-Welt-Entwicklungsexperten, Kirchenblättern. Aber vergessen Sie nicht, dass unsere Anweisungen nicht von der Gesellschaft, sondern von Jesus kommen, der sagte: »Gebt denen, die euch bitten« (Matthäus 5,42). »Teilt eure Gaben genauso großzügig aus, wie ihr sie geschenkt bekommen habt« (Matthäus 10,8). »Gebt ihr ihnen zu essen« (Matthäus 14,16). »Wenn ihr gebt, werdet ihr erhalten« (Lukas 6,38).

Ernährungsgewohnheiten ändern sich nicht von heute auf morgen. Am Schluss eines Sojabohnenrezeptes schrieb eine Einsenderin aus Newton (Kansas): »Nach zwei- oder dreimaligem Ausprobieren haben unsere Kinder dies als ein schmackhaftes Gericht angenommen.« Meine eigene Erfahrung mit Sojabohnen ist die gleiche. Das erste Mal, als Sojabohnen den ganzen Morgen auf meinem Herd köchelten, fand ich ihren Geruch etwas unangenehm. Das nächste Mal schon nicht mehr. Und wenn ich heute von draußen in die Küche komme und den Duft von kochenden Sojabohnen rieche, reagiere ich mit dem gleichen guten Gefühl, das ich bei jedem Mittagessenduft habe. Versucht man zu viele Dinge auf einmal zu verändern, bewirkt man nur eine Abwehrhaltung. Eine langsame Veränderung gibt den Menschen Zeit, sich an einen neuen Geschmack zu gewöhnen und das Neue besser anzunehmen.

Seien Sie ehrlich, begründen Sie Ihre Umstellung. In einem der unerfreulichsten Kochbücher, die ich je gelesen habe, liefert die Autorin eine endlose Zahl von Ideen, mit denen die Ernährung der Familie verbessert werden soll, ohne dass die es merkt. Sie schlägt sogar die passenden Ausreden vor, wenn jemand Möhren im Hackbraten oder Weizenkeime in den Plätzchen vermutet. Warum sagt man nicht ehrlich, dass man mit den Hungrigen der Welt teilen will? Oft sind Kinder bereit, weiter zu gehen, als wir denken, wenn sie nur unsere Gründe verstehen und an den Entscheidungen beteiligt werden.

Lassen Sie Ihre Kinder mitplanen. Eine Mutter erzählte mir, dass ihr 14-jähriger Sohn mit ihrem Essen unzufrieden war. Er beschwerte sich darüber, dass es zu wenig Fleisch und andere Gerichte gäbe, die er gern aß. Als sie ihm dann erlaubte, eine Woche lang den Speiseplan zu gestalten, war sie erstaunt, wie sparsam seine Planung ausgefallen war. Sie fand heraus, dass er ihre Einstellung eigentlich teilte. Seine Menüs unterschieden sich nicht allzu sehr von ihren. Aber er war jetzt mit den Mahlzeiten zufriedener, denn sein Anliegen wurde gehört.

Kinder können in verblüffender Weise zum Mitmachen angeregt werden, wenn sie ehrliche Erklärungen bekommen und Zeit haben, die neue Ernährung anzunehmen. Es gibt Momente, wo sie sich beschweren und alle Veränderungen verwerfen. Aber schließlich werden die Ernährungsgewohnheiten der Kinder durch Beispiele geprägt. Wenn die Eltern Veränderungen gegenüber aufgeschlossen sind, werden es die Kinder auch sein. Meist enthalten die Vorschläge zur Verringerung der Nahrungsmittelkosten Forderungen wie diese: »Nehmen Sie Ihre Kinder nicht zum Einkaufen mit.« Sicher: Die Supermärkte bieten besonders ihre Süßwaren in den Regalen in Augenhöhe der Kinder an. Aber andererseits: Warum kann man nicht den Essensplan für die Woche einmal mit den Kindern vorher diskutieren und sie dann zum Einkaufen mitnehmen, damit sie beim Auswählen der günstigsten Angebote mithelfen? Unsere Kinder waren vom Preisevergleichen fasziniert, als ich es ihnen erklärt hatte.

Feiern Sie hin und wieder. Überall in der Welt, wo Menschen mit eintöniger Nahrung leben müssen, nehmen sie doch manche Gelegenheit zu einem Fest wahr. Zweifellos hängt ihre Freude an diesen Festen nicht zuletzt davon ab, wie sehr die Mahlzeiten sich von der täglichen Routine unterscheiden.

Die vier Evangelien zeigen, dass Jesus mit ganzem Herzen zu freudigen Festen und Feiern ging. Wir feiern mit der Familie und mit Freunden, wenn uns ein Feiertag oder besondere Gelegenheiten zusammenbringen. Aber da wir in unserer Gesellschaft dazu neigen, ständig Festessen zu uns zu nehmen, wird die Freude leicht stumpf. Wo das Alltagsessen überreichlich ist, wird es schwierig, an Festtagen »etwas Besonderes« zu bieten.

Eine Hochzeit, die Heimkehr von Tochter oder Sohn von einer weiten Reise, ein Geburtstag, Weihnachten oder Ostern – die Zubereitung des Essens kann ausdrücken, was uns die Tage bedeuten. Wir können unsere Mahlzeiten mit einfachen Mitteln in Feste verwandeln. Man muss sich nur den Anlass für das Fest vor Augen halten, aber man darf auch nicht alles vom Essen erwarten. »Weniger ist mehr« – das heißt auch: Unser Glaube und unsere menschlichen Beziehungen sind der Grundstein zum Feiern, und das Essen selbst spielt eine ergänzende Rolle.

3. Die Umstellung auf eine einfachere Ernährung

Die Menschen Gottes
wandern in den Supermärkten
durch Gänge mit chemisch konservierten Pasteten,
hoch verarbeiteten, vorgekochten Gerichten,
nährwertlosen Knabbereien,
Limonaden in Wegwerfflaschen.
Wie an das Manna in der Wüste
halte dich an Gemüse aus sonnendurchwärmten Gärten:
eiweißreiche Bohnen,
ofenfrische Vollkornbrote,
selbst eingemachte Früchte.
Eine Idee von Jane Short aus Elkart (Indiana)

Die Frage ist also: Was sollen wir essen und was nicht, wenn wir etwas für die Hungrigen freigeben und etwas für unsere eigene Gesundheit tun wollen? Hier haben wir ein paar grundsätzliche Richtlinien zusammengefasst, die das Welternährungsproblem, die Energiefrage, den richtigen Nährwert und die Lebensmittelpreise berücksichtigen:

1. *Essen Sie mehr*

Vollgetreide:
- Reis
- Weizen
- Gerste
- Roggen
- Hafer
- Mais
- Hirse

Hülsenfrüchte:
- getrocknete Bohnen einschließlich Sojabohnen
- getrocknete Erbsen
- Linsen
- Erdnüsse

Gemüse und Früchte:
- preisgünstige
- in der Umgebung gewachsene
- oder im eigenen Garten gezogene
- selbst eingemachte

Nüsse und Samen:
- preisgünstige
- in der Umgebung gewachsene

2. *Verwenden Sie sparsam:*
   - Eier
   - Milch, Käse, Joghurt
   - Meerestiere
   - Geflügel
   - Fleisch

3. *Vermeiden Sie:*
   - hoch verarbeitete Fertigprodukte
   - übermäßig verpackte Lebensmittel
   - Produkte, die von weither eingeführt wurden, besonders in Kühl- und Gefriertransporten
   - Nahrung mit hohem Gehalt an Industriezucker und gesättigten Fetten

Wie vielfältig muss die Nahrung sein? Nicht alle essen das Gleiche. Eine in Nordamerika gängige Aufstellung unterscheidet vier Grundgruppen von Lebensmitteln, die wir alle benötigen, um gesund zu leben:

1. Milch, Käse, Joghurt (benötigte Tagesmenge Erwachsene: 1 ½ Tassen)
2. Fleisch, Geflügel, Meerestiere, Eier, Hülsenfrüchte, Nüsse (benötigte Tagesmenge: 120-180 g – auf zwei Portionen verteilt)
3. Gemüse (einschließlich Kartoffeln) und Früchte (benötigte Tagesmenge: 240-360 g – auf vier Portionen verteilt, davon ¼ mit hohem Vitamin-A-Gehalt und ¼ mit hohem Vitamin-C-Gehalt)
4. Getreide, Brot (benötigte Tagesmenge: 240-360 g – auf vier Portionen verteilt)

U.a. ist an dieser Aufstellung problematisch, dass viele Gerichte wie Eintöpfe und Pizzas Elemente aus mehreren Gruppen enthalten und die Orientierung nach diesem Plan erschweren. Die Aufstellung spiegelt unsere Vorstellung wider, dass eine »richtige« Mahlzeit aus Fleisch, Kartoffeln, Gemüse und Brot besteht. Sie ist nicht für andere Kulturen aufgeschlossen. Mitarbeiter des MCC für Volksgesundheit in Zaire haben ein besser zu handhabendes System aufgestellt, das den Körper mit einem Haus vergleicht. Er braucht Aufbaumaterial (Proteine), Schutz (Vitamine und Mineralien) und Kraftspender (Kohlehydrate). Eine vollständige Mahlzeit enthält von jeder Gruppe etwas.

Die Eiweißfrage

Wie wir im ersten Kapitel beschrieben haben, ist das Eiweiß ein wichtiger Faktor bei der Planung einer Ernährung, die uns »mehr durch weniger« gibt. Wie viel ist nun wirklich notwendig?

Empfohlen wird eine tägliche Eiweißmenge von ca. 0,8 g pro kg Körpergewicht. Der Minimalbedarf der meisten Menschen beträgt sogar nur etwas über die Hälfte der empfohlenen Richtwerte. Aber man muss berücksichtigen, dass nicht alle Menschen gleich sind und dass nicht alle Eiweiße alle essenziellen (d. h. nicht von unserem Körper selbst aufbaubaren) Aminosäuren enthalten.

Körperlich arbeitende Menschen brauchen nicht mehr Eiweiß als Leute, die die meiste Zeit des Tages sitzend verbringen. In einem Artikel über den Fleischverbrauch in »Consumer Reports« (Berichte für Verbraucher) mit dem Titel »Wie viel ist genug?«, ist zu lesen, dass der Eiweißbedarf steigt, wenn der Körper nach einer ernsthaften Krankheit Gewebe erneuert, bzw. wenn man neu einen Beruf mit höherer körperlicher Beanspruchung aufnimmt, schnell Muskeln aufbaut. Aber wenn einmal das Gewebe erneuert ist bzw. die Muskeln aufgebaut sind, dann hat »ein Schwerarbeiter oder Sportler den gleichen Eiweißbedarf wie ein Schreibtischarbeiter mit gleichem Körpergewicht«.

Sehr aktive Menschen verbrauchen wohl mehr Kalorien. Kohlehydrate versorgen uns mit diesen Energien besser als Eiweiß. Das überschüssige Eiweiß wird von der Leber in Stickstoff verarbeitet, den wir ausscheiden, und in Energiemoleküle, die denen der Kohlehydrate gleichen. In einer Zeit des Welthungers den Energiebedarf mit Eiweiß zu decken ist so, als würde man im Ofen Möbel verbrennen, wenn Feuerholz an der Hauswand lagert.

Was ist vollständige Eiweißversorgung?

Oft hört man, dass die Eiweißqualität im Fleisch besser sei als im Gemüse, oder es wird gesagt, Fleisch enthalte im Gegensatz zum Gemüse vollständiges Eiweiß. Was ist nun damit gemeint?

Eiweiße bestehen aus Aminosäuren. Unser Körper braucht 20 verschiedene Aminosäuren. Von diesen 20 müssen wir 8 direkt über die Nahrung aufnehmen; es sind dies die 8 »essenziellen« Aminosäuren. Die restlichen kann der Körper selbst aufbauen. Die 8 essenziellen Aminosäuren müssen gleichzeitig und in einem bestimmten Verhältnis zueinander vorhanden sein, damit sie unser Körper verwerten kann. Wenn eine auch nur vorübergehend unzureichend vorhanden ist, wird die Fähigkeit des Körpers, das Eiweiß zu verwerten, entsprechend herabgesetzt.

Eine vollständige Eiweißnahrung enthält also alle 8 essenziellen Aminosäuren. Tierische Produkte wie Eier, Milch und Fleisch versorgen uns mit allen 8 essenziellen Aminosäuren im richtigen Verhältnis. Eier kommen den idealen Werten am nächsten. Den zweiten Platz hält Milch, den dritten Fleisch. Sojabohnen und Naturreis sind in der Skala gleich hinter den Fleischwerten zu finden. Andere Vollgetreide sowie Hülsenfrüchte, Samen und Nüsse sind ebenfalls wertvolle Eiweißspender, aber ihnen fehlt jeweils eine oder mehrere der 8 essenziellen Aminosäuren.

Das Zusammenspiel der Aminosäuren

Der Mangel an bestimmten Aminosäuren in den Pflanzen bedeutet nicht, dass wir auf tierische Produkte angewiesen sind, um eine vollständige Eiweißversorgung zu bekommen. Der Aminosäuremangel in der einen Pflanze kann durch Kombination mit einer anderen wettgemacht werden. Was ergänzt aber im Einzelnen was?

Im Grunde ist die Antwort nicht sehr kompliziert. Die Übersicht auf Seite 28 zeigt uns, wie es geht. Wenn man sich den Gehalt an bestimmten Aminosäuren in den einzelnen Lebensmitteln anschaut, so ist Milch reich an Lysin, Hülsenfrüchte enthalten im Allgemeinen wenig Tryptophan und schwefelhaltige Aminosäuren und, ähnlich wie Milch, viel Lysin. Getreide enthält wenig Isoleucin und Lysin. So ergänzen sich Milch und/oder Hülsenfrüchte gut mit Getreide. Samen wie Sonnenblumenkerne und Sesam verhalten sich hier wie Getreide, d. h., sind ebenfalls gut mit Milch und Hülsenfrüchten zu kombinieren.

In dem Buch »Die Ökodiät«, welches sich mit dem uralten Verfahren der Eiweißkombination beschäftigt, ist zu lesen: »Die Zusammenstellung verschiedener Eiweiße kann den Eiweißwert einer Mahlzeit verbessern; hier haben wir also einen Fall, wo die Kombination wertvoller als die Summe der Einzelteile ist … Solche Zusammenstellungen ergeben kein perfektes Eiweiß (wie gesagt, nur Eier sind so gut wie perfekt). Aber sie können eine um 50 Prozent bessere Eiweißqualität ergeben, als wenn man die Zutaten einzeln isst.« Für uns bedeutet das »mehr durch weniger«, wenn wir Gerichte mit Pflanzeneiweiß planen.

Die Übersicht auf Seite 28 zeigt uns Nahrungsmittelkombinationen, die eine nahezu vollständige Verwertbarkeit ergeben. Die bei uns bekanntesten sind etwa Getreide mit Milch, Käsebrot, Brot mit Milch. Sie sind typisch für unsere Kultur, in der Getreide und Milchprodukte den wichtigsten Teil der Ernährung ausmachen. Auch andere Erdteile haben über Jahrhunderte hinweg nahrhafte Zusammenstellungen bewahrt. In Lateinamerika isst man Reis mit Bohnen oder Bohnen mit Mais. In Indien wird ein Erbsen- oder Linsenpüree (Dhal) zum Reis gegessen. In Indonesien werden fermentierte Sojabohnenkekse (Tempe) zum Reisgericht gereicht. Ein Mungbohnenreis ist ein sehr bekanntes vietnamesisches Frühstück. Die Chinesen und Japaner essen Sojanudeln, Sojaquark und Sojasprossen mit Reis. Im Nahen Osten kennt man ein Reis-Linsen-Gemisch mit Joghurt. Maisbrei mit Bohnen ist eine Standardmahlzeit in vielen afrikanischen Ländern. Wir können unsere altbekannten und vielgegessenen Getreide-Milch-Kombinationen durch Anleihen aus anderen Traditionen ergänzen und so unseren Speiseplan weltpolitisch verantwortungsbewusster gestalten.

Um uns mit einem Höchstmaß an verfügbarem Eiweiß zu versorgen, müssen wir die sich ergänzenden Speisen in einer Mahlzeit zusammen essen. Die Übersicht auf Seite 29 zeigt auch, in welchem Mengenverhältnis die Kombinationen optimal sind. Diese Mengen müssen beim Kochen nicht sklavisch befolgt werden. Sie sind jedoch bei unserer Art zu kochen realistisch.

Kein Fleisch, wenig Fleisch und welches Fleisch

Jahrhunderte hindurch haben Menschen und Gruppen fleischlos (vegetarisch) gelebt. Wir sind eine Ernährungsweise mit Fleischportionen von bis zu 200 g gewöhnt, doch es geht auch mit weniger oder ganz ohne, ohne dass gesundheitliche Nachteile entstehen. Die National Academy of Sciences (die die empfohlenen täglichen Richtwerte für die USA festgesetzt hat) berichtete 1974 in vergleichenden Studien über Menschen, die sich mit, und solche, die sich ohne Fleisch ernähren:

»Es konnten keine Mängel festgestellt werden. Die Nährwertaufnahme war in beiden Gruppen gleich oder höher als die empfohlenen Richtwerte… mit Ausnahme des Vitamin B 12, welches bei den strengen Vegetariern (ohne Eier und Milchprodukte) nur in geringen Mengen vorhanden war.« Vegetarier, die Milch und Eier in ihre Kost eingebaut haben, werden mit allen lebenswichtigen Nährstoffen versorgt. Die Studie weiß aber auch von einzelnen strengen Vegetariern (ohne Milch und Eier) in vielen Völkern der Welt zu berichten, die sich offensichtlich bester Gesundheit erfreuen. Es ist möglich, ohne Fleisch auszukommen. In jedem Fall sollte man den Fleischverzehr vermindern. Wir sollten den besten Nutzen aus Weideland, Futter und Raufutter ziehen, um Eiweiß für den menschlichen Verbrauch zu produzieren.

Im Folgenden sind vier Tagesspeisepläne angegeben mit Eiweißangaben hinter jedem eiweißreichen Lebensmittel[2]. Als nötiges Proteinminimum haben wir eine 50-g-Eiweißta-

2 In den USA ist das Abendessen die Hauptmahlzeit. Für deutsche Verhältnisse können entsprechend Mittag- und Abendessen vertauscht werden.

gesration festgesetzt. Der erste und zweite Tag zeigen die Möglichkeit, den Eiweißbedarf fleischlos zu decken. Beim dritten und vierten Tag wurden mäßige Fleischmengen verwendet. In allen Fällen kann die Eiweißmenge durch ein Glas Milch, ein Brot mit Erdnussbutter oder Verwendung geringer Mengen von Sojamehl und Milch in Backwaren verbessert werden. Die mit * kennzeichneten Mahlzeiten enthalten eine ergänzende Eiweißkombination, welche die Eiweißqualität verbessert.

	Eiweiß in Gramm
1. Tag, fleischlos	
Frühstück*:	
Saft	
¾ Tasse Haferbrei	4
1 Scheibe Vollweizentoast	2,4
1 Tasse Milch	8,8
Mittagessen*:	
1 Tasse Bohnensuppe	8
Käsebrot	
(2 Scheiben Brot,	4,8
1 Scheibe Käse)	7
Möhren	
Obst	
Abendessen*:	
gebratener Reis	10,3
(1 Ei pro Person)	
grüne Bohnen	1
Salat	
süßer Brotauflauf	8,9
	55,2
2. Tag, fleischlos	
Frühstück*:	
Obst	
2 Waffeln	14
1 Tasse Milch	8,8
Mittagessen:	
½ Tasse Quark mit Tomate	15
3 Cracker	1
Abendessen*:	
1 Tasse Linseneintopf	12
Broccoli	3
1 Vollkornfladen (Teegebäck)	4
Obst	
	57,8

	Eiweiß in Gramm
3. *Tag, etwas Fleisch*	
Frühstück*:	
Obst	
1 Tasse Haferflocken	3,4
1 Scheibe Toast	2,4
1 Tasse Milch	8,8
Mittagessen:	
Schinkenbrot	
(2 Scheiben Brot,	4,8
60 g Schinken)	9
Gemüserohkost	
Obst	
Abendessen*:	
240 g Pizza mit Käse und	
60 g Rinderhack	30
Grüner Salat	
¾ Tasse Eiscreme	4
	62,4
4. Tag, etwas Fleisch	
Frühstück*:	
Saft	
1 Ei	6,2
1 Scheibe Toast	2,4
1 Tasse Milch	8,8
Mittagessen:	
¾ Tasse gebackene Bohnen	11
1 Scheibe Vollweizenbrot	2,4
1 ½ EL Erdnussbutter	5,2
Obstsalat	
Abendessen*:	
1 Tasse Makkaroni-Auflauf	4
mit 60 g Huhn	11
und 15 g Käse	3
Möhren	1
grüner Salat	
2 Kekse	1,5
	56,5

Die folgenden Ratschläge zur Verbesserung der Eiweißversorgung in verschiedenen Gerichten sollten nur von Haushalten befolgt werden, die sich ernsthaft bemühen wollen, ihren Fleischkonsum zu verringern. Zum Beispiel ist es Unsinn, ein mit Sojamehl gebackenes Brot für ein Wurstbrötchen zu verwenden.

Zur Verbesserung des Eiweißgehaltes in Lebensmitteln

Backwaren:

- Verwenden Sie zum Weißmehl evtl. noch etwas Brotmehl oder Weizenschrot oder Vollweizenmehl[3].
- Fügen Sie Weizenkeime hinzu (2 EL pro Tasse Mehl)
- Verwenden Sie Sojamehl; man ersetzt 2 oder mehr EL pro Tasse jedes Mehls durch Sojamehl (2 EL Sojamehl mit niedrigem Fettgehalt enthalten 14 g Eiweiß)

Gemüse, Eintöpfe, Suppen, Aufläufe:

- Ergänzen Sie mit Käse
- Verwenden Sie eine Soße, die Milch enthält
- Verwenden Sie Sojabohnen
- Verlängern Sie mit gemahlenen Sojabohnen
- Ergänzen Sie mit gekochten Eiern
- Nehmen Sie zusätzlich Nüsse

Salate:

- Ergänzen Sie mit geriebenem Käse oder Quark
- Verwenden Sie gekühlte, marinierte Sojabohnen
- Streuen Sie geröstete Sonnenblumenkerne oder Nüsse über den Salat
- Schlagen Sie Quark oder Joghurt in die Salatsoße
- Ergänzen Sie mit hartgekochten Eiern

Nachspeisen:

- Verwenden Sie Joghurt, Milch, Eier, Quark
- Ergänzen Sie mit Sojabohnen oder Nüssen
- Bestreuen Sie mit Müsli[4]

Die Wahl der Fleischsorte ist genauso wichtig wie die Menge. Von Land zu Land sind die Essgewohnheiten und die Qualitätsbegriffe verschieden. In den USA werden z.B. durchwachsene Rindfleischstücke am höchsten eingeschätzt, in Deutschland gilt das magere, weiße Kalbfleisch als die qualitativ hochwertigste und teuerste Sorte. Diese Maßstäbe kann man für eine gesunde Ernährung und für Gerichte, die »mehr durch weniger« ergeben sollen, nicht gelten lassen. Der Wunsch der kalorienbewussten Verbraucher nach ganz magerem Fleisch hat in Deutschland ja unter anderem dazu geführt, dass Tiere nach speziellen und manchmal auch artfremden, quälerischen Methoden gezüchtet werden, wie z.B. Kälbermast in dunklen und engen Boxen, Massenmast von Hähnchen mit Tausenden von Tieren auf engstem Raum, Schnellmast von Schweinen mit Spezialfutter, das den Fettansatz verringert u.v.a.

Wenn wir auf Fleisch nicht ganz verzichten wollen, sollten wir in Deutschland das durchwachsene und billigere Rindfleisch akzeptieren; Lammfleisch kommt in der Regel

---

3 S. S. 47, 48 verschiedene Mehlarten

4 s. Rezept auf S. 68

von Weideschafen, allerdings ist es auch recht teuer. Es müssen nicht die besten Stücke sein, wenn wir Fleisch in Aufläufen und Eintöpfen sparsam verwenden. Auf weißes Kalbfleisch aus Mastbetrieben sollte man ganz verzichten. Aus gesundheitlichen Gründen sollte auch Schweinefleisch nur selten verwendet werden. Außerdem werden Schweine in Mastbetrieben fast ausschließlich mit Getreide und Importfutter (z.B. Sojaschrot) gefüttert. Hähnchen sind zwar billig, doch sollte bedacht werden, dass gerade bei der Hähnchenmast viel Futtergetreide verwendet wird.

Übersicht: Die Eiweißergänzung

Milchprodukte sollten zusammen mit Getreide gegessen werden

Vollkornflocken mit Milch
Brot und Milch
Käsebrot
Makkaroni mit Käse
Reis-Käse-Auflauf
Lasagne (Nudeln und Käse)
Pizza (Teig und Käse)
Käsefondue
Müsli mit Milch
Backwaren mit Milch im Teig
Milchreis

1 Tasse Magermilch ergänzt ¾ Tasse Reis
¼ Tasse geraspelter Käse ergänzt ¾ Tasse Reis
½ Tasse Magermilch ergänzt 1 Tasse Vollweizenmehl
1 Tasse Milch ergänzt 5 Scheiben Brot
1 Tasse Milch ergänzt 1 Tasse Makkaroni
⅓ Tasse geraspelter Käse ergänzt 1 Tasse Makkaroni

Hülsenfrüchte sollten zusammen mit Getreide gegessen werden

Erdnussbutter auf Brot
Sojabohnensalat mit Brot
Mexikanische Bohnen mit Schwarzbrot
Bohnen und Tortillas
Brot mit Sojamehl gebacken
Linsensuppe und Nudeln bzw. Fladen
Linsen oder Erbsen mit Reis
Reis-Bohnen-Eintopf
Gebratene Bohnen mit Reis
Bohnen und Maisbrot
Bohnensuppe mit Brot

1 Tasse Bohnen ergänzt 2 ⅔ Tassen Reis
¼ Tasse Sojabohnen ergänzt 2 ½ Tassen Reis
½ Tasse Bohnen ergänzt 3 Tassen Vollweizenmehl
¼ Tasse Sojamehl ergänzt 1 Tasse Vollweizenmehl
¼ Tasse Bohnen ergänzt 1 Tasse Maismehl oder 6 Tortillas

Empfehlenswerte Höhe der Kalorien- und Proteinzufuhr (Richtwerte nach DGE*):**

		Energie kcal/Tag		Protein (g/Tag)	
		männlich	*weiblich*	*männlich*	*weiblich*
Säuglinge	0-2 Monate	550		2,3 g/kg	
	3-5 Monate	750		2,1 g/kg	
	6-11 Monate	850		2,0 g/kg	
Kinder	1-3 Jahre	1100		22	
	4-6 Jahre	1500		32	
	7-9 Jahre	1900		40	
	10-12 Jahre	2300	2200	45	45
	13-14 Jahre	2700	2500	45	45
Jugendliche	15-18 Jahre	3000	2400	60	50
Erwachsene[1]	19-35 Jahre	2600	2200	55	45
	36-50 Jahre	2400	2000	55	45
	51-65 Jahre	2200	1800	55	45
	über 65 Jahre	1900	1700	55	45
Schwangere ab 4. Monat			+ 300		+30
Stillende			bis + 700		+20***

Formel:

Gewicht x Faktor = Proteinbedarf pro Tag in Gramm

Rechenbeispiel:

Ein 4 kg schwerer Säugling unter 2 Monaten benötigt: 4 x 2,3=9,2g Protein pro Tag

Als Berechnungsbasis bei der Höhe der Energiezufuhr liegen zugrunde: für männliche Personen eine Größe von 172 cm und ein Gewicht von 70 kg, für weibliche Personen eine Größe von 165 cm und ein Gewicht von 60 kg. Zudem berücksichtigen diese Werte leichte Beschäftigungen. Zuschläge bei der Energiezufuhr sind erforderlich:

für Mittelschwerarbeiter	600 kcal
für Schwerarbeiter	1200 kcal
für Schwerstarbeiter	1600 kcal

* DGE = Deutsche Gesellschaft für Ernährung e.V.
** Die Werte gelten für Personen mit vorwiegend sitzender Tätigkeit
*** ca. 2,4 g Zulage pro 100 g sezernierter Milch

Protein- und Kaloriengehalt einiger üblicher Eiweißspender

	Eßb. Anteil g	*Käufl. Rohware* g	*Protein* g	*Kalorien* kcal	*Joule* KJ
Milchprodukte und Eier:					
Hühnerei	50	57	6,4	83	347
Speisequark (mager)	100	100	13,5	77	322
Hartkäse (Chester)	30	30	7,6	125	523
Emmentaler	30	30	8,6	123	515
Schmelzkäse (45%)	30	30	4,3	91	381
Trinkmilch (3,5%)	200	200	6,6	132	552
Fettarme Milch (1,5%)	200	200	6,6	98	410
Magermilch (0,3%)	200	200	7,0	70	293
Buttermilch	200	200	7,0	72	301
Joghurt (mager, 0,3%)	200	200	8,6	78	326
Vollmilchjoghurt (3,5%)	200	200	7,8	140	586
Eiscreme	100	100	3,9	205	858
Mehle:					
Weizenmehl (Type 405)	100	100	10,6	368	1540
Weizenmehl (Type 1700)	100	100	13,3	372	1556
Roggenmehl (Type 1150)	100	100	9,0	370	1548
Roggenmehl (Type 1800)	100	100	10,8	357	1494
Getreide und Teigwaren:					
Gerstengrütze	100	100	8,5	368	1540
Maismehl	100	100	8,9	376	1573
Haferflocken	100	100	13,5	405	1695
Reis ½ Tasse	100	100	7,0	368	1540
Eierteigwaren (Nudeln, Spätzle Makk., Spaghetti)	100	100	13,0	390	1632
Kartoffeln	100	125	2,0	87	364
Hülsenfrüchte:					
Bohnen (weiß)	100	101	21,3	352	1473
Linsen	100	100	23,5	354	1481
Erbsen	100	103	22,9	370	1548
Erdnüsse (geröstet)	100	100	26,4	650	2720
Fleisch:					
Rinderhackfleisch (Quer- o. Zwerchrippe)	100	120	18,1	288	1205
Rinderkamm (Hals)	100	133	19,4	144	602
Rinderlende (Rostbeef)	100	109	20,6	188	787

	Eßb. Anteil g	*Käufl. Rohware* g	*Protein* g	*Kalorien* kcal	*Joule* KJ
Rinderleber	100	108	19,7	139	582
Schweinebauch	100	139	11,7	450	1883
Speck, durchwachsen (Frühstücksspeck)	100	109	9,1	658	2753
Schweineschnitzel	100	101	20,8	168	703
Schweinehals	100	118	14,6	368	1540
Schweinefilet	100	101	18,6	176	736
Kalbfleisch, Bug (Schulter)	100	130	20,5	118	494
Kalbshaxe	100	156	20,9	113	473
Kalbsschnitzel	100	101	20,7	108	452
Wurstwaren:					
Wiener Würste	100	100	13,1	256	1071
Leberkäse	100	100	12,5	271	1134
Salami	100	105	17,8	550	2301
Corned Beef	100	100	23,0	215	900
Schwarzwurst (Blutwurst)	100	104	13,3	425	1778
Leberwurst	100	102	12,4	450	1883
Mortadella	100	102	12,4	367	1536
Huhn:					
Brathähnchen	100	135	20,6	144	602
Suppenhuhn	100	137	18,5	274	1146
Hühnerbrust	100	139	22,8	109	456
Hühnerleber	100	100	22,1	147	615
Fisch:					
Rotbarsch (Goldbarsch)	100	208	18,2	114	477
Kabeljau (Dorsch)	100	179	17,0	78	326
Schellfisch	100	175	17,9	80	335
Seelachs	100	154	18,3	88	368
Heilbutt	100	125	20,1	110	460
Forelle	100	192	19,5	112	469
Thunfisch in Öl/Dose	100	100	23,8	299	1251
Ölsardine	100	100	24,1	235	983
Heringsfilet in Tomatensauce	100	100	14,8	217	908
Bismarckheringe	100	105	16,5	225	941

aus »S. Walter Souci/Hans Bosch Lebensmitteltabellen für die Nährwertberechnung« Wissenschaftl. Verlagsgesellschaft mbH, Stuttgart 1982

Ändern Sie Ihre Einkaufsgewohnheiten

Man kann viel Geld sparen, wenn man die Einkaufsliste auf weniger und einfachere Nahrungsmittel reduziert und diese in größeren Mengen kauft. Auf diese Weise geschieht es auch seltener, dass wichtige Zutaten plötzlich zu Ende gehen.

Es werden mehr und mehr energieaufwendige, verarbeitete und entwertete Nahrungsmittel in luxuriösen Kleinpackungen in den langen Regalen der Supermärkte angeboten. So kauft und schleppt man oft viel zu viel Verpackungsmaterial mit nach Hause, das energieaufwendig hergestellt wurde, das die Mülleimer überquellen lässt und mit Energieaufwand wieder eingesammelt, transportiert, gelagert oder vernichtet werden muss. Man muss aber nicht so einkaufen. Die Befreiung vom Kaufen nur im Supermarkt ist möglich! Hier einige Einkaufstipps:

1. Wo kauft man?

Vom Erzeuger kaufen. Man fragt in der Umgebung des Wohnorts nach Bauern und Gemüsegärtnern, die ab Hof verkaufen. Dies sind oft sogar Bio-Bauern und Bio-Gärtner. Dort kann man Milch, Eier, Getreide, Kartoffeln, Wurzelgemüse, Kohl, Gemüse, Salate in größeren Mengen bekommen. Mittlerweile bieten auch viele Bio-Bauern sogenannte Gemüsekisten an, die einmal wöchentlich nach Hause geliefert werden und regionale (Bio-)Produkte enthalten. Mehl ist oft günstiger beim Müller zu bekommen. Gehen Sie außerdem auf Märkte. Auch dort kann man Bio-Erzeuger finden. Auf jeden Fall ist die Ware meist frisch und nicht oder wenig bearbeitet bzw. verpackt. Außer auf dem Wochenmarkt sehe man sich auch auf den Großmärkten und in der Markthalle um.

Bio-Läden, Reformhäuser, Bio-Supermärkte u.a. prüfen. Auch Drogeriemärkte bieten viele Reformprodukte an. Darauf achten, dass man die Grundnahrung nicht zu teuer bezahlt; unbedingt Preise vergleichen. Haferflocken, Nüsse, Leinsamen, Sesam, Mohn, Rosinen, Gewürze, Kräutertees u.a. sind oft auch in einfachen Großpackungen zu erhalten. Eventuell lohnt sich die Bestellung bei Versandfirmen; dann möglichst viel auf einmal bestellen.

Supermärkte, Einzelhandel und die Lebensmittelabteilungen von Kaufhäusern sind unter Umständen besser als ihr Ruf. Auch hier alle Möglichkeiten ausschöpfen. Wer immer wieder geduldig nach z.B. kaltgepressten Ölen, ungefärbten Margarinen oder ungespritztem Obst fragt, kann damit zur Verbesserung des Angebots beitragen.

2. Was kauft man?

- Bei Obst möglichst unbehandelte Früchte.
- Bei Käse Quark und Weichkäse bevorzugen, da sie noch Eigenaroma haben; Käse mit wenig Salz, ohne Aromastoffe und Farbstoff bevorzugen. Nur so kommt der Eigengeschmack der Sorten wieder zum Tragen. Reibekäse im Block und nicht gerieben kaufen.
- Wenig verpackte Waren, Getränke in Rückgabeflaschen bevorzugen. Flaschen, die nicht zurückgenommen werden, für den Altglascontainer sammeln; Karton- und Papierverpackung zum Altpapier.
- Möglichst einheimische Obstsorten bevorzugen (keine langen, energieaufwendigen Transportwege) und Gemüse der Saison kaufen (für manche Treibhausfrüchte müssen 600 Energiekalorien verbraucht werden, um 1 Nahrungskalorie zu ernten).
- Möglichst keine Gewürzmischungen kaufen. Mit reinen Gewürzen lässt sich bes-

ser und individueller abschmecken (es sind nur bei ganz wenigen Rezepten Mischungen vorgeschlagen, die aber ersetzbar sind).

- Möglichst wenig in Dosen kaufen (Energie und Abfall!).
- Naturreis kaufen. Er hat noch seine Schale und darunter wertvolle Vitamine.
- Verschiedene Getreidesorten kaufen und eventuell selbst mahlen und schroten. Dazu ist eine Haushaltsgetreidemühle erforderlich. Hier auf Qualität achten; Anschaffung lohnt nur, wenn man regelmäßig selbst mahlt.
- Phosphatarme oder -freie Waschmittel in Großpackungen (25 bzw. 50 kg) bevorzugen (gibt es oft in Bio-Läden). Mit Neutralseife können viele Reinigungsvorgänge erledigt werden: Putzen, Geschirrspülen, Händewaschen, Tiere schamponieren. Man kann dann auf viele teure und schadstoffreiche Reinigungsmittel verzichten.

3. *Wie lagern?*
   - Getreide in trockenen Räumen, in dichten Holzkisten oder Tonnen, in mäusefreien Häusern auch im Sack. Die Säcke und Tonnen öffnen oder mit Luftlöchern am Deckel versehen. Getreide ab und zu wenden.
   - Größere Mengen Nüsse etc. beanspruchen im Küchenschrank weniger Platz, wenn sie in Großpackungen gekauft werden.
   - Kartoffeln und Wurzelgemüse lassen sich gut im Keller lagern, sofern nicht in der Nähe Heizkessel eingebaut wurden.
   - Konservieren: Einsäuern (Kraut, Gurken etc.), Einkochen (Früchte, Gemüse), Trocknen (Früchte, Pilze, Tee, Gewürzkräuter).
   - Äpfel nie mit Kartoffeln, Salat, Kraut etc. zusammen einlagern. Ihre Ausdünstungen verderben alles andere. Äpfel evtl. in Folie einschweißen.
   - Einfrieren.

Selbst pflanzen – die beste Versorgung mit Nahrungsmitteln

Gärtnern ist etwas für unsere Seele. »Weniger mähen – mehr hacken« ist der Wahlspruch derer, die mehr aus ihrem Garten machen wollen, als nur den üblichen Zierrasen anzulegen. Stechen Sie doch die Grasnarben ab und pflanzen Sie Nahrungsmittel an.

Garten statt Rasen:

- nutzt Land sinnvoller in einer Zeit weltweiter Nahrungsmittelknappheit
- spart Rasenmäherenergie
- verbessert den Boden
- nutzt kompostierte Abfälle
- spart Energie – kein Transport vom Bauern zur Fabrik, vom Laden ins Haus
- versorgt uns mit Nährwerten
- spart Vitamintabletten
- hilft uns, Gemüse mit vielen Vitaminen, wenig Kalorien, aber vielen Ballaststoffen zu essen
- erspart Einkaufswege, weil wir frischen Salat im eigenen Garten haben
- versorgt uns mit köstlichen Sommergerichten
- versorgt uns mit etwas, was wir mit Freunden teilen können
- verschafft uns Bewegung – wozu Geld für Gymnastik ausgeben?
- macht müde ohne Stress
- fördert die Zusammenarbeit
- lehrt uns Lebensprozesse

- beschäftigt Kinder im Sommer
- bringt uns aus dem Haus an die frische Luft
- hält uns am Wochenende zu Hause – spart Benzin und Geld
- gibt uns ein gutes Gefühl

Wem diese Gründe noch nicht reichen, der wird durch die Einsparungen beim Haushaltsgeld überzeugt werden. Benutzen Sie teure Arbeitsgeräte zusammen mit Nachbarn. Legen Sie einen Komposthaufen an und verwerten Sie Ihre Küchen- und Gartenabfälle regelmäßig, um den Boden zu verbessern. Dies macht Handelsdünger überflüssig, zumindest in kleineren Gärten. Pflanzen und Samen können mit anderen geteilt werden. Gemeinsames Arbeiten macht mehr Spaß als Alleingang. Nachwuchsgärtner können z.B. von älteren, erfahrenen Leuten lernen.

Die Ernte könnte man leicht untereinander teilen, besonders zur Einmachzeit. Eigene Vorräte anzulegen ist auf dem Lande eine alte Tradition. Doch auch Stadtleute sollten sich überlegen, ob dies nicht sinnvoll sein könnte. So kann man z. B. in der Erntesaison preisgünstig Gemüse kaufen, die zu anderen Jahreszeiten sehr teuer sind. Im Essig einlegen (Pickles), Tomatensaft einkochen, Apfelkompott einmachen, Pfirsiche und grüne Bohnen einfrieren, Erdbeeren, Blaubeeren, Marmeladen und Gelee kochen ist in jeder kleineren Küche möglich. Dörrobst erhält man durch Trocknen an der Luft, im Heizraum oder im Backofen bei ganz niederer Einstellung. Das Kapitel »Gärtnern und Konservieren« enthält einige einfache Rezepte.

Das Trocknen ist eine der energiesparendsten Arten, seine Lebensmittel zu Hause zu konservieren – viele Haushalte kommen darauf zurück. Die eigene Nahrungsmittelkonservierung ist harte Arbeit, aber sie sorgt auch für gute Gelegenheiten, in der Familie gemeinschaftlich etwas zu tun. Ich erinnere mich an späte Sommerabende, an denen mein Mann und ich Gurken in Töpfe einlegten. Einige Ehepaare finden dies bestimmt nicht romantisch, aber für uns war es schön. Paul ist in einer Familie aufgewachsen, in der jeder – ob Mann oder Frau – beim Schneiden und Schälen hilft. Wenn alle mithelfen, ist die Arbeit für niemanden eine zu große Last.

4. Mit Freude essen

Wenn du mittags oder abends Gäste zum Essen einlädst, dann lade nicht deine Freunde, Brüder, Verwandten oder reichen Nachbarn ein. Denn sie werden es dir vergelten, indem sie dich ebenfalls einladen. Lade vielmehr die Armen, die Krüppel, die Gelähmten und die Blinden ein. Bei der Auferstehung der Gottesfürchtigen wird Gott dich belohnen, weil du Menschen eingeladen hast, die es dir nicht vergelten konnten.

Lukas 14,12-13

Ich koche doch so gern

Wir kennen sie noch, die Sonntagsessen unserer Großmütter: eine deftige Vorsuppe, mehrere Sorten Fleisch, verschiedene Sorten Gemüse, zum Schluss noch ein handfester Nachtisch. Unsere Großmütter hatten ihre Gründe, so herzhaft zu kochen: Erstens war es Sonntag, zweitens war die Küche damals einer der wenigen Orte, an denen eine Frau zeigen durfte, was sie konnte, und drittens konnte man die vielen Kalorien gut brauchen – waren doch die Schlafzimmer ungeheizt und wartete am Montag ein neuer harter Arbeitstag. Heute stehen den Frauen viele Bereiche schöpferischer Tätigkeiten offen, und in warmen Häusern und bei sitzenden Beschäftigungen brauchen die Menschen weniger Kalorien. Aber viele kochen trotzdem noch gern. Und warum auch nicht? Einfacher kochen müssen wir natürlich, aber Einfaches muss nicht notwendigerweise fad und langweilig sein. »Einfachheit ist der Schlüssel zum guten Geschmack«, betonte mein Hauswirtschaftslehrer an der Schule. Wenn dieser Satz auf die Architektur, die Malerei und die Musik anwendbar ist, dann auch auf das Kochen – auch auf das billige Kochen.

Mahlzeiten wie Sinfonien?

Großen Musikstücken liegt ein zentrales Thema zugrunde, auf dem das Werk aufbaut. Geben Sie Ihrer Mahlzeit ein Thema, indem Sie ein nahrhaftes, perfekt gekochtes und gewürztes Gericht bereiten. Ergänzen Sie es mit ein paar einfachen, in möglichst natürlichem Zustand belassenen Zutaten.

Nehmen wir eine Curry-Mahlzeit: Sie bereiten das Curry mit aller Liebe zu, mit sämtlichen Registern der Würzkunst. Aber der Rest der Mahlzeit kann aus einfachem, gedämpftem Reis bestehen, geschnittenen oder geraspelten, rohen Gartengemüsen, Kokosnuss vielleicht und Früchten. Zu viele unserer Mahlzeiten werden zu Geschmacksorgien. Dabei bleibt der Kreativität sogar mehr Raum, wenn wir uns ohne Hetze auf eine einzige Speise konzentrieren. Wer hat noch nicht erlebt, dass er den besonderen Salat im Eisschrank vergaß, während er damit beschäftigt war, vier warme Gerichte gleichzeitig zu servieren? Und wer hat noch nie Kinder in ihrer gesegneten Einfachheit beobachtet, wie sie ihre Bäuchlein mit einer einzigen leckeren Speise stopfen und sich weigern, ihre Geschmacksknospen von etwas anderem verwirren zu lassen?

Sarah Janzen Regier, eine Krankenschwester und Ernährungsexpertin in Zaire, schrieb mir, dass sie nie verschiedene Gemüse, Salate und Obstgerichte gleichzeitig reicht. Sie wählt ein Gericht aus und macht eine größere Menge davon. Während eines Urlaubs in Nordamerika sagte eines ihrer Kinder bei einem Festessen mit den Verwandten: »Ich bin froh, wenn wir wieder in Afrika sind, wo wir einfach Maniok essen.«

Die guten alten Rezepte

Nun sollten wir aber nicht das Kind mit dem Bade ausschütten und sagen, unsere Großmütter hätten alles verkehrt gemacht, und jetzt hätten endlich ein paar vernünftige junge Leute die Sojabohne entdeckt.

Kochen nach traditionellen Rezepten kann durchaus vernünftig sein, solange wir bedenken, dass die meisten von uns weniger Kalorien als ihre Vorfahren benötigen. Durchstöbern Sie alte Kochbücher, wenn Sie sparsame Rezepte finden wollen. Befragen Sie Ihre Großmutter nach wirtschaftlichen Rezepten, und Sie können sicher sein, dass Sie ihr für den Rest des Nachmittags zuhören werden. Wir sollten heute mehr als je zuvor das Gute an den alten Ernährungsgewohnheiten bejahen. Sie bringen uns öfter zurück zu Mahlzeiten aus Getreide und Milch, als wir vermuten. Auf dem Schutzumschlag eines Buches aus dem Jahre 1912 – »Sparsames Kochen« – las ich: »Das Einfachste und Billigste kann auch das Beste sein, wenn man sich darauf versteht, sparsam einzukaufen und zu kochen.«

Dass unsere Großmütter keine Sojabohnen und -sprossen aßen, bedeutet nicht, dass diese Nahrungsmittel Erfindungen der Neuzeit sind. Die Chinesen aßen Sojabohnen schon zur Zeit der Geburt Christi. Wir haben das Glück, von den Traditionen vieler Kulturen profitieren zu können. Die meisten guten Essideen entstammen irgendeiner Tradition. Machen Sie einmal eigene Erfahrungen, probieren Sie einen russischen Borschtsch (S. 196), das Gemüse-Curry (S. 110) oder das Navajo-Brot (S. 63).

Jedes Mal schmeckt es etwas anders

Als ich die Rezepte für dieses Buch ausprobierte, bemerkte ich zum ersten Mal, dass ich trotz oder gerade wegen meiner guten Hauswirtschaftsausbildung Schwierigkeiten hatte, mich genau an die Rezepte zu halten. Ich bin ein chronischer Rezeptverbesserer. Aber gerade dies macht das Kochen zur Freude!

Rezepte sind keine heiligen Schriften. Sie sind dazu da, uns in die Küche zu locken. Die wahren Rezepte entstehen, wenn ich meinen Küchenschrank durchstöbere; sie sind abhängig davon, wie viel Zeit ich habe, was wir ausgeben können, was wir für vernünftig halten und was wir mögen. Wenn ich fehlende Zutaten durch das, was im Hause ist, ersetze, ist das nicht nur sparsam, sondern auch sehr viel kreativer, als einfach zum nächsten Laden zu rennen. Auf diese Weise entstehen manchmal großartige neue Rezepte. Lernen Sie es, Zutaten zu gebrauchen, die Ihnen billig und im Überfluss zur Verfügung stehen, statt immer Neues zu suchen, während anderes im Schrank verdirbt.

Wenn Sie entdecken, wie man mit den Grundnahrungsmitteln richtig umgeht, können Sie mit den einfachsten Zutaten kreativ kochen. Man kann aus einem Auflauf kein Brötchen machen, aber man kann und soll den Käse und die Kräuter variieren. Die Zutaten für einen hellen Kuchen müssen Sie genau abwiegen, aber einen Eintopf können Sie auch noch kochen, wenn Sie Ihren Messbecher verloren haben.

Viele Briefe, die ich für dieses Buch erhielt, kamen von Menschen, die ihre eigenen Kochbücher geschrieben haben. Einige von ihnen ließen sich nicht so standardisieren, dass sie in diese Sammlung passten. Sie zeigen, wie verantwortlich und schöpferisch Köche vorgehen können. Im Folgenden sind sie so abgedruckt, wie ich sie erhalten habe:

Ein Garten-Eintopf

Ich beginne mit einem Pfund Hackfleisch und einer großen Zwiebel, die in einem bisschen Fett angedünstet werden. Dann füge ich 5 große, geschnittene Tomaten hinzu, Salz und Pfeffer. Danach kommt alles, was im Garten zu finden ist, dazu. Ein toller Eintopf in diesem Sommer enthielt 13 verschiedene Gemüse. Als Erstes kommt z.B. eine Mischung von roh geraspeltem Kohl, dann Karotten in Scheiben, gewürfelter Sellerie, Mais, fein gewürfelte grüne oder rote Pfefferschoten, irgendwelche Bohnen und in Scheiben geschnittene Kartoffeln in den Topf. In der letzten Viertelstunde (denn sie brauchen ja nicht so lange mitgekocht zu werden, bis sie Mus sind) dann gewürfelte Auberginen, Zucchini, Kürbis, ein paar Okraschoten, Rosenkohl, Brokkoli und Blumenkohl. Zuletzt schmecke ich das Ganze ab und gebe ein paar Kräuter und mehr Wasser dazu, wenn ich einen dünneren Eintopf haben möchte.

Ich betrachte es als eines meiner kreativsten Gerichte, das ganz vom Zustand meines Gartens abhängig ist.

Hähnchen und Nudeln

In unserer Gemeinde müssen die Bauern, die Bruteier verkaufen, immer wieder ihre Ställe von fetten Hennen räumen. Dann lege ich mir einen kleinen Vorrat davon an, denn ich kann sie sehr günstig erwerben. Das folgende nahrhafte Gericht kann sehr wirtschaftlich zubereitet werden: Kochen Sie die Henne in Wasser. Zum Würzen verwenden Sie eine mittelgroße Zwiebel, etwas Petersilie, Salz und Pfeffer. Abkühlen lassen und das Fett abschöpfen. Das Huhn entbeinen. Machen Sie einen Nudelteig aus einem Teelöffel Salz, 2 Eiern und genug Mehl, um einen steifen Teig zu erhalten. Teig auswellen und zu Nudeln schneiden. Lassen Sie dieselben in gesalzenem Wasser 5-7 Minuten kochen und gießen Sie sie ab. Nun erhitzen Sie die Nudeln zusammen mit dem Huhn und der Fleischbrühe sehr gründlich. Der Geschmack verbessert sich, wenn Sie das Ganze eine Weile kochen lassen. Wenn Sie einen alten, zähen Vogel erwischt haben, benutzen Sie einen Dampfdrucktopf.

Namenloses Sojagericht

Weichen Sie etwa eine Tasse getrocknete, grüne Sojabohnen über Nacht in etwa 2 Tassen Wasser ein. Stellen Sie sie am Morgen auf kleine Flamme. Wir benutzen einen Römertopf. Nach dem Mittagessen braten Sie etwa ¼ Pfund Hackfleisch, das Sie mit einem Ei und Sojapulver ergänzen können. Für zusätzliches Aroma fügen Sie eine halbe gehackte Zwiebel hinzu. Nach dem Braten das Fett abschöpfen, die Sojabohnen und einen halben Teelöffel Pfeffer dazugeben, nach Geschmack Basilikum und etwas Salz. Verwenden Sie Sojasoße großzügig. Sie enthält auch Salz. Einmal nahm ich aus Versehen Worcestershire-Soße. Sie passte geschmacklich auch gut zum Gericht. Eine halbe Tasse vorgekochter, brauner Reis würde das wohlschmeckende Gericht gut ergänzen, für das ich bis jetzt noch keinen Namen gefunden habe. Es ist für 4-6 Personen berechnet, je nachdem, wie hungrig sie sind.

Glasierte Äpfel und Frankfurter

Ich bin eine alte Mennonitengroßmutter, die mit einer Prise hiervon und einer Prise davon kocht. Alles wird nach Geschmack abgemessen. Ich mache zuerst eine große Pfanne voll entkernter, geschnittener, ungeschälter Äpfel. Dann schneide ich etwa ein Pfund Frankfurter Würstchen in Ringe und vermische sie mit den Äpfeln. Darüber gieße ich etwa eine halbe Tasse weißen oder braunen Sirup und bestreue es mit einer halben Tasse weißem oder braunem Zucker. Danach brate ich das Ganze, bis es gut glasiert ist und rühre es öfter um. Ganz unten kommt ein Stückchen Margarine hin.

Dies ergibt ein köstliches Hauptgericht, sehr nahrhaft und auch bei Besuch gut. Die Wurst ist sehr preiswert. Ich serviere es oft meinen in der Landwirtschaft arbeitenden Männern, und sie mögen es gern.

Woher nimmt man die Zeit?

»Für einen einfacheren Ernährungsstil mit unverarbeiteten Nahrungsmitteln braucht man Zeit – und die habe ich nicht«, sagte jemand zu mir. »Ich will doch nicht wie Großmutter Stunden in der Küche zubringen.« Der steigende Verbrauch von Fertigprodukten und die Tatsache, dass immer mehr Frauen berufstätig sind, gehen Hand in Hand. Beim Frühstück hat es jeder eilig, zur Schule oder zur Arbeit zu kommen. Die Zeit reicht nicht zu mehr, als fertige Müslis mit Milch zu übergießen. Die Mutter versorgt die Kinder noch mit Pausenbrot und Büchern, während sie sich selbst so gut wie möglich fertig macht. Ihr bleibt wenig geistige Energie für die Überlegung, was sie zum Abendbrot kochen soll. So greift sie eben zu schnellen Fertiggerichten.

Dies heißt nun nicht, dass die Frau um jeden Preis zu Hause bleiben muss. Hausarbeit kann aufgeteilt werden. Wenn alle Familienmitglieder das Haus tagsüber verlassen, muss eben genau geplant werden. Nur so können wir uns einen verantwortungsbewussten, gesunden Essstil aneignen.

Die fertig verarbeiteten Produkte erschweren es uns, die von Gott erschaffene Welt zu erhalten. Jede Familie braucht Zeit, um ihre Nahrung zuzubereiten. Andernfalls verlassen sich die Menschen auf teure Nahrungsmittel, die mit viel Verschwendung und Umweltverschmutzung produziert werden.

Während ich an diesem Buch arbeitete, verbrachte ich täglich 6-10 Stunden in meinem Büro. Ich musste also zeitsparend kochen, aber lieb- und verantwortungslose Schnellgerichte sollten es nicht sein. Aus den Erfahrungen dieser Zeit und dem Austausch mit anderen viel beschäftigten Köchinnen, möchte ich folgende Gedanken weitergeben:

1. Teilen Sie die Koch- und Putzarbeiten unter allen Familienmitgliedern auf. Eine Person allein kann diese Arbeiten unmöglich schaffen, wenn Sie außer Haus berufstätig ist.
2. Der Morgen kann die hektischste Zeit des Tages sein. Wenn es keine Pflichten außer Haus gibt, könnten der Vater und die größeren Kinder das Frühstück machen, während die Mutter die Pausenbrote richtet und den kleineren Kindern beim Anziehen hilft. Wenn nahrhaftes Brot oder Vollkorn vorhanden sind, ist auch ein gutes Frühstück schnell zuzubereiten.
3. Man kann die Mahlzeiten vereinfachen. Machen Sie größere Mengen und weniger Gänge. Wenn Ihre Familie sowieso noch Kleinigkeiten vor dem Schlafengehen isst, lassen Sie den Nachtisch weg oder reichen Sie überhaupt nur am Sonntag Nachspeisen.

4. Machen Sie je einen Speiseplan für eine Woche. Morgens können Sie dann schon einiges für das Abendessen vorbereiten und verlieren keine Zeit mehr mit Überlegungen, was Sie kochen wollen.
5. Um die Einkaufszeiten in der Woche zu verkürzen, kaufen Sie unverderbliche Lebensmittel in großen Mengen.
6. Organisieren Sie ein Koch-Back-Gefrier-System. Machen Sie am Wochenende doppelte und dreifache Mengen von Hauptgerichten und Backwaren und gefrieren Sie die Portionen in ofenfeste Formen für die Abendessen in der Woche ein. Das Gefrorene kann man dann morgens zum Auftauen aus dem Gefrierschrank nehmen und muss es am Abend nur noch erhitzen.
7. Backen Sie am Wochenende 5-6 Laib Brot und frieren Sie sie ein. Günstig ist, alle Zutaten fürs Brotbacken in einer Schüssel am Vorabend herzurichten, um den Teig am nächsten Morgen fertig zu machen.
8. Machen Sie große Mengen Vollkorngerichte (Müsli u.a.) für das schnelle Frühstück, Abendessen oder für zwischendurch.
9. Wenn Sie Sojabohnen oder andere Hülsenfrüchte (Bohnen, Erbsen, Linsen) verwenden, weichen Sie sie einen Tag vorher in Wasser ein und kochen Sie größere Mengen. Frieren Sie sie in kleinere Behälter ein, um sie während der Woche schnell zur Hand zu haben.
10. Frieren Sie Fleisch in kleinen Mengen ein, sodass es leicht gehackt oder geschnitten und nach der chinesischen Schnellbratmethode mit Gemüse zubereitet werden kann.

Im Rezeptteil sind zeitsparende Rezepte besonders angezeigt.

Aber macht mich all das Brot nicht dick?

Wenn wir »mehr durch weniger« essen, bedeutet das, dass wir mit Freude essen. Wir können für die Hungernden mehr übrig lassen. Wir gewinnen mehr Nährwerte für uns selbst. Und wir bekommen mehr Nahrung für unser Geld und essen mit mehr Kreativität und gutem Geschmack. Aber wird uns die Freude nicht schnell vergehen, wenn wir an Gewicht zunehmen? Das befürchten jedenfalls eiweißbewusste Leute, wenn sie Schlagworte wie »mehr Getreide und Bohnen« hören. Bekannte Diätpläne besagen, dass mehr Eiweiß auch mehr Fett verbrennt und einfache, kohlehydratreiche Nahrung wie Brot, Bohnen und Reis tabu sei für Leute, die schlank bleiben wollen. Aber in Kapitel 1 sahen wir schon, dass wir sehr viel Eiweiß verbrauchen – und trotzdem ist Übergewicht weiterhin ein nationales Gesundheitsproblem.

Eine vernünftige Ernährung macht nicht dick. Eine Diät, die mehr Nachdruck auf das volle Korn, auf Bohnen und Gemüse legt, muss nicht sehr kalorienreich sein. Gerade weil sie wegführt von sehr fettreichen, tierischen Produkten, von Zucker und nährwertarmen Fertigprodukten, vom allgemeinen Überfluss, kann sie den Menschen helfen, ihr Gewicht zu kontrollieren. Oft rümpfen wir die Nase über unsere unverarbeiteten Nahrungsmittel, akzeptieren aber Ersatzprodukte, die viel mehr Kalorien enthalten.

Wir können damit anfangen, dass wir von allen Nahrungsmitteln mäßiger essen. Dies ist leichter gesagt als getan. In unserer Gesellschaft ist Selbstdisziplin nicht gefragt. Die Reklame ermutigt, uns jeden Wunsch zu erfüllen. Sich hier zu ändern erfordert Motivation und Vertrauen. Schränken Sie Ihren Verbrauch an nährwertlosen Süßigkeiten und Fertigprodukten ein. Diese sind: Limonaden, Bonbons, Chips, manche gesüßten Frühstücksflocken, viele Kekse und Knabbergebäck. Diese Dinge haben außer reinen Kalorien keinen Nährwert. Auch gekaufter Pudding und Eiscreme sind reich an Zucker und Kalorien. Unseren Eiweißbedarf können wir auf weniger kalorienreiche Art decken. Beim Fleisch haben Geflügel und Meerestiere knapp halb so viel Kalorien pro Gramm Eiweiß wie Rindfleisch, Schweinefleisch und Lamm. Sojabohnen enthalten weniger Kalorien pro Gramm Eiweiß als die gewöhnlichen weißen Bohnen, siehe Übersicht S. 28.

Wie kann ich meine Gäste einfacher bewirten?

Mit Freude essen heißt gemeinsam essen. Jesus heiligte das Gemeinschaftsmahl, als er das Brot brach, den Wein teilte und sagte: »Tut dies zur Erinnerung an mich.« Es war Essenszeit, als er sich den beiden Jüngern in Emmaus als der Auferstandene offenbarte. Er lädt uns zum Gemeinschaftsmahl ein, zum Hochzeitsfest des Lammes. Lasst uns in seinem Namen zusammen essen.

Aber in unser Essensvokabular hat sich das Wort »Unterhaltung« eingeschlichen. Wo man früher einfach sagte: »Kommen Sie zum Abendbrot vorbei«, inszeniert man heute eine Staatsaktion. Was ist mit dem Leitspruch »Mehr durch weniger« bei einem Gastessen gemeint? Wir brauchen mehr echte menschliche Begegnung, mehr Wärme, mehr Entspannung. Wir möchten unseren Gästen hin und wieder ein hausgemachtes, persönliches Geschenk machen – eine schön gekochte Mahlzeit, einfach weil wir sie sehr gern haben. All dies mit weniger Zeit und billigeren Lebensmitteln – geht das?

Meine Lösung ist, dass ich mich auf *ein* nahrhaftes, billiges und interessantes Gericht beschränke. Ich reiche ein paar einfache Dinge als Beilagen. Das gibt dem Gericht eine bestimmte Note und rundet es ab. Ein einfaches Mahl macht Einladungen erfreulicher und weniger anstrengend.

Es folgen nun einige Ideen aus meiner Küche und aus Briefen, die ich für dieses Buch erhalten habe. Ich habe herausgefunden, dass Gäste, Kinder eingeschlossen, Gerichte »Marke Eigenbau« besonders genießen. Eine entspannte Atmosphäre breitet sich aus, wenn jeder teilhat. Nicht alle Variationen, die hier vorgestellt sind, sollten bei einer Mahlzeit angeboten werden. Richten Sie sich danach, was Sie im Hause haben.

Brotmahlzeit

Grundthema:
- frisches, selbst gebackenes Brot

Variationen:
- Butter, Käse, Sojapaste, Erdnussbutter, Quark, Kopfsalat, Tomaten, Zwiebeln, Pickles, Bohnensprossen und andere rohe Gemüse
- Heiße oder kalte Getränke gemäß der Jahreszeit

Mehr durch Weniger:
- Die Gäste schneiden und belegen ihre Brote selbst. So bleiben Reste verwertbar. Alles ist billig und nahrhaft.

Salatmahlzeit

Grundthema:
- Eine große Schüssel mit Salat (verschiedene Blattsalate)

Variationen:
- Kleine Schüsseln mit hartgekochten, gehackten Eiern, angemachten Soja- oder anderen Bohnen, Tomaten, geschnittener Wurst/Fleisch, Käse, Zwiebeln, rohem Gemüse, Erdnüssen, gerösteten Sonnenblumensamen, gerösteten Brotwürfeln

- Selbstgemachte Salatsoßen
- Brote und Brötchen

Mehr durch Weniger:

- Die Gäste mischen ihren eigenen Salat
- Im Voraus zubereiten und kühlen
- Die Reste bleiben verwertbar
- Billig für Gartenbesitzer
- Keine Kocherei an einem heißen Tag

Waffel- oder Pfannkuchenmahlzeit

Grundthema:

- Ein Grundteig

Variationen:

- Zum Teig geben: Beeren, Nüsse, Schinkenstücke, Käse
- Mit Sirup, Honig, Kompott, Gemüse, geriebenem Käse, Schinken, Tomatensoße dünnem Pudding oder Joghurt essen

Mehr durch Weniger:

- Der Ehemann oder ein älteres Kind kann das Backen übernehmen
- Den Teig im Voraus zubereiten
- Jeder stellt sich seinen Pfannkuchenbelag selbst zusammen

Müsli-Mahlzeit

Grundthema:

- Eine große Schüssel mit Müsli (s. S. 68-71)

Variationen:

- Früchte, Joghurt, Eiscreme

Mehr durch Weniger:

- Alles im Voraus zubereiten
- Keine Kocherei an einem heißen Tag

Suppenmahlzeit

Grundthema:

- (angeregt durch die indonesische Hühnersuppe)
- Ein Topf mit heißer Hühnerbrühe mit Schöpfkelle (im Kochtopf o.ä. servieren, damit sie heiß bleibt)

Variationen:

- Schalen mit heißem Reis, heißen Nudeln, gekochtem, gehacktem Fleisch, gehackten Frühlingszwiebeln, gehacktem Grünzeug, Bohnensprossen, Sojasoße, scharfen Peperoni

Mehr durch Weniger:

- Die Gäste kombinieren ihre eigene Suppe (die Suppenschalen mit den Zutaten füllen und dann die Brühe darauf schöpfen)

Reismahlzeit

Grundthema:

- Gedämpfter oder gebratener Reis

Variationen:

- Kurz gebratenes Fleisch und Gemüse, Curry, Dhal oder scharf gewürzte Bohnen (Chili)
- Rohe, gehackte Gemüse, Tomaten, Grünzeug, harte Eier, Erdnüsse, Rosinen, Sonnenblumenkerne, Kokosnuss, Chutney, Sojasoße, Früchte

Mehr durch Weniger:

- Viel Reis, wenig Fleisch essen
- Das Fleisch durch Gemüse und Gewürze strecken
- Die Gäste kombinieren ihre eigene Reisbeilage

5. Anleitung zur Benutzung der Rezepte

1. Direkt nach der Überschrift finden Sie die wesentlichen Angaben für das Rezept. Es wird darauf verwiesen, ob das Rezept zeitsparend ist, für wie viel Personen es ausreicht, wie hoch die Ofentemperatur sein muss und wie viele Minuten die Backzeit beträgt.
2. Achten Sie darauf, ob die angegebenen Zutaten bei Ihnen erhältlich und nicht überteuert sind. Wir sind der Meinung, dass man nicht unbedingt von weit her, gar aus Ländern mit Hungerproblemen, transportierte Lebensmittel verwenden sollte. Deshalb muss der Koch bestimmen, was er auswählen, weglassen, ersetzen kann.
3. Die Maßangaben sind einheitlich gestaltet. In den Rezepten werden die Mengen nach amerikanischen Löffeln- uund Tassenmaßen angegeben. Diese amerikanische Art zu messen ist in anderen Ländern zumeist nicht üblich.

Diese Tasse fasst knapp einen Viertelliter (225 ml). Wir empfehlen, entweder einen solchen Messbecher zu benützen oder aus dem Geschirrschrank eine Tasse auszuwählen, die diese Menge fasst (225 ml) und sie immer beim Kochen nach diesem Buch zu verwenden. Bitte beachten Sie dazu auch die Angaben unten. Der Inhalt der amerikanischen Ess- und Teelöffelmaße (EL, TL), entspricht ziemlich genau den bei uns üblichen Suppen- bzw. Kaffeelöffeln.

Gewicht/Mengenvergleich

Das nachstehend aufgeführte Gewicht der Zutaten entspricht der Menge einer Tasse (225 ml).

Ackersalat	= 30 g
Bananen	= 150 g = 1 ½ mittelgroße Bananen
Datteln, entkernt	= 200 g
Eier	= 4 mittelgroße Eier
Erbsen, halb grüne, geschält	= 180 g
Erdnüsse	= 125 g
Haselnüsse, entkernt	=100 g
Haselnüsse, geriebene	= 70 g
Honig	= 250 g
Kartoffeln, rohe	= 140 g (1 mittelgroße Kartoffel)
Käse, geriebener	= 100 g
Kichererbsen	= 170 g
Rote-Kidneybohnen	
(rote Nierenbohnen)	= 160 g
Kokosflocken	= 70 g
Kristallzucker	= 170 g
Magerquark	= 200 g
Maismehl	= 150 g
Makkaroni	= 100 g gekocht
(ungekocht = ¼ Tasse)	
Mandeln	= 100 g

Margarine	= 180 g
Nudeln, breite	= 50 g
Nudeln, gekochte, breite	= 150 g = 1 ½ Tassen (roh)
Puderzucker	= 120 g
Reis, roh	= 170 g
Reis, gekocht	= 500 g = 3 ½ Tassen (roh)
Roggenmehl	= 120 g
Rüben u. Erbsen, gekochte	= 170 g
Sojabohnen	= 140 g
Sojamehl	= 90 g
Spaghetti, roh	= 100 g
Spaghetti, gekocht	= 240 g = 2 Tassen (roh)
Sultaninen	= 140 g
Streichkäse	= 225 g
Vollkornschrot	= 130 g
Walnusskerne	= 120 g
Wasser	= 1/5 l = 200 ml.
Weißmehl	= 120 g
Zucker, brauner	= 160 g

Teil 2

Die Rezepte

1. Brote und Gebäck

Sein Brot selbst zu backen ist heute wieder relativ beliebt geworden. Als wichtigste Gründe werden schöpferische Freude am Backen und die bessere Qualität des Brotes genannt. Zweifellos kann man mit selbst gebackenem Brot etwas für seine Gesundheit tun.

Wichtig ist, wie viel Ballaststoffe das verwendete Mehl enthält. Die Ballaststoffe sind ohne jeden Nährwert, aber sie werden als Füllmaterial bei der Verdauung sowie für die chemischen und bakteriologischen Prozesse im Darm benötigt. Manche Zivilisationskrankheiten in der westlichen Welt sind erst durch die Ballaststoffentfernung (ausgesprochen weißes Mehl) entstanden. Durch Brot aus Vollkornmehl und Kleie kann man den Ballaststoffmangel gut ausgleichen. Voraussetzung für hinreichend wirtschaftliches (preiswertes) Backen ist dabei, dass man Hefe und Mehl immer in größeren Mengen kauft (Mehl vielleicht direkt vom Müller) und immer mehrere Brote auf einmal backt (bessere Ausnutzung der Backofenenergie). Was nicht sofort gebraucht wird, kann man ohne Weiteres einfrieren. Man kann auch den Brotteig an einem Tag ansetzen und am nächsten ausbacken.

Brotbacken erfordert Zeit, Liebe und Erfahrung. Für die meisten deutschen Leser, die ja gutes Brot auch beim Bäcker an der Ecke bekommen können, geht es vielleicht nicht so sehr darum, den gesamten täglichen Brotbedarf selbst zu decken, sondern eher darum, bestimmte Spezialitäten selbst zuzubereiten. Die Rezepte geben dazu viele Anregungen.

Das Backen von Hefebrot

Wichtiges Zubehör:

- eine große Metall- oder Keramikschüssel
- Messbecher, Messgeräte, Holzrührlöffel
- ein großes hölzernes Brett oder stabile Unterlage in einer angenehmen Höhe zum Kneten
- Backformen oder Keramikkasserollen zum Backen

Hefe:

- 1 EL Trockenhefe entspricht 1 Päckchen Frischhefe
- Gut verpackt im Kühlschrank lagern
- Zuerst mit einer Prise Zucker in lauwarmem Wasser auflösen, damit sie schneller geht
- Hefe braucht warme Flüssigkeit (30-35 °C) zum schnellen Gären; heiße Flüssigkeit tötet sie jedoch ab

Flüssigkeit:

- Nehmen Sie warmes Wasser, Milch, Kartoffel- oder Gemüsewasser oder Molke vom Käsemachen
- Rohe (unpasteurisierte) Milch vor dem Gebrauch abkochen und dann kühlen lassen

Süßmittel:

- Nehmen Sie Zucker, braunen Zucker, Honig oder Sirup (Melasse); sie sind in den meisten Rezepten austauschbar

Fett:

- Hefebrote brauchen nur kleine Mengen Fett
- Nehmen Sie Schmalz, Backfett, Öl, Margarine, frisches Bratenfett oder ausgelassenes Hähnchenfett

Weißmehl:

- Mehl vom harten Winterweizen eignet sich am besten
- Die meisten Rezepte erfordern ein Drittel bis die Hälfte der Menge an Weißmehl, damit sie etwas lockerer werden

Vollweizenschrot:

- Schauen Sie sich nach frisch gemahlenem Weizenschrot direkt von der Mühle um
- Elektrische oder Handmühlen sind auch für den Hausgebrauch erhältlich
- Nehmen Sie bei allen Backwaren bis zur Hälfte der angegebenen Mehlmenge als Vollweizenschrot
- Einige schwere, aber köstliche Brote werden ganz aus Vollweizenschrot gebacken
- Lagern Sie den Vollweizenschrot im Kühlschrank oder an einem kühlen, trockenen Ort

Die Typenzahl gibt den Ausmahlungsgrad des Mehles an. Wurde das Getreide stark ausgemahlen, d. h., wurde viel von der Hülse der Körner entfernt, gibt es ein feines und sehr weißes Mehl. Die Typenzahl ist klein, sie gibt den Aschegehalt des Getreides an. Je höher die Typenzahl, desto mehr Mineral- und Ballaststoffe sind noch enthalten. Nachfolgende Angaben dienen zur Veranschaulichung dieses Sachverhalts:

Weißmehl-Typen:
405 sehr feines Weißmehl
550 feines Weißmehl
812 nicht ganz so feines Weißmehl

Brotmehlsorten (Weizen) – Typen:
1050 etwas dunkleres Weißmehl
1600 dunkleres Weißmehl
1700 Weizenschrot (fein oder grob gemahlen)

Roggen:
Typen 997, 1150, 1370 Roggen- oder Schwarzmehl
Type 1900 Roggenschrot
Roggenmehl ist gesund, doch macht es das Brot schwer und fest. Liegt der Roggenanteil über 20 Prozent, muss beim Brotbacken statt Hefe Sauerteig verwendet werden.

Sojamehl:

- Es ist als Sojamehl mit niedrigem und mit Vollfettgehalt erhältlich. Diese beiden Arten sind in den Rezepten austauschbar
- Es enthält 40-60 g hochwertiges Eiweiß pro Tasse
- Es ist teurer als Weizenmehl, aber eine der billigsten Eiweißquellen
- Es enthält keinen Kleber zur Bindung des bei der Gärung entstehenden Gases. Deshalb kann es nicht ohne andere Mehle zum Brotbacken mit Hefe verwendet werden
- Es ist sehr gut geeignet, andere Backwaren mit Eiweiß anzureichern. Pro Tasse Mehl kann man 2-4 EL durch Sojamehl ersetzen
- Man kann damit den Eiweißgehalt von Suppen, Schmorgerichten, Aufläufen, Brot und Pasteten erhöhen

Andere Mehle:
Roggen, Buchweizen, Mais, Hirse, Hafer

- Man kann sie für Brot mit Weizenmehl mischen

Weizenkeime:

- Kaufen Sie sie roh oder ungeröstet von der Mühle oder im Reformhaus; geröstete Weizenkeime sind im Supermarkt teurer; meiden Sie gesüßte Weizenkeime
- Reichern Sie Backwaren damit an, um Eiweiß-, Vitamin- und Mineralstoffgehalt zu erhöhen

Zubereitung des Brotteigs:

1. Man löst Hefe im warmen Wasser mit einer Prise Zucker auf. Einige Rezepte lassen diesen Schritt aus und mischen einfach die Hefe mit Mehl.
2. Einen Vorteig machen: Die meisten Rezepte lassen diesen Schritt aus, aber viele erfahrene Bäcker sind weiterhin davon überzeugt. Mischen Sie die Flüssigkeit, die gelöste Hefe, den Zucker und etwa die Hälfte des Mehls zu einem weichen Rührteig; arbeiten Sie ihn gut durch; man lässt ihn nun gehen, bis er leicht und luftig ist; schlagen Sie ihn runter und geben Sie Salz,

Fett und das restliche Mehl dazu. Jetzt geht es ans Kneten.

3. Wie viel Mehl? Da die Mehle verschieden feucht sind, muss man durch Erfahrung lernen, wie viel Mehl man genau braucht. Zuerst ist der Teig noch klebrig; beim weiteren Kneten gerade so viel Mehl dazugeben, dass er nicht mehr an der Schüssel/dem Backbrett/den Händen haften bleibt.

4. Zum Kneten: Man faltet den Teig auf sich zu, drückt ihn mit dem Handteller hinunter, gibt ihm eine leichte Drehung, wirft ihn wieder über und drückt erneut herunter. Stäuben Sie das Brett nach Bedarf mit Mehl ein und wiederholen Sie den Vorgang, bis der Teig weich, seidig und nicht mehr klebrig ist.

5. Aufgehen: Geben Sie den Teig in eine gefettete Schüssel und drehen Sie ihn einmal um, damit er von allen Seiten eingefettet ist; bedecken Sie ihn mit einem sauberen Tuch und lassen Sie ihn möglichst bei 24-27 °C gehen. Um das Aufgehen bei einer kalten Küche zu beschleunigen, kann man das Abwaschbecken mit heißem Wasser füllen, eine umgekehrte Schüssel hineinstellen und die Teigschüssel darauf, sodass sie nicht mit dem heißen Wasser in Berührung kommt. Bedecken Sie den Teig und das Spülbecken vollständig mit einem großen Handtuch, damit der Dampf gehalten wird. Lassen Sie den Teig so eine Stunde gehen; nach 20-30 Minuten sollten Sie ihn aber noch einmal kurz kneten und umdrehen. Bis zu diesem Zwischenkneten sollte der Teig seine Größe nicht mehr als verdoppelt haben, sonst kann das Brot zu groß und trocken werden.

6. Formen der Brotlaibe: Man rollt oder presst jedes Teigstück in Rechtecke von 22 x 30 cm Größe (für eine Brotbackform der Größe 12 x 22 cm, bei anderen Formen entsprechend andere Maße); den Teig von seiner schmalen Seite her aufrollen und in die gefettete Form geben, mit den übergeschlagenen Enden nach unten. Brot kann grundsätzlich in jeder ofenfesten Form gebacken werden – Blechformen, Keramikkasserollen (Auflaufform), runde Kuchenformen usw. Man bedeckt das Ganze mit einem Tuch und lässt es wiederum bis zur doppelten Größe gehen.

7. Backen und abkühlen: Soll die Oberfläche glänzend werden, bestreicht man den Teig vorsichtig kurz vor dem Backen mit einer Mischung aus verquirltem Ei und etwas Wasser. Wenn es Ihnen gefällt, bestreuen Sie ihn mit Sesam oder Mohn. Die nähere Backanleitung entnehmen Sie den jeweiligen Rezepten. Das Brot ist fertig gebacken, wenn es sich von den Seiten der Form löst, schön braun ist und hohl klingt, wenn man auf die Unterseite klopft. Man lernt das durch Erfahrung. Nach dem Backen nimmt man es sofort aus der Form und lässt es abkühlen.

Erst später backen – warum nicht?

Jeder Hefeteig, der mindestens einen Esslöffel Zucker pro Tasse Mehl enthält, kann bis zu 3 Tage im Kühlschrank gehalten werden. Sofort nach dem Kneten den Teig auf der Oberseite einfetten und mit Wachspapier oder Folie bedecken, darauf ein feuchtes Tuch legen. Man kühlt ihn, bis man ihn braucht. Drücken Sie ihn gelegentlich herunter, wenn es notwendig ist. Etwa 2 Stunden vor dem Backen aus dem Kühlschrank nehmen, in Brötchen oder Laibe formen und bis zur doppelten Größe aufgehen lassen (1 ½-2 Stunden bei kaltem Teig). Backen wie im Rezept angegeben.

Weißer oder Vollweizenbrotteig mit weniger Zucker kann 2-24 Stunden im Kühlschrank gehalten werden. Nachdem der Teig in die Formen gegeben ist, mit Öl bestreichen, mit Folie bedecken und kühlen, bis man ihn backen möchte. Backofen vorheizen. Nach dem Herausnehmen aus dem Kühlschrank decken Sie den Teig vorsichtig auf und lassen ihn 10 Minuten bei Raumtemperatur stehen. Durchstechen Sie etwaige Gasblasen mit einem gefetteten Zahnstocher. Backen wie angegeben.

Sauerteig I

Reicht für 800-1000 g Mehl

Anrühren:

1 Würfel Presshefe in
1 l lauwarmem Wasser

Nach und nach einrühren:

3 EL Zucker, besser Honig
500 g Roggenmehl

Glattrühren, zudecken und an warmem Ort 24-48 Stunden stehen lassen. Nach 24 Stunden einmal durchrühren. Wenn dies jedoch vergessen wird, schadet es nichts. Der Sauerteig kann schon nach 24 Stunden verwendet werden, sein volles Aroma entfaltet er aber erst nach 48 Stunden. Man erhält einen hellen, fast flüssigen Sauerteig, den man gut 10 Tage im Kühlschrank aufbewahren kann.

Wenn die Hälfte des Teiges verbraucht ist und bald wieder mehr Sauerteig benötigt wird, zugeben:

0,5 l lauwarmes Wasser
250 g Mehl

Sauerteig II

1. Stufe
In einer Schüssel vermengen:

1 TL Honig (kein Tannenhonig)
1 TL Öl
50 g Mehl
50 ml Mineralwasser

In ein verschließbares, schmales und hohes Glas geben, in dem der Teig gehen kann. Verschließen und 48 Stunden bei 25-30 °C stehen lassen.

2. Stufe
Nach diesen 48 Stunden zugeben:

30 ml Wasser (30 °C)
33 g Mehl

Gut vermengen und 3 Tage bei 25-30 °C stehen lassen. Dann ist der Teig gebrauchsfertig.

Anmerkung:

Ein guter Sauerteig ist die Voraussetzung für ein gutes Sauerteigbrot. Für die Herstellung nur Mineralwasser verwenden (Leitungswasser enthält meist das die Gärung schädigende Chlor). Die Temperatur muss während dieser Tage konstant 25-30 °C betragen. Die Gärung muss sich gut entwickeln. Entfernen Sie Ihren Sauerteig aus der Küche und aus der Nähe der Essigflasche. Nach diesen 5 Tagen muss der Teig leicht sauer riechen. Hat er einen unangenehmen Geruch, muss man ihn wegwerfen und von vorne beginnen. Das Gefäß muss man vorher gut auskochen (sterilisieren).

Sauerteigbrot

250/220 °C
105 Minuten

In der Getreidemühle am Abend vor dem Backtag mahlen:

500 g Weizen
500 g Roggen

Einen Vorteig bereiten. Dazu das Mehl in eine Steingutschüssel geben und in der Mitte eine Kuhle machen. In diese Kuhle geben:

den Sauerteig
1 TL Honig
etwas warmes Wasser (30 °C)

Mit einem Teil des Mehles einen dünnflüssigen Teig rühren, der in dem restlichen, nicht verrührten Mehl ruht. Über Nacht an einem warmen Ort stehen lassen. Am nächsten Morgen 1 ½ EL Teig als Ansatz für den nächsten Vorteig oder Sauerteig wegnehmen. In einem Schraubglas an kühlem Ort aufbewahren.

Den Hauptteig bereiten: Der ausgereifte Vorteig darf jetzt nicht mehr weiter steigen, sondern muss etwas zurückfallen. Wenn man die obere Schicht aufreißt, werden viele Gärbläschen sichtbar. In die Kuhle geben:

1 EL Salz
50 g Leinsamen
50 g Sesam
2 TL gemahlenen Koriander
1 TL gemahlenen Kümmel

Wasser auf 35 °C erwärmen und nach und nach mit dem Vorteig und dem Mehl vermengen. Nur so viel Wasser verwenden, dass der Teig gut zäh wird. Den Teig kräftig durcharbeiten und glattstreichen, mit einem Tuch bedecken und 70-90 Minuten bei Zimmertemperatur gehen lassen. Danach in Backformen füllen oder Laibe formen. Den Backofen auf 250 °C vorheizen. Die Brote auf der untersten Schiene einschieben. Nach 15 Minuten auf 220 °C zurückschalten und in 90 Minuten fertig backen. Während des Backens eine flache Schale Wasser unten in den Ofen stellen. Das Brot soll leicht sein und hohl klingen, wenn man mit dem Fingerknöchel unten dagegenklopft.

Brote mit der richtigen Gärzeit sind nach dem Backen abgeflacht. Brote mit Übergare fallen in der Mitte etwas ein. Die Brote schmecken aber trotzdem gut. Die Angaben der Gärzeit sind ungenau und ändern sich je nach Wetterlage. Wer keinen Sauerteig hat, kann stattdessen 45 g Presshefe nehmen.

Weizenbrot mit Honig

Ergibt 2 Laibe
190 °C
40-45 Minuten

In einer Schüssel mischen:

3 Tassen Vollweizenmehl
(Type 1050 oder höher)
1 TL Salz
2 Päckchen Trockenhefe

In einem Kochtopf erhitzen:

1 Tasse Milch
2 Tassen Wasser
½ Tasse Honig
2 EL Öl

Die warme (nicht heiße) Flüssigkeit über die Mehlmischung gießen. Mit dem Rührer 3 Minuten schlagen. Hineinrühren:

1 weitere Tasse Vollweizenmehl
4 bis 4 ½ Tassen Weißmehl

5 Minuten kneten, notfalls weiteres Weißmehl einarbeiten. In eine gefettete Schüssel geben und bis zum doppelten Umfang aufgehen lassen. Hinunterschlagen, in zwei Hälften teilen und zu Laiben formen. In Brotbackformen geben (ca. 22 x 12 cm). Zudecken und 40-45 Minuten gehen lassen. Bei 190 °C 40-45 Minuten backen.

Anmerkung:

Die verschiedenen Mehle haben sehr unterschiedliche Feuchtigkeitsgehalte. Deshalb ist es gut, wenn man sich die letzte Tasse Mehl aufbewahrt und nach und nach beim Kneten einarbeitet.

Eiweißreiches Vollweizenbrot

Ergibt 2 Laibe
190 °C
35 Minuten

Auflösen:

2 Päckchen Trockenhefe in
½ Tasse warmem Wasser
1 TL Zucker

In einem Kochtopf auf 55 °C erwärmen:

1 Tasse Wasser
1 Tasse Milch
3 EL Zucker
2 EL Margarine
1 EL Salz

In eine große Schüssel geben. Beifügen:

die Hefemischung
1 Tasse Sojamehl
3 EL Weizenkeime
1 ½ Tassen Vollweizenmehl
1 Tasse Weißmehl

3 Minuten bei mittlerer Geschwindigkeit schlagen.
Von Hand hineinrühren:

1 ½ Tassen Vollweizenmehl
1 Tasse Weißmehl

Auf ein gemehltes Brett stürzen und 10 Minuten kneten und dabei einarbeiten:

1 weitere Tasse Weißmehl

Auf doppelte Menge gehen lassen. Hinunterschlagen und kurz kneten. 10 Minuten ruhen lassen. Halbieren und in zwei gefettete Backformen (ca. 22 x 12 cm) geben. Bis fast zum doppelten Umfang gehen lassen. Mit geschlagenem Ei bestreichen und mit Sesam bestreuen. 35 Minuten bei 190 °C backen.

Einfaches gerührtes Brot

Zeitsparend
Ergibt 2 Laibe
190 °C
35-40 Minuten

In einer großen Schüssel mischen:
3 Tassen Vollweizenmehl
½ Tasse Zucker
2 EL Salz
3 Päckchen Trockenhefe
In einem Kochtopf gut anwärmen (50 bis 55 °C)
2 Tassen Wasser
2 Tassen Milch
½ Tasse Öl
Zu den trockenen Zutaten geben:
die warme Flüssigkeit
2 Eier
3 Minuten bei mittlerer Geschwindigkeit schlagen.
Von Hand einrühren:
5 bis 6 Tassen Weißmehl
Genügend Mehl verwenden, damit ein steifer Teig entsteht. Zudecken und auf die doppelte Menge gehen lassen. Rühren und auf zwei gefettete Backformen (ca. 22 x 12 cm) verteilen. 20-30 Minuten gehen lassen. Bei 190 °C 35-40 Minuten backen.

Einfaches französisches Brot

Ergibt 2 Laibe
200 °C
20 Minuten

Lösen:
2 Päckchen Trockenhefe in
½ Tasse warmem Wasser
½ TL Zucker
Mischen:
2 EL Zucker
2 EL Fett
2 TL Salz
2 Tassen kochendes Wasser
Lauwarm werden lassen, dann die Hefemischung zugeben.
Hineinrühren:
7 ½ bis 8 Tassen Mehl
Den Teig 10 Minuten kneten oder bis er glatt und elastisch ist. In eine gefettete Schüssel geben und einmal wenden. Zur doppelten Größe aufgehen lassen. Hinunterschlagen und 15 Minuten ruhen lassen. Halbieren. Auf einem bemehlten Brett jede Hälfte zu einem Rechteck von rund 30 x 40 cm rollen. Von der langen Seite her einrollen. Die Laibe auf gefettete Backbleche legen und 4-5-mal schräg einritzen. Auf doppelte Größe aufgehen lassen.
Bestreichen mit einer Mischung aus:
1 geschlagenem Ei
2 EL Milch
Wenn gewünscht, bestreuen mit
Sesam oder Mohn
Bei 200 °C etwa 20 Minuten backen.

Weißbrot

Ergibt 4 Laibe
175 °C
30-35 Minuten

Lösen:

2 Päckchen Trockenhefe in
½ Tasse warmem Wasser oder Milch
1 ½ TL Zucker

In einer großen Schüssel mischen:

½ Tasse Zucker
1 EL Salz
50 g Schmalz oder Backfett
3 Tassen warmes Wasser oder Milch
die Hefemischung

Hinzufügen:

5 Tassen Mehl

Mit dem Handrührgerät 3 Minuten schlagen.

Von Hand einrühren:

6 Tassen Mehl

Auf ein gemehltes Brett stürzen und 5 Minuten kneten. In eine gefettete Schüssel geben und darin einmal wenden, bedecken und ½ Stunde gehen lassen. Hinunterschlagen, umdrehen und wieder auf doppelte Größe gehen lassen. 5 Minuten kneten, 4 Laibe formen und in gefettete Backformen geben. Die Formen mit einem feuchten Tuch bedecken und auf doppelte Größe gehen lassen. Bei 175 °C 30-35 Minuten backen. Wenn gewünscht, die Oberseite mit Margarine bestreichen.

Pilgerbrot

Ein leichtes Brot mit lieblichem Geschmack.
Ergibt 2 Laibe
190 °C;
45 Minuten

In einer Schüssel mischen:

½ Tasse gelbes Maismehl
⅓ Tasse braunen Zucker
1 EL Salz

Nach und nach hineinrühren:

2 Tassen kochendes Wasser

Hinzufügen:

¼ Tasse Öl

Auf Handwärme abkühlen lassen.

Lösen:

2 Päckchen Trockenhefe in
½ Tasse warmem Wasser

Die Hefe zur Maismehlmischung geben.

Hineinschlagen:

¾ Tasse Vollweizenmehl
½ Tasse Roggenmehl

Von Hand hineinrühren:

4 ¼ bis 4 ½ Tassen Weißmehl

Auf ein leicht bemehltes Brett stürzen. Kneten, bis der Teig glatt und elastisch wird. In eine leicht gefettete Schüssel geben und darin wenden, damit die Oberfläche leicht eingefettet wird. Bedecken und an warmem Ort doppelt aufgehen lassen. Hinunterschlagen und auf ein leicht bemehltes Brett stürzen. Halbieren und ein zweites Mal 3 Minuten kneten. Zwei Laibe formen und in gefettete Formen geben. Bedecken und an warmem Ort doppelt aufgehen lassen. Bei 190 °C rund 45 Minuten backen.

Berühre Brot nur mit zarten Händen
Lass es nicht irgendwo achtlos enden. Wie oft wird Brot als »geschenkt« betrachtet. Wenn keiner die Schönheit des Brotes beachtet.
Die Schönheit von Erde und Sonne
Die Schönheit von Mühe und Wonne
Liebkost von Wind und Regen
Geheiligt durch Christi Segen –
Berühre Brot nur mit zarten Händen.
Unbekannter Verfasser

Roggenbrot

Ergibt 2 Laibe
175 °C
35-40 Minuten

In einer großen Schüssel lösen:
1 Päckchen Trockenhefe in
1 Tasse warmem Wasser
Hinzugeben:
1 Tasse abgekochte, lauwarme Milch
1 EL Salz
2 EL zerlassenes Fett oder Öl
2 EL Sirup (Melasse) oder braunen Zucker
2 Tassen feines Roggenmehl
Schlagen, bis es glatt ist. Langsam daruntermischen:
4 ½ Tassen Weißmehl
Den Teig auf ein bemehltes Brett stürzen, 5-10 Minuten kneten, 20 Minuten ruhen lassen. Hinunterschlagen, halbieren und in zwei Laibe formen. In gefettete Backformen geben, zudecken und doppelt aufgehen lassen. Bei 175 °C 35-40 Minuten backen. Nach dem Herausnehmen mit Butter bestreichen.

Heidelberger Roggenbrot

Ergibt 2 Laibe
200 °C
25-30 Minuten

In einer großen Schüssel mischen:
3 Tassen Mehl
2 Päckchen Trockenhefe
¼ Tasse Kakao
1 EL Kümmel (Variation)
In einem Kochtopf auf 50 °C erwärmen:
2 Tassen Wasser
⅓ Tasse Sirup (Melasse)
2 EL Margarine
1 TL Zucker
1 TL Salz
Zur trockenen Mischung geben und bei niedriger Geschwindigkeit ½ Minute schlagen, dabei den Teig ständig vom Schüsselrand nach innen streichen. 3 Minuten bei hoher Geschwindigkeit schlagen.
Von Hand hineinrühren:
3 bis 3 ½ Tassen Roggenmehl
Auf ein gemehltes Brett stürzen, glatt kneten (etwa 5 Minuten). Bedecken und 20 Minuten ruhen lassen. Den Teig hinunterschlagen. Halbieren und zu runden Laiben formen, auf ein gefettetes Backblech setzen, die Oberfläche mit etwas Öl bestreichen und mit einem scharfen Messer ritzen. Etwa 45-60 Minuten zur doppelten Menge aufgehen lassen. Bei 200 °C 25-30 Minuten backen.

Drei-Mehle-Brot

Ergibt 3 Laibe
230/175 °C
25-30 Minuten

In einer großen Schüssel mischen:
2 Päckchen Trockenhefe in
1 Tasse warmem Wasser
Hineinrühren:
1 EL Salz
¼ Tasse Pflanzenöl
¼ Tasse Honig oder Sirup (Melasse)
3 Tassen warmes Wasser
Daruntermischen:
1 Tasse Roggenmehl
1 Tasse Sojamehl
¼ Tasse Weizenkeime
4 Tassen Vollweizenmehl
5 oder mehr Tassen Weißmehl
Auf ein gemehltes Brett stürzen und glatt kneten, dabei, wenn nötig, weiteres Mehl zugeben. In eine gefettete Schüssel geben und einmal darin wenden. Bedecken und an einen warmen Platz stellen, zwei Stunden bis zur doppelten Menge gehen lassen. Wieder auf ein bemehltes Brett stürzen, kneten und auf drei gefettete Backformen verteilen. Nahezu bis zum doppelten Umfang gehen lassen, in den kalten Ofen stellen und 10 Minuten bei 230 °C backen, dann auf 175°C zurückschalten und weitere 25-30 Minuten backen.

Runder Kräuterlaib

Köstlich duftend und weich, in Scheiben warm zur Bohnensuppe reichen.
Ergibt 2 Laibe
175 °C
45 Minuten

Lösen:
2 Päckchen Trockenhefe in
½ Tasse warmem Wasser
In einer kleinen Pfanne gar dünsten:
3 EL Öl
½ Tasse gehackte Zwiebeln
In einer Schüssel mischen:
die gedünsteten Zwiebeln
1 ⅔ Tassen Kondensmilch
½ Tasse gehackte Petersilie
3 EL Zucker
1 TL Salz
½ TL getrockneten Dill
¼ TL Thymian
Hineinschlagen:
die Hefemischung
1 Tasse Maismehl
2 Tassen Vollweizenmehl
Von Hand hineinrühren:
2 ½ Tassen Vollweizenmehl
Auf ein leicht bemehltes Brett stürzen, 5 Minuten kneten, in eine gefettete Schüssel geben und darin einmal wenden, damit die Oberfläche fettig wird. Bedecken und eine Stunde bis zur doppelten Menge gehen lassen. Hinunterschlagen. In zwei gut gefettete Backformen geben, bedecken und 40-45 Minuten bis zur doppelten Menge gehen lassen. Bei 175 °C etwa 45 Minuten backen, dabei leicht mit Pergamentpapier abdecken, bevor die Laibe zu dunkel werden.

Bohnenbrot

Ergibt 2 Laibe
175 °C
50 Minuten

In einer großen Schüssel mischen:

2 Tassen gekochte, lauwarme Milch
2 Päckchen Trockenhefe

Hinzugeben:

2 Tassen gekochte, zerdrückte, ungewürzte bunte Kernbohnen
2 EL Zucker
2 TL Salz
2 EL Backfett

Hineinrühren:

5 bis 6 Tassen Mehl

Genug Mehl einarbeiten, damit der Teig gut handhabbar ist. Auf ein bemehltes Brett stürzen und kneten, bis der Teig glatt und elastisch wird. In eine gefettete Schüssel geben und einmal wenden. Bedecken und an warmem Platz etwa 1 Stunde zur doppelten Menge aufgehen lassen, halbieren und zu Laiben formen. In gefettete Backformen geben, bedecken, etwa 45 Minuten knapp auf doppelte Menge gehen lassen. Bei 175 °C rund 50 Minuten backen.

Dillbrot

Ergibt 1 Laib
175 °C
30 Minuten

Lösen:

1 Packung Hefe in
¼ Tasse warmem Wasser

In einer Schüssel mischen:

1 Tasse Quark
2 TL Dill
2 TL Salz
¼ TL Natron
1 ungeschlagenes Ei
1 EL zerlassene Butter oder Margarine
½ EL geschnittene Zwiebeln
2 EL Zucker

Hinzugeben:

die Hefemischung
2 ¼ bis 2 ½ Tassen gesiebtes Mehl

Durchrühren, gut mischen. In gefetteter Schüssel auf doppelte Größe gehen lassen. Hinunterschlagen. Auf zwei gut gefettete Backformen verteilen, nochmals 45-50 Minuten gehen lassen. Bei 175 °C rund 30 Minuten backen. Aus den Formen nehmen und mit zerlassener Margarine bestreichen.

Alternativ-Vorschlag:

Damit es eine feinere Struktur bekommt, mehr Mehl zugeben, sodass der Teig gut zu kneten ist, und 5-10 Minuten kneten.

Zwiebel-Käse-Brot

Ergibt 1 Laib
175 °C (vorheizen)
1 Stunde

In einer Schüssel mischen:

1 Tasse Weißmehl
1 Tasse Vollweizenmehl
1 EL Zucker
3 TL Backpulver
1 TL Senfkörner
1 TL Salz

Hineinschneiden:

50 g Margarine

Hinzugeben und leicht umrühren:

½ Tasse geriebenen Chesterkäse
2 EL Parmesan (gerieben)

Getrennt mischen:

1 Tasse Milch
1 Ei

Alles auf einmal zur Käsemischung geben; mit einer Gabel mischen, bis die trockenen Zutaten durchfeuchtet sind. In eine gefettete Backform geben. Auf den Teig streuen:

½ Tasse fein gehackte Zwiebeln
Paprika

1 Stunde backen.

Grundrezept Maisbrot

Zeitsparend
Ergibt 9 Portionen
200 °C (vorheizen)
25 Minuten

Zusammenmischen:

1 Tasse Maismehl
1 Tasse Mehl (kann teilweise oder ganz Vollweizenmehl sein)
4 TL Backpulver
½ TL Salz
2 EL braunen Zucker

Eine Vertiefung machen und hineingeben:

2 geschlagene Eier
1 Tasse Milch
¼ Tasse Öl oder zerlassenes Backfett

Glatt rühren, in eine Backform gießen und 25 Minuten backen. Heiß mit Butter, Sirup, Honig oder Milch servieren.

Alternativ-Vorschläge:

- Maismehl auf eine ¾ Tasse verringern und 3 EL Sojamehl, 3 EL Weizenkeime und 3 EL Kleie zugeben.
- Statt Milch Sauermilch nehmen, Backpulver auf 2 TL verringern und 1 TL Natron zugeben.

Löffelbrot

Ergibt 6-8 Portionen
200 °C (vorheizen)
45 Minuten

In einem Kochtopf mischen:

1 Tasse Maismehl
2 EL Margarine
3 Tassen Milch

Zum Kochen bringen, ständig rühren. Wenn es dickt, vom Herd nehmen.
Hinzugeben:

4 geschlagene Eier
1 Tasse Milch
½ TL Salz

Gut schlagen. In eine 2-Liter-Backform geben und 45 Minuten backen. Mit heißer Butter oder Margarine servieren.

Maisbrot

Ergibt 2 Laibe
175 °C
30-45 Minuten

Lösen:

2 Päckchen Trockenhefe in
½ Tasse lauwarmem Wasser

In einer Schüssel mischen:

½ Tasse Zucker
1 ½ TL Salz
60 g Butter oder Margarine

Darübergießen:

¾ Tasse abgekochte Milch

Auf Handwärme abkühlen lassen.
Hineinrühren:

1 Ei
1 Tasse Weißmehl
¾ Tasse Maismehl
die Hefemischung

Gut schlagen. Genügend weiteres Mehl für einen weichen Teig hineinarbeiten, etwa:

3 bis 3 ½ Tassen Mehl

Den Teig auf ein leicht bemehltes Brett stürzen, etwa 10 Minuten glatt kneten. Den Teig in eine gefettete Schüssel geben, bedecken und an warmem Ort auf die doppelte Menge aufgehen lassen. Hinunterschlagen, halbieren und in zwei Backformen verteilen. Mit zerlassener Margarine bestreichen. Bedecken und an warmem Ort 45 Minuten fast zur doppelten Menge aufgehen lassen. Bei 175 °C etwa 30-35 Minuten oder goldbraun backen.

Sopa Paraguaya

(Maisbrot)
Wird in Paraguay zum Fleisch gereicht.
Ergibt 8 Portionen
190 °C (vorheizen)
30 Minuten

In einer großen Schüssel mischen:

½ Tasse Weißmehl
2 ¼ Tassen feines Maismehl
1 EL Zucker
1 ½ TL Salz
1 ½ TL Backpulver
2 ½ Tassen geriebenen Käse

Beiseitestellen.
In einer Pfanne glasig dünsten:

¼ Tasse Öl
2 mittelgroße, gehackte Zwiebeln

Zusammen in einer kleinen Schüssel schlagen:

2 Eier
1 ½ Tassen Milch

Zwiebeln, Öl und Eier-Milch-Mischung zu den trockenen Zutaten geben. Umrühren. In eine Backform gießen und 30 Minuten backen.

Vollkornbrötchen

250/200 °C
35 Minuten

Vorwärmen auf 30 °C und bereithalten:

1 Kanne Wasser

Davon jedoch nur so viel verwenden, dass ein knetbarer Teig entsteht.
In etwas Wasser auflösen:

30 g Presshefe
2 TL Meersalz

Mehl fein mahlen:

600 g Weizen
½ TL Anis
½ TL Koriander
½ TL Fenchel

Das Mehl mit dem Hefewasser und nach Bedarf weiterem Wasser zu einem festen Teig verarbeiten. Weitere 10-15 Minuten kneten. 20 Minuten gehen lassen. Während der Teigruhe Backblech einfetten, Ofen auf 200 °C vorheizen.
Mit nassen Händen aus dem Teig kleine Kugeln, etwas kleiner als ein Tennisball, formen, auf das Blech setzen und etwas flach drücken.
Bestreichen und bestreuen mit:

etwas Eigelb
Sonnenblumenkernen
Sesam

Wenn der Teig gut gegangen ist, kann das Blech jetzt auf der mittleren Leiste in den Backofen geschoben werden. Die Brötchen sollen schön aufgegangen sein. Ist der Teig zu kurz gegangen, reißen sie während des Backens auf, ist er zu lang gegangen, werden sie flach. Die Temperatur auf 250 °C hochdrehen, nach 20 Minuten auf 200 °C zurückschalten und in weiteren 15 Minuten fertig backen, bis sie goldbraun sind.

Vollweizenbrötchen

Ergibt ca. 50 Stück
190° C
20-25 Minuten

Lösen:
2 Päckchen Trockenhefe in
¾ Tasse lauwarmem Wasser
In einer großen Schüssel mischen:
3 Tassen warme Milch
100 g weiches Backfett, Margarine oder Öl
2 Eier
⅓ Tasse Zucker
2 TL Salz
die Hefemischung
Bereithalten:
6 Tassen Weißmehl
4 Tassen Vollweizenmehl

5 Tassen Mehl zugeben und gründlich schlagen. Weitere 3 Tassen einrühren. Den Teig auf ein bemehltes Brett stürzen und kneten, dabei etwa 2 weitere Tassen Mehl einarbeiten, bis der Teig glatt und elastisch wird. In einer gefetteten Schüssel auf doppelte Größe gehen lassen. Hinunterschlagen und in Brötchen formen, gehen lassen und 20-25 Minuten bei 190 °C backen.

Eiweißreiche Brötchen

Ergibt 24 Stück
175 °C
20-25 Minuten

Lösen:
2 Päckchen Trockenhefe in
½ Tasse lauwarmem Wasser
Erwärmen, bis er lauwarm ist:
2 Tassen Quark
In einer großen Schüssel mischen:
den Quark
¼ Tasse Zucker
2 TL Salz
½ TL Natron
2 leicht geschlagene Eier
die Hefemischung
Nach und nach zugeben:
4 bis 4 ½ Tassen gesiebtes Mehl

Auf ein gemehltes Blech stürzen und 5 Minuten kneten. Den Teig in eine gefettete Schüssel geben und einmal wenden. Etwa 1 ½ Stunden an einem warmen Platz bis zur doppelten Menge gehen lassen. Hinunterschlagen, auf ein leicht bemehltes Brett stürzen, in 24 gleiche Stücke teilen und zu Kugeln formen. Die Kugeln auf zwei Backbleche verteilen und bei 175 °C 20-25 Minuten oder goldbraun backen.

Alternativ-Vorschlag:

1-2 Tassen Weißmehl durch Vollweizenmehl ersetzen.

Englische Muffins

Ergibt 18 Stück

In einem Kochtopf auf etwa 55 °C erwärmen:

½ Tasse Milch
50 g Margarine

In einer großen Mixerschüssel mischen:

2 EL Zucker
1 TL Salz
1 Päckchen Trockenhefe
1 ½ Tassen Mehl

Bei niedriger Geschwindigkeit die Flüssigkeit in die trockenen Zutaten mischen. Höher schalten und 2 Minuten schlagen oder kräftig von Hand schlagen.

Hineinschlagen:

1 Ei
1 Tasse Mehl

Mit dem Löffel beigeben:

2 Tassen oder mehr Mehl für einen steifen Teig.

Den Teig auf ein leicht bemehltes Brett stürzen und etwa 2 Minuten gut durchkneten, dann zu einem Ball formen und in eine große gefettete Schüssel legen, darin einmal wenden. Zudecken, an warmem Ort ca. 1 ½ Stunden zu doppelter Höhe aufgehen lassen, hinunterschlagen. Auf ein bemehltes Brett legen, mit der Schüssel 15 Minuten bedecken und den Teig ruhen lassen. In der Zwischenzeit Maismehl auf einen flachen Teller streuen. Den Teig 1 cm dick ausrollen und Kreise von 7-8 cm Durchmesser ausstechen. Reste wieder ausrollen, sodass schließlich 18 Kreise entstehen. Mit beiden Seiten in das Maismehl tauchen und die Teigstücke auf Backbleche legen. Bedecken und an warmem Platz zu doppelter Höhe gehen lassen (etwa 45 Minuten). Eine große Pfanne mit Salatöl ausstreichen und erhitzen. Bei mittlerer Hitze 6 Muffins hineinlegen und 8 Minuten auf jeder Seite backen. Wiederholen, bis alle fertig sind. Zum Servieren die Muffins waagerecht mit den Zinken einer Gabel aufstechen und toasten.

Indianisches Maisbrot

Ergibt 2 Portionen

In einer Schüssel mischen

1 Tasse Maismehl
½ TL Salz
1 TL Backpulver

Hinzugeben:

2 EL Fett
½ Tasse Milch

Eine große Pfanne mit Speck oder Schmalz fetten. Den Teig mit einem Esslöffel hineingeben, 4 Fladen in einer Pfanne nebeneinander. Auf beiden Seiten braun braten. Heiß mit Butter servieren.

Navajo-Brot

Ergibt 6 Portionen

In eine Schüssel sieben:

4 ½ Tassen Mehl
½ TL Salz
2 TL Backpulver

Hineinrühren:

½ Tasse Wasser
½ Tasse Milch

Mit den Händen kneten, Scheiben von etwa 12 cm Durchmesser formen, in die Mitte mit dem Finger ein Loch drücken. In tiefem heißem Fett (200° C) braten. Der Teig wird blasig. Wenn sie goldbraun sind, wenden. Auf Löschpapier abtropfen lassen und heiß mit Honig servieren oder zusammen mit Navajo Tacos (S. 130).

Alternativ-Vorschlag:

Zur Hälfte Vollweizenmehl nehmen.

Chapattis

Indische Chapattis (den mexikanischen Tortillas sehr ähnlich) sind eine Möglichkeit für Menschen, die keinen Backofen besitzen, aus Mehl Brot zu machen. Traditionell wurden sie auf einem heißen Stein am offenen Feuer gebacken. Mit Reis und einem einfachen Gemüse-Curry servieren.
Ergibt 4 Portionen

In einer Schale mischen:

2 Tassen Vollweizenmehl
½ TL Salz

Hineinrühren:

2 EL zerlassene Margarine
7/8 Tasse Wasser (s.u.)

Vom Wasser mindestens ¾ Tasse hineingeben; den Rest, falls der Teig sonst nicht weich genug ist. Der Teig muss knetbar sein. Gut kneten, mit feuchtem Tuch bedecken und 1 Stunde beiseitestellen. Wieder kneten. In Kugeln von der Größe eines Golfballes (ca. 3 cm Durchmesser) formen und auf bemehltem Brett 7-8 mm dick je zu einer runden Scheibe ausrollen. Eine schwere, ungefettete Pfanne erhitzen, die Chapattis auf beiden Seiten je etwa 2 Minuten backen und aus der Pfanne nehmen. Dann die Chapattis mit zerlassener Margarine bestreichen, wieder in die Pfanne legen und hellbraun backen. Die Backröhre auf ca. 95 °C erwärmen und darin die Chapattis warm halten. Am besten einzeln auf Gitterroste legen!

Mehl-Tortillas

Tortillas serviert man am besten mit Reis und Bohnen, oder man bereitet mexikanische Spezialitäten damit.
Ergibt 8-11 Stück

In einer Schüssel mischen:

2 Tassen ungesiebtes Mehl
1 TL Salz

Mit einem Rührer einrühren:

50 g Schmalz oder Backfett

Wenn alles fein verteilt ist, nach und nach beigeben:

½ Tasse lauwarmes Wasser

Mit einer Gabel verrühren, sodass ein steifer Teig entsteht. Zu einer Kugel formen und auf einem bemehlten Brett gut kneten, sodass der Teig glatt wird und Luftblasen enthält. Um den Teig besser bearbeiten zu können, fettet man die Oberfläche ein und stellt ihn in einer Tupperschüssel oder in Frischhaltefolie 4-24 Stunden in den Kühlschrank. Den Teig wieder auf Zimmertemperatur kommen lassen, ehe er ausgerollt wird. Den Teig in 8 Kugeln für große oder in 11 Kugeln für kleine Tortillas aufteilen. Auf bemehltem Brett oder zwischen Wachspapier möglichst dünn zu runden Fladen ausrollen. In eine sehr heiße, ungefettete Pfanne legen. Backen, bis sie braunfleckig werden (nur etwa 20 Sekunden pro Seite). Sofort servieren. Jede Tortilla zu einer Tüte formen und ein kleines Stück Margarine oder Butter hineintun.

Zum Aufbewahren die Tortillas abkühlen, luftdicht verpacken und in den Kühl- oder Gefrierschrank legen. Zum Aufwärmen in einer verschlossenen Keramikkasserolle in die Backröhre stellen oder in wenig Öl in heißer Pfanne aufbacken.

Alternativ-Vorschlag:

½ Tasse Mehl durch Maismehl oder Vollweizenmehl ersetzen.

Reste verwerten

1. Reste von Brot, Brötchen usw. in einem Plastikbeutel im Gefrierschrank sammeln. Wenn die Backröhre für einen anderen Zweck auf 140-160 °C geheizt ist, kann man dann Brösel und Croutons daraus machen:

Brösel: Das Brot sorgfältig im warmen Backofen trocknen, gelegentlich wenden. In einem Leinenbeutel mit dem Teigroller zerdrücken oder im Mixer mahlen; durch ein grobes Sieb geben. Harte Stücke als Vogelfutter verwenden. Brösel halten sich in einem dicht schließenden Behälter beliebig lange. Man kann Gewürzsalz und Kräuter dazu geben. Verwendet werden sie zum Panieren von Fleisch, Kroketten, für Fleischpasteten und Bouletten oder zum Bestreuen von überbackenen Speisen.

Croutons: Altes Brot leicht mit Margarine oder Öl bestreichen und in Würfel schneiden, mit verschiedenem Gewürzsalz bestreuen. In der Backröhre knusprig toasten. Über Salate, in Suppen, auf überbackene Gerichte vor dem Backen streuen.

2. Ungeröstetes altes Brot klein schneiden und in Pasteten oder Bouletten verwenden.
3. Älteres Brot in Ei und Milch tauchen und kurz braten.
4. Restliches Maisbrot einfrieren und für die Zubereitung von Füllungen verwenden (z. B. Hühnerfrikassee mit Maisbrotfüllung, siehe S. 176).
6. Rezepte mit altem Brot: Burger-Mischung (Grundrezept S. 157); Hühnerfleisch-Auflauf (S. 118); Huhn- oder Puten-Laib (S. 174); Hühnerfrikassee mit Maisbrotfüllung (S. 176); Sandwich aus Thunfisch-Soufflé (S. 182); Brot-Omelette nach alter Art (S. 140); Käsefondue aus dem Ofen (S. 145); Überbackener Rhabarber (S. 270); Apfelmus-Brot-Pudding (S. 271)

2. Frühstücksrezepte (Müslis, Breie)

Wenige Fertigprodukte haben sich auf den Frühstückstischen einen so sicheren Platz erobert wie Getreide-Flocken aus der Packung (Cornflakes u.a.). Mit großem Aufwand, komplett mit Fernsehwerbung, Sammelbildern und Preisausschreiben, kämpfen die verschiedenen Hersteller um die Gunst des Käufers (und nicht zuletzt der Kinder). Bereitwillig versichern sie, dass ihre Produkte gut und nahrhaft sind. Sind während der Herstellung wertvolle Inhaltsstoffe verloren gegangen? Macht nichts, wir haben sie nachträglich wieder hinzugefügt; unser Produkt ist gesund. Getreideflocken, Müslis u.a. zum Frühstück haben oft das Motiv »Gesünder essen«. Denn das traditionelle Brötchen-Butter-Marmelade-Frühstück – das weiß man mittlerweile – ist nicht besonders wertvoll.
Aber Vorsicht: Frühstücksflocken sind kein Zaubermittel. Sie haben keine besonderen Nährwerte, die nicht auch in gutem (Vollkorn-)Brot enthalten wären. Und die käuflichen Fertigflocken sind a) teuer (die aufwendige Herstellung, Verpackung und Werbung muss schließlich mitbezahlt werden) und b) manchmal von zweifelhaftem Nährwert. Man findet nicht selten mehr oder weniger fragwürdige Färb- oder Konservierungsstoffe, viel zu viel Zucker (mithin Gift für die Zähne gerade der Kinder) und statt der natürlichen Faserstoffe künstlich zugesetzte Fette. Nicht alles ist also gesund, was von der Werbung als gesund angepriesen wird. Unbesehen kaufen kann man Fertigflocken und -müslis keinesfalls; man studiere in jedem Fall sorgfältig die Zutaten und Preise.
Aber wozu überhaupt fertig kaufen? Erinnern wir uns doch wieder an die Getreidesuppen und Breie unserer Großeltern. Man kann sie recht rasch nebenbei zubereiten, während man den Tisch deckt. Alle möglichen Getreidesorten lassen sich in eine köstliche Speise verwandeln. Auf den folgenden Seiten finden Sie dazu einige nützliche Rezepte. Der Variationen (in Namen wie in Zutaten) sind viele. Experimentieren Sie ruhig ein wenig. An Getreide kommen die folgenden Sorten in Frage:

Weizenmehl, -keime, -schrot, -flocken, Hirse, Gerste (Graupen), Haferflocken, Brauner Reis, Maismehl.

Bezugsquellen: Mühlen, Reformhaus, Drogeriemärkte oder (Bio-)Supermärkte. Will oder muss man Getreide selbst mahlen, sollte man sich die Anschaffung einer Getreidemühle überlegen (die Kaffeemühle hält die Prozedur nicht lange durch). Die Preise für die verschiedenen Zutaten sind örtlich unterschiedlich. Vergleichen Sie in jedem Fall den Gesamtpreis der von Ihnen benötigten Zutaten mit dem Preis der entsprechenden Menge von Fertigflocken.
Man kann ohne Weiteres auch aus verschiedenen Getreidesorten seine eigene Mischmahlzeit bereiten. Hören Sie auf die alten Kochbücher und essen Sie Getreideflocken und -breie nicht nur zum Frühstück. Sie sind gute und schnelle Mahlzeiten auch zu jeder anderen Tageszeit, besonders lecker mit frischen oder getrockneten Früchten, Nüssen, braunem Zucker oder Honig.
Eine Familie schrieb uns: »Wir kaufen zusammen mit einer anderen Familie immer eine größere Menge Weizen, um daraus warme Getreidespeisen und Vollkornbrote zu machen. Wir essen jeden Morgen zum Frühstück etwas davon. Verwenden Sie ein bisschen Kakao, wenn die Kinder das mögen. Lagern Sie den Weizen in dichten Behältern an einem kühlen, trockenen Platz, bis Sie wieder etwas zum Mahlen brauchen.«

Heute erscheinen die Möglichkeiten, Getreide zu mischen und zu rösten, unendlich. Die meisten hier angeführten Rezepte sind für Müslis. Sie sind nur ein Teil aus der Vielzahl, die wir erhalten haben. Eine Einsenderin fasste es so zusammen:
»Ein Müsli zu mischen macht beinahe so viel Spaß wie Brotbacken. Und da man es immer wieder anders macht, ist es jedes Mal ein neues Abenteuer. Es ist nicht nur ein Frühstücksgetreide mit Milch, sondern eignet sich auch als Zwischenmahlzeit, auf Eiscreme oder Apfeldesserts, auf Kürbis-Pasteten oder in Plätzchen. Und dann hat das Müsli noch etwas Altmodisches, Erdhaftes, Hausgemachtes, einfach Gutes in sich, wie kein anderes kaltes Frühstück.«
Selbstgemachtes Müsli kann je nach Zutaten unter Umständen teuer werden. Aber nicht jede Zutat ist nötig. Wo z.B. Honig zu teuer ist, kann er durch braunen Zucker (mit ein paar Esslöffeln Wasser gemischt) ersetzt werden. Aber schauen Sie sich erst direkt beim Imker nach größeren Mengen Honig um. Mit Honig kann man ein süßes Schleckermaul zufrieden stellen, ohne zu ungesunden Mengen Industriezucker zu greifen.
Sonnenblumenkerne sind herrlich knusprig und gute Eiweißspender, aber sie sind nicht notwendig. Versuchen Sie, sie in großen Mengen zu bekommen, oder ziehen Sie Ihre eigenen (S. 302). Sesam für Müsli kann man in Reformhäusern und ähnlichen Läden in größeren Mengen bekommen. Es ist so weit billiger als in kleinen Gewürzpackungen. Kokosnuss gibt ein feines Aroma, besitzt aber keinen nennenswerten Nährwert.
Bedenken Sie, dass Frühstücksflocken zusammen mit Milch oder Hülsenfrüchten gegessen werden sollten, um die enthaltenen Eiweiße maximal auszuwerten. Beim Frühstück ergibt sich diese Kombination natürlicherweise, wenn man Milch über das Müsli gießt. Sojamehl, Sojaschrot oder Sojabohnen lassen sich ebenfalls gut mit Müsli kombinieren; verwenden Sie geröstete oder aber eingeweichte, fein gemahlene Sojabohnen (Letztere brauchen nicht gekocht zu werden).

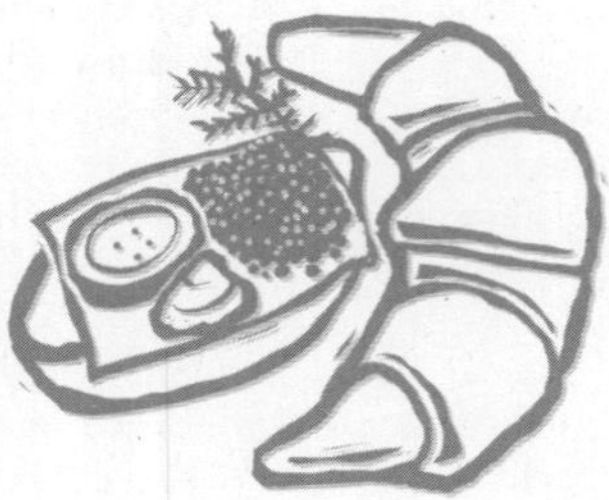

Frühstücks-Grundrezept (trocken)

150 °C (vorheizen)
30-60 Minuten

In einer großen Schüssel mischen:
7 Tassen trockene Zutaten, davon

mindestens 2-3 Tassen Haferflocken;
andere Getreide und Nüsse nach Geschmack, z. B. Weizenkeime, Vollweizenmehl, Weizenkleie, Weizenschrot, Maismehl, Sojamehl, Sojaschrot oder geröstete Bohnen, Grape-Nuts (s. S. rechte Spalte), Sonnenblumensamen (geschält), Sesam, geröstete Kürbiskerne, frische oder getrocknete Kokosraspeln, geraspelte Nüsse
Gewürze wie Zimt, Muskat usw.

mischen und über die Mischung
1 Tasse Flüssigkeit geben, die enthalten kann:

Milch, Honig, Rübensirup, braunen Zucker (pro ½ Tasse Zucker 2 EL Wasser!), Öl, zerlassene Margarine, Erdnussbutter

In großer, gefetteter Pfanne 30-60 Minuten backen, öfter umrühren. Nicht zu dunkel werden lassen. Die Knusprigkeit hängt von der Menge und der Backzeit ab. Will man feste Stücke, kann man es langsam auskühlen lassen und danach in Stücke brechen. Wenn es kalt ist, nach Wunsch hinzufügen:

Rosinen, Datteln, getrocknete Äpfel, Aprikosen oder andere Früchte

Mutters Grape-Nuts

Ergibt ca. 1 200 g
175 °C (vorheizen)
20-30 Minuten

In einer großen Schüssel mischen:

3 Tassen Vollweizenmehl
½ Tasse Weizenkeime
1 Tasse braunen Zucker oder Honig
2 Tassen Buttermilch oder Sauermilch
1 TL Backpulver
1 Prise Salz

Alles glatt rühren und den Teig auf zwei große, gefettete Backbleche streichen. 25-30 Minuten backen. Mit einer der folgenden Methoden krümeln:

1. Solange es noch warm ist, in Stücke brechen und auf einem Krauthobel raspeln oder ganz kurz, tassenweise, im Mixer zerhacken.
2. Langsam auskühlen lassen und dann durch die große Scheibe eines Fleischwolfs drehen.

Bei 120 °C im Ofen etwa 20-30 Minuten rösten. Luftdicht lagern. Mit Milch essen, keinen Zucker mehr hinzufügen.

Alternativ-Vorschlag:

Weizenkeime weglassen und ½ Tasse mehr Mehl nehmen.

Anmerkung:

Grape-Nuts sind amerikanische Frühstückskörner, die in Amerika käuflich sind, aber auch nach obigem Rezept als Vorratskörner angefertigt werden können. Sie sehen wie die Kerne der Trauben aus, vielleicht rührt daher der Name.

Einfaches Müsli

Eines der einfachsten und billigsten Rezepte, auch für kleine Kinder leicht zu kauen. Ein Müsli, das jedoch gebacken wird.
Ergibt 2,5-3 Liter
120 °C (vorheizen)
1 Stunde

In einer großen Schüssel mischen:
2 Tassen Vollweizenmehl
6 Tassen Haferflocken
1 Tasse Kokosflocken
1 Tasse Weizenkeime
Gesondert anrühren:
½ Tasse Wasser
1 Tasse Öl
1 Tasse Honig
2 TL Vanille
1 EL Salz
Die gemischte Flüssigkeit zu den trockenen Bestandteilen geben und sorgfältig verrühren. Die Masse auf zwei gefettete Formen verteilen und 1 Stunde backen, bis sie trocken und goldgelb ist. In bedeckten Behältern aufbewahren.

Alternativ-Vorschlag:

Zusammen mit der gleichen Flüssigkeit 4 Tassen kleine Haferflocken, 3 Tassen Vollweizenmehl, 1 Tasse Weizenkeime, 1 Tasse Kokosnuss und 1 Tasse andere Nüsse verwenden.

Koinonia-Müsli

Ein anderes Rezept aus einer in Amerika wohlbekannten christlichen Gemeinschaft. Machen Sie ruhig diese Menge, füllen Sie Marmeladegläser damit. Mit einem schönen Band verzieren und als Geschenk verwenden.
Ergibt 4,5-5 Liter
175 °C (vorheizen)
20-25 Minuten

In großer Pfanne schmelzen lassen:
½ Tasse Öl
250 g Margarine
2 EL Rübensirup
1 EL Vanillezucker
1 Tasse brauner Zucker
1 Tasse Honig
½ TL Salz
Wenn es gemischt ist, etwas abkühlen lassen und hinzufügen:
1 kg Haferflocken
½ Tasse Sesam
1 Tasse geraspelte Nüsse
2 Tassen Grape-Nuts (s. S. 67)
1 Tasse Weizenkeime
500 g Kokosflocken
1 Tasse Sonnenblumenkerne (geschält)
Sorgfältig umrühren. In flachen Formen im vorgeheizten Backofen bei 175 °C 20-25 Minuten backen. Alle 5-7 Minuten umrühren. Nach Abkühlen beigeben:
1 Tasse Rosinen

Sojabohnen-Müsli

Ergibt etwa 2 Liter
160 °C (vorheizen)
15 Minuten

In einer großen Schüssel mischen:

4 Tassen Haferflocken
1 Tasse Weizenkeime
1 Tasse geschnittene Mandeln oder andere Nüsse
1 Tasse Sonnenblumenkerne
½ Tasse Weizenkleie
1 Tasse geröstete Sojabohnen

In einem Kochtopf zum Kochen bringen:

¼ Tasse Öl
½ Tasse Honig
1 TL Vanillezucker

Die Flüssigkeit über die trockenen Zutaten geben und sorgfältig umrühren. Auf zwei gefetteten Backblechen etwa 15 Minuten lang goldgelb rösten.

Apfel-Zimt-Knuspermüsli

Ergibt 2 Liter
175°C (vorheizen)
20-25 Minuten

In einer großen Schüssel mischen:

4 Tassen grobe Haferflocken
½ Tasse Kokosflocken
1 Tasse feingeraspelte Nüsse
½ Tasse Sesam
¾ TL Salz
1 TL Zimt

Gesondert mischen und dann beigeben:

½ Tasse Honig
⅓ Tasse Pflanzenöl
½ TL Vanille

Sorgfältig mischen, auf zwei große, gefettete Backbleche streichen und 20-25 Minuten backen, gelegentlich umrühren.
Hinzufügen:

200 bis 250 g fein geschnittene, gedörrte Äpfel

In gut schließenden Behältern im Kühlschrank aufbewahren.

Knuspermüsli

Streuen Sie dieses Müsli großzügig über eine Schale mit frisch geschnittenen Pfirsichen. Einige Schweizer Restaurants bieten ein ähnliches Müsli mit frischen Früchten und Schlagsahne als »Skifahrerfrühstück« an.
Ergibt etwa 2 Liter
160 °C (vorheizen)
30 Minuten

In einer großen Schüssel vermischen:

½ bis 1 Tasse Kokosflocken
4 Tassen Haferflocken
1 Tasse Sonnenblumenkerne (geschält)
¼ bis ½ Tasse Sesam
1 Tasse Erdnüsse oder gehackte Walnüsse

Zum Kochen bringen:

1 Tasse Honig oder braunen Zucker
½ Tasse Öl
1 EL Zimt

Die Honigmischung über die trockenen Zutaten gießen und sorgfältig vermischen. Auf zwei gefettete Backbleche streichen. Etwa 30 Minuten backen. Am Ende darauf achten, dass die Mischung nicht zu dunkel wird. In Ruhe abkühlen lassen und danach in Stücke brechen.

Alternativ-Vorschläge:

Beim Gebrauch von braunem Zucker die Ölmenge auf ¾ Tasse erhöhen oder ¼ Tasse Wasser zufügen.
1 Tasse Maismehl zu der trockenen Mischung geben und den Zimt weglassen.

Festes Müsli

In ein ungefettetes, tiefes Backblech geben:

6 Tassen Haferflocken

10 Minuten rösten. Aus dem Herd nehmen und hineinrühren:

½ Tasse Sonnenblumenkerne oder Nüsse
½ Tasse Kokosflocken
½ Tasse Weizenkeime

Zur trockenen Mischung hinzufügen:

⅔ Tasse Honig
⅔ Tasse Öl
½ Tasse Milch
1 TL Vanillezucker

Rühren, bis es gleichmäßig bedeckt ist. 10-15 Minuten backen und dabei alle 3-5 Minuten rühren, bis es gleichmäßig goldgelb ist. Nicht zu lange backen. In Ruhe abkühlen lassen und in Brocken brechen.

Alternativ-Vorschläge

Geschnittene Rosinen, Datteln oder getrocknete Früchte können beigefügt werden.
Müsli-Stangen: Bei diesem und anderen Rezepten mit 6-8 Tassen trockenen Zutaten und 1-2 Tassen Flüssigkeit, der Flüssigkeit hinzufügen: 1 geschlagenes Ei und etwa ⅓ Tasse Milch. Die Flüssigkeit in die trockenen Zutaten einrühren und gut vermischen. Die Mischung in zwei gut gefettete Backbleche pressen und mit der angegebenen Temperatur braun backen. Sofort in Stangen schneiden. Erst nach dem Abkühlen vom Blech nehmen. Für süße Stangen mehr Honig beigeben.

Erdnuss-Müsli

Ergibt etwa 5 Liter
160 °C (vorheizen)
30 Minuten

In einem Kochtopf mischen:

1 ¼ Tassen Honig
⅔ Tassen Öl
180 g Erdnussbutter
1 EL Salz
1 EL Zimt
½ Tasse Wasser

Über leichter Hitze rühren, bis die Erdnussbutter schmilzt.

In einer großen Schüssel vermischen:

10 Tassen Haferflocken
1 Tasse gehackte rohe Erdnüsse oder andere Nüsse
1 Tasse Weizenkeime
1 Tasse Maismehl
1 Tasse Kokosflocken

Die Flüssigkeit hinzufügen und gut mischen. In zwei große, gefettete Pfannen geben und etwa 30 Minuten backen, bis alles knusprig und braun ist. Oft rühren, um zu große Bräunung verhindern. Nach dem Abkühlen

2 Tassen Rosinen

hinzufügen. In einem luftdichten Behälter aufbewahren.

Allerlei-Frühstück

Ergibt 4-5 Liter
150 °C (vorheizen)
45-60 Minuten

In einer großen schweren Kasserolle vermischen:

1 Tasse Vollweizenmehl oder Sojamehl
1 ½ Tassen ungeröstete Weizenkeime
½ Tasse Buchweizen (kann weggelassen werden)
1 Tasse Sesam
6 Tassen Haferflocken
1 Tasse ungeröstete, geschälte Sonnenblumenkerne
1 Tasse Grape-Nuts **(s. S. 67)**

In einem Kochtopf vermischen:

1 Tasse Öl
½ Tasse Honig
2 EL Rübensirup
1 ½ Tassen Milch
1 TL Vanillezucker

Bei schwacher Hitze erwärmen und in die trockenen Zutaten einrühren. 45-60 Minuten rösten und zuerst alle 15 Minuten, gegen Ende öfter, umrühren, bis die Teile goldbraun sind (nicht dunkel).

Nach dem Abkühlen

2 Tassen Rosinen
je 1 Tasse gehackte Trockenpflaumen, Datteln, Trockenaprikosen, Kokosnuss (nach eigenem Ermessen variieren)
1 Tasse geröstete Erdnüsse oder andere Nüsse

hinzufügen. In dicht schließenden Behältern an kühlem, trockenem Platz aufbewahren.

Apfel-Hafer-Speise

Reicht für 4-6 Personen

In einem Kochtopf mischen:

1 Tasse Haferflocken
2 Tassen kaltes Wasser
½ TL Salz

10 Minuten bei schwacher Hitze kochen. Hinzufügen:

2 geschnittene Äpfel
1 Prise Muskat

Nochmals 5 Minuten kochen, bis die Äpfel weich genug sind. Mit Milch, Joghurt, Honig, braunem Zucker oder Zucker und Zimt servieren.

Alternativ-Vorschlag:

Statt der Äpfel Rosinen oder Datteln verwenden.

Maismehl-Brei

Reicht für 4-6 Personen

In einem Kochtopf zum Kochen bringen:

3 Tassen Wasser

gesondert vermischen und einrühren:

1 Tasse kaltes Wasser
1 Tasse Maismehl
¼ Tasse Mehl
1 TL Salz

Ständig mit einem Schneebesen rühren, da der Brei eindickt. 30 Minuten zugedeckt auf sehr niedriger Hitze oder im Wasserbad kochen. Aus dem Topf mit Milch und Zucker essen oder in eine Teigform geben, abkühlen lassen und stürzen. Schneiden, nach Wunsch mit Mehl bestäuben und in gut gefetteter Kasserolle braten.

Weizenschrot-Frühstücksbrei

Reicht für 6 Personen

3 Tassen Wasser
zum Kochen bringen. Gesondert vermischen und hineinrühren:
1 Tasse kaltes Wasser
1 Tasse Weizenschrot
2 TL Salz
Ständig rühren, um Klumpenbildung zu vermeiden. Bei geringerer Hitze 15-20 Minuten weiterkochen! Mit Milch und braunem Zucker, Honig oder Rübensirup servieren.

Einfaches Haferflockenessen im Familienkreis

Zeitsparend

Stellen Sie eine große Schüssel mit Haferflocken mitten auf den Tisch. Darum herum kleine Schüsseln mit den folgenden Zutaten, soweit sie verfügbar sind:
Kokosflocken
Sesam
Sonnenblumenkerne
Weizenkeime
Weizen-, Roggen- oder Gerstesprossen
Nüsse
Datteln, Rosinen, andere Trockenfrüchte
frische oder eingemachte Früchte
Jeder stellt sich seine eigene Schale zusammen. Honig und kalte oder heiße Milch zufügen.

Kokosnuss-Hafermehl-Frühstück

Ergibt etwa 2 Liter
175 °C (vorheizen)
45 Minuten

In einer großen Schüssel vermischen:

3 Tassen weißes oder Vollweizenmehl
2 Tassen Kokosflocken
2 Tassen Hafermehl
3 EL Sesam
3 EL Wasser
¼ Tasse Zucker
5 EL Öl

Auf 2-3 flachen Blechen verstreichen und im vorgeheizten Backofen bei 175 °C etwa 45 Minuten backen. Gelegentlich rühren, damit kleine Stücke entstehen, die rundum goldbraun werden. Kalt servieren. Reicht für 16 Personen (½ Tasse/Portion).

Alternativ-Vorschläge:

- Zur Abwechslung hinzufügen: Rosinen, braunen Zucker, Sonnenblumenkerne, Nüsse.
- Tropische Version: 1 fein gehackte frische Kokosnuss anstelle von Kokosflocken verwenden und die 3 EL Wasser weglassen.

3. Kernbohnen, Sojabohnen und Linsen

Kernbohnen oder Hülsenfrüchte werden manchmal als Arme-Leute-Essen betrachtet. Wenige Kochbücher widmen ihnen mehr als ein paar Seiten. Sie enthalten ein oder zwei Rezepte für überbackene Bohnen und möglicherweise eine Suppe, aber damit ist es auch schon zu Ende. Durch diese vorschnelle Ablehnung der Hülsenfrüchte wird eine billige, pflanzliche Eiweißquelle vernachlässigt. Eine halbe Tasse weiße, gekochte Bohnen enthält 7 g Eiweiß, genauso viel wie ein Ei. Eine halbe Tasse Sojabohnen enthält 11 g. Ein Ei hat dabei zwar eine höhere Eiweißqualität, aber zusammen mit Getreide gegessen (Reis oder Vollkornbrot) verbessert sich die Eiweißqualität und -verwertbarkeit von Bohnen und Getreide erheblich. Gebackene Bohnen und Vollkornbrot sind eine ausgezeichnete Zusammenstellung für eine eiweißreiche Mahlzeit.

Trockene Hülsenfrüchte, besonders Sojabohnen, sind gute Mineral- und Vitamin-B-Spender. Ein weiterer Vorteil für Menschen, die auf die Gesundheit ihres Herzens achten, ist, dass Sojabohnen trotz ihres hohen Eiweißgehalts keine gesättigten Fette enthalten, dafür jedoch Lecithin, welches die Aufnahme und Verwertung von jeder Art Fett (einschließlich Cholesterin) unterstützt.

Kaufen Sie Hülsenfrüchte trocken (lose), wenn möglich in großen Mengen. Man kann sie problemlos lagern. Eine Reihe großer Glasbehälter mit verschiedenen Hülsenfrüchten gibt der Küche eine interessante Note. So sind sie auch bei der Planung der Mahlzeiten gut zugänglich. Stellen Sie sich die verschiedenen Farbtöne der kleinen grünen Erbsen, der erdbraunen Linsen, der tiefroten und weißen Bohnen und cremiggoldenen Sojabohnen in einer Reihe vor.

Viele Köchinnen wenden ein: »Aber sie brauchen so lange Einweich- und Kochzeiten, und ich kann nicht immer so weit vorausplanen.« Beachten Sie Folgendes beim Kochen von Hülsenfrüchten:

Einweichen

Weichen Sie alle Trockenbohnen und -erbsen nach einer der unten angegebenen Methoden ein, ausgenommen halbe Erbsen und Linsen. 2-3 Stunden genügen für halbe Erbsen. Linsen müssen nicht eingeweicht werden, sie brauchen nur 30-40 Minuten Kochzeit.

1. Einweichen über Nacht: Bohnen waschen, durchsehen und in den Topf geben, in dem sie gekocht werden sollen. Mit 4 Tassen Wasser pro Tasse Bohnen bedecken und 8 Stunden oder über Nacht stehen lassen. Verwenden Sie das Einweichwasser zum Kochen, nicht wegschütten.
2. Schnelle Methode: Folgen Sie den Anweisungen der ersten Methode. Aber anstatt einzuweichen bringt man Bohnen und Wasser für 2 Minuten zum Kochen. Zudecken und vom Feuer nehmen und 1 Stunde stehen lassen. Nun sind die Bohnen kochfertig.

Bohnen kochen

1. 1 Tasse Trockenbohnen ergibt etwa 2 ½ Tassen gekochte Bohnen.
2. Die Kochzeit ist abhängig von der Bohnengröße und der Lagerzeit. Erbsen und kleinere Bohnen brauchen gewöhnlich weniger als 1 Stunde, größere Bohnen 2-3 Stunden und Sojabohnen 3-4 Stunden. Bringen Sie die Bohnen im Einweichwasser zum Kochen; zudecken und auf kleiner Hitze köcheln. Probieren Sie, wann sie weich genug sind.
3. Geben Sie 1 EL Fett zu den kochenden Bohnen, um Überkochen zu verhindern.

4. Im Dampfdrucktopf Bohnen nur 20-35 Minuten kochen. Aber einige Fachleute warnen vor dieser Methode, denn die Bohnen neigen zum Schäumen und könnten das Ventil verstopfen. Füllen Sie Ihren Dampfdrucktopf also nie mehr als bis zu ¾ des Fassungsvermögens. Zeittafel für den Dampfdrucktopf:

- Kleine Bohnen, halbe Erbsen, Linsen: 20 Minuten
- Rote und Weiße Bohnen: 35 Minuten
- Sojabohnen: 40 Minuten

5. Da Bohnen eine lange Kochzeit erfordern, sollte man gleich mehrere Pfund auf einmal kochen und einfrieren. Eingefrorene gekochte Bohnen sind beinahe genauso bequem wie Bohnen aus der Dose. Sie tauen schnell auf, wenn Sie den Gefrierbehälter in heißes Wasser stellen. Geben Sie einen gefrorenen Klumpen Bohnen direkt in die kochende Suppe oder schieben Sie ihn in einer Kasserolle in den heißen Ofen, und fügen Sie Gewürze für gebackene Bohnen hinzu, nach einer halben Stunde umrühren und weiterbacken lassen.

6. Kochen Sie die Bohnen, bis sie gerade anfangen, weich zu werden. Dann Gewürze und Flüssigkeit hinzugeben und 4-8 Stunden langsam backen, bis sich ein wundervolles Röstaroma entwickelt. Nutzen Sie die Ofenhitze gut. Backen Sie z. B. gleichzeitig Reispudding oder einfachen Reis, oder rösten Sie Sojabohnen.

7. Man kann Hülsenfrüchte auch in einer Kochkiste garen.

Sojabohnen

Mit der Weltknappheit an Nahrungsmitteln ist die Sojabohne interessant geworden. Diese eiweißreichen Pflanzen haben in Asien eine sehr lange Tradition. In den USA erinnern sich manche alten Leute, Sojabohnen während der Wirtschaftskrise in den 30er Jahren gegessen zu haben.

Mehrere sagten zu mir: »Wissen Sie, wir haben Sojabohnen gegessen, als wir jung waren. Wir haben sie einfach abgekocht, ein bisschen Milch oder Butter darüber gegeben, und so haben wir sie gegessen. Aber irgendwie sind wir wieder davon abgekommen.« Die mennonitische Schullehrerin Eva Carper aus Virginia schrieb in der Mitte der 30er-Jahre im »Rural New Yorker« mehrere Artikel über Ernährung. Hier einige ihrer Betrachtungen über Sojabohnen:

»Wir verwenden Sojabohnen genauso wie weiße Bohnen. Natürlich ist das Aroma anders, da sie Eiweiß statt Stärke enthalten. Wir pflanzen sie an den Rand eines Maisfeldes, wenn wir sehen, dass der Mais austreibt, denn sie werden zuletzt geerntet. Nachdem die Blätter gefallen sind, werden die Schoten von den Stängeln gestreift. Nach dem Trocknen füllen wir sie in Säcke ein, und die Kinder dürfen darauf herumhüpfen. Wir trennen sie von den Hülsen, indem wir sie an einem windigen Tag von einem Behälter in einen anderen schütten. Für eine Sojabohnensuppe weichen wir die Bohnen über Nacht ein und kochen sie langsam, um das beste Aroma zu erhalten. Nachdem sie eine Weile gekocht haben, gebe ich Salz dazu, und, wenn sie weich sind, Vollmilch, dann werden sie gewürzt und noch einmal erhitzt. Nun wird die Suppe über trockenes oder geröstetes Brot gegossen, etwas braune Butter obenauf. Dies ist ein nahrhaftes Gericht, und es ist einfach zuzubereiten. Manchmal gebe ich zu den gekochten Bohnen auch Rübensirup, Senf, Tomatensaft und Schinkenbrühe oder Speck und backe sie wie gebackene Bohnen.«

Wie Mrs. Carper betont, haben die Sojabohnen einen besonderen Geschmack. Einige beschreiben ihn als nichtssagend und verlangen aromatische Gewürze. Andere empfinden ihn als unangenehm und versuchen, ihn zu überdecken. Wieder andere lieben Sojabohnen gerade so, wie sie sind. Eine Kantinenköchin, die oft Sojabohnengerichte anbietet, sagte mir kürzlich: »Warum so viel an den Sojabohnen herumdoktern? Je mehr wir sie verwenden, desto lieber mag ich sie, gerade so, wie sie sind. Ich ertappe mich selbst, wie ich ein paar aus dem Kochtopf stibitze!«

Sojamehl, gemahlen aus trockenen Sojabohnen, ist eine andere Art, Sojabohnen zu verwenden. Sojamehl ist eines der eiweißreichsten Nahrungsmittel, die erhältlich sind. Verarbeitetes Pflanzeneiweiß aus Sojabohnen wird in Supermärkten als Fleischersatz verkauft. Prüfen Sie kritisch Preise und Verarbeitungsmethoden. Bedenken Sie: 1 Tasse übrig gebliebener, gekochter Sojabohnen, gemixt und fein geschnitten, hat den gleichen Effekt, wenn Sie Hackfleisch damit verlängern.

Verwendung von Sojabohnen

1. Unausgereifte, grüne Sojabohnen muss man nicht einweichen. Sie brauchen nur kurze Kochzeiten.
2. Weichen Sie trockene Sojabohnen wenigstens 8 Stunden vor dem Kochen ein oder benutzen Sie die schnelle Methode, danach 3-4 Stunden weiterköcheln lassen.
3. Sojabohnen werden zart, aber nicht so weich wie andere Bohnen und niemals matschig. Die Haut kann vielleicht beim Kochen abgehen, aber sie löst sich später auf. Gekochte Sojabohnen lassen sich leicht einfrieren und behalten ihre Form beim Auftauen. Sojabohnenpaste bzw. -brei ist für alle möglichen Speisen vielseitig verwendbar. Man lässt die heißgekochten Bohnen etwas abtropfen, gibt sie in einen Mixer oder zerdrückt sie mit dem Kartoffelstampfer. Man kann sie aber auch durch den Fleischwolf drehen. Stampfen geht leichter, solange die Bohnen heiß sind. Eine Tasse gekochte Bohnen ergibt ⅔ Tasse Sojapaste. Damit kann man ein Sandwich bestreichen, Rinderhack verlängern und sie zu Hackbraten, Bouletten, Soufflés und Aufläufen verwenden.

Linsen

Unter den Hülsenfrüchten sind die Linsen das bequemste Essen. Sie brauchen nicht eingeweicht zu werden und sind nach 30 Minuten Kochzeit fertig. Vom Nährwert kommen sie trockenen Bohnen sehr nahe; ähnlich wie andere Hülsenfrüchte ergänzen sie sich gut mit Getreide.

Linsen sind ein altes Nahrungsmittel aus dem Nahen Osten und dort heute noch so beliebt wie vor Tausenden von Jahren, als Jakob Esau mit Brot und einem Topf Linsen um sein Erstgeburtsrecht betrog (vgl. 1. Mose 25,34). Versuchen Sie die »Orientalische Linsensuppe« auf Seite 204 oder »Kusherie« (Ägyptischer Reis und Linsen) auf Seite 90, um ein wenig zu verstehen, mit welchen Mitteln Esau betrogen wurde. Das milde Aroma der Linsen ist sehr beliebt, auch bei Leuten, die noch niemals Linsen gegessen haben. Was einem im ersten Moment nicht so appetitlich erscheint, ist die bräunliche Farbe von gekochten Linsen. Versuchen Sie es einmal mit Tomatensoße oder Karottenscheiben und gehackten Schalotten in der Linsensuppe. Bieten Sie farbige Gemüse und Salate zusammen mit Linsen an. Sie eignen sich gut für preiswerte, nahrhafte Hauptgerichte. Einige unserer Rezepttester wurden hier ernsthaft eines Besseren belehrt.

Kernbohnen mit süß-saurer Soße

Reicht für 4 Personen
(Zeitsparend mit Dampfkochtopf)

Einweichen und weichkochen:
250 g weiße Bohnen (kleine Art)
knapp 1 Liter Wasser
In einer Kasserolle bzw. Pfanne leicht bräunen:
1 ½ EL Fett
1 ½ EL Mehl
Nach und nach hinzufügen:
2 EL braunen Zucker
2 EL Maissirup
¼ TL Salz
2 TL Weinessig
Rühren, bis alles gut gemischt ist, und nach und nach zugeben:
1 Tasse Flüssigkeit (heißes Wasser oder Bohnenbrühe)
Zum Kochen bringen und einige wenige Minuten weiterkochen. Über die heißen Bohnen schütten.

Alternativ-Vorschläge:

- Eine geschnittene Zwiebel in Fett andünsten, bevor das Mehl zugegeben wird.
- Ein ganzes Pfund Bohnen kochen und einen Teil für eine weitere Mahlzeit im Laufe der Woche aufbewahren.

Grundrezept: Gebackene Bohnen

Lang und langsam backen ergibt den reichen Geschmack. Reispudding (S. 265) kann in derselben Röhre bei der gleichen Temperatur backen und ergänzt den Eiweißgehalt der Bohnen. Ein knackiger Salat schmeckt gut dazu.
Reicht für 6-8 Personen
250 °C (vorheizen nach dem Kochen der Bohnen)
1 Stunde
Zeitsparend: braucht zwar Zeit, aber kein ständiges Überwachen.

Über Nacht oder nach der Schnellmethode einweichen:
500 g kleine weiße Bohnen
2 l Wasser
In der gleichen Flüssigkeit die Bohnen zum Kochen bringen und etwa ½ Stunde langsam weichkochen. Abgießen, die Flüssigkeit aufbewahren.
In einer feuerfesten 2-Liter-Form vermischen:
die gekochten Bohnen
½ Tasse Tomatenmark oder Tomaten
1 TL Senf
2 TL Salz
¼ TL Pfeffer
1 Zwiebel, gehackt
2 Scheiben Schinken, gehackt oder 125 g Salzfleisch (nach Belieben)
Bohnenbrühe zum Bedecken
1 Stunde im vorgeheizten Backofen bei 250 °C backen, Flüssigkeit zugeben, sofern erforderlich. Während der ersten Hälfte der Backzeit zudecken, dann nicht mehr.

Großer Calico-Topf

Reicht für 10-12 Personen
160 °C (vorheizen nach dem Kochen der Bohnen)
1 ½ Stunden

Bohnen aus der Dose oder eingeweichte und weich gekochte Bohnen benützen. Verschiedene Sorten können zusammen eingeweicht und gekocht werden. Eine Tasse trockene Bohnen ergibt in der Regel 2 ½ Tassen gekochte.

In einer großen feuerfesten Form vermischen, Flüssigkeiten aufbewahren:

2 Tassen grüne Bohnen, gekocht und abgegossen
2 Tassen große Kernbohnen, gekocht und abgegossen
2 Tassen rote Kidneybohnen, gekocht und abgegossen
1 l Bohnen mit Schweinefleisch oder Rest von gebackenen Bohnen

Anbraten:

6 Scheiben Rauchfleisch oder 1 Tasse übrige Schinkenstückchen oder 250 g Wurst oder Frühstücksfleisch

Überschüssiges Fett abgießen.

Hinzufügen:

1 ½ Tassen geschnittene Zwiebeln

Kurz anbraten.

Hinzufügen:

1 El braunen Zucker
2 TL Salz
1 TL Senf
1 geschnittene Knoblauchzehe
½ Tasse Weinessig
4 Tomaten oder ½ Tasse Tomatenmark

5 Minuten kochen und über die Bohnen gießen. Genügend zurückbehaltene Bohnenbrühe aufgießen, bis alles bedeckt ist. Aufgedeckt 1 ½ Stunden im vorgeheizten Backofen bei 160 °C backen. Ab und zu weitere Brühe aufgießen, wenn die Bohnen zu trocken werden.

Alternativ-Vorschläge:

- Mit anderen Bohnen, einschließlich Sojabohnen, abwechseln, aber auf Farbkontraste achten, damit ein schönes Gericht entsteht.
- Alles Fleisch weglassen – schmeckt trotzdem köstlich!

Mexikanische Pfefferbohnen

Pfefferbohnen mit Reis oder Maisbrot servieren, damit die Getreide-Gemüse-Eiweißergänzung stattfindet.
Reicht für 6 Personen

Über Nacht oder mit Schnellmethode einweichen:

500 g rote Trockenbohnen
2 l Wasser

Zum Kochen bringen. Langsam weichkochen, etwa 40 Minuten.
In einer Pfanne anbraten:

125 g Salzfleisch (Schweinefleisch, das 1-2 Tage in einer Salzlake gelegen hat, oder Kasseler Rippchen), fein gewürfelt (geht auch ohne Fleisch)

Wenn es knusprig ist, hinzufügen

2 Tassen fein geschnittene Zwiebeln
4 fein geschnittene Knoblauchzehen

Goldbraun anbraten und hinzufügen:

2 TL Salz
1 TL Pfeffer
2 bis 4 TL Chilipulver, je nach Geschmack
1 TL getrocknete Oreganoblätter (wilder Majoran)
¼ TL Kümmel
¾ Tassen Tomatenmark
1 Tasse passierte Tomaten

15 Minuten leicht kochen. Bohnen abgießen, Brühe aufbewahren. Die Bohnen zusammen mit 2 Tassen der Brühe zu der Tomatensoße geben, bedecken und 1 Stunde köcheln lassen.

Mexikanische Bohnen

Reicht für 5-6 Personen

Über Nacht oder mit Schnellmethode einweichen:

500 g verschiedenfarbige Kernbohnen

Hinzufügen:

6 Tassen Wasser
2 klein geschnittene Zwiebeln

Zum Kochen bringen, bedecken und langsam köcheln, bis die Bohnen weich sind, dauert etwa 3 Stunden. Die Bohnen mit dem Kartoffelstampfer zerdrücken.
Hinzufügen:

90 g zerlassene Margarine
Salz zum Abschmecken

Gut mischen, weiterkochen, öfter rühren, bis die Bohnen eingedickt sind und das Fett aufgesogen ist. Sofort servieren oder für späteren Gebrauch einfrieren.

Alternativ-Vorschläge:

- Bohnen mit der einen Zwiebel kochen, die andere im Fett dünsten, dann ¼ Tasse zerdrückte Bohnen in die Pfanne geben. Kurze Zeit braten und beiseiteschieben, immer wieder vierteltassenweise zerdrückte Bohnen zugeben. 10 Minuten köcheln.
- Chilipulver oder Kümmel und passierte Tomaten nach Geschmack zugeben. In gefettete Kasserolle geben. Mit Käse bestreuen und in der Backröhre oder Kochkiste warmhalten, bis es serviert werden kann.
- Sojabohnen oder Kichererbsen als interessante Geschmacksvariante verwenden.

Mexikanische Bohnen im Teig

Reicht für 6 Personen
175 °C
30 Minuten

Teig:
Mischen:

½ Tasse Mehl
½ TL Salz
½ TL Backpulver
2 EL Margarine
½ Tasse saure Sahne oder Joghurt (bei Joghurt 2 EL mehr Mehl nehmen)
1 geschlagenes Ei

Zusammenrühren. Wird leicht klumpig. Mit einem Löffelrücken dünn auf Boden und Seiten einer feuerfesten 2-Liter-Form streichen. Mit der Bohnenmischung auffüllen. Die Masse für den Teig kann im Voraus angerührt und im Kühlschrank bis zum Gebrauch aufbewahrt werden.

Füllung:
In einer Kasserolle anbräunen:

350 g Rinderhack
½ Tasse geschnittene Zwiebeln

Hinzufügen:

1 TL Salz
2 TL Chilipulver
½ TL Tabasco-Soße
2 Tassen nicht abgegossene, gekochte rote Bohnen
¾ Tasse Tomatenmark oder
4-5 Tomaten

In die Form mit dem Teig füllen und bei 175 °C 30 Minuten backen. Aus der Backröhre nehmen. Darüber streuen oder extra servieren:

½ Tasse geriebenen Käse
1 bis 2 Tassen geschnittenen grünen Salat
1 Tasse geschnittene rohe Tomaten

Puerto-Rico-Reis mit Kichererbsen

Eine puerto-ricanische Leibspeise der Armen und Reichen.
Reicht für 6-8 Personen

Einweichen und weichkochen:

250 g Kichererbsen oder rote Kidneybohnen
4 Tassen Wasser

In einer tiefen Kasserolle bräunen:

500 g Schweinerippe oder Kochschinken in 2 ½ cm große Stücke geschnitten

Das ausgelaufene Fett mit Öl auf ½ Tasse auffüllen. Das Fett in die Pfanne zurückschütten und hinzufügen:

¾ Tasse Tomatenmark

Umrühren, bis das Fleisch von der Tunke bedeckt ist.
In die Kasserolle geben:

2 geschnittene Tomaten
½ geschnittene grüne Paprikaschote
1 große geschnittene Zwiebel
2 zerdrückte Knoblauchzehen
2 Tassen fein gehackten Kohl
1 TL Oregano
1 EL Kapern samt Brühe
1 EL Salz

Kurz braten und umrühren, bis das Gemüse etwas zusammenfällt.
Hinzufügen:

2 Tassen ungekochten Reis
gekochte, abgegossene Kichererbsen

Gut umrühren und beigeben:

6 bis 7 Tassen Bohnenbrühe und Wasser

Auf mäßiger Hitze 15 Minuten kochen. Ein- oder zweimal umrühren. Die Hitze verringern, bedecken und weiterkochen, bis der Reis gar ist.

Alternativ-Vorschlag:

Fleisch ganz weglassen. Das Gemüse in einer ½ Tasse Fett andünsten, dann Tomatenmark und die übrigen Zutaten beigeben.

Monterey-Bohnen mit Käse

Zeitsparend
Reicht für 6 Personen

Anbraten und in Stücke schneiden:

2 Scheiben Rauchfleisch (durchwachsener Speck)

Beiseitestellen. Im Bratfett gar dünsten:

1 geschnittene mittlere Zwiebel
½ gewürfelte grüne Paprikaschote

Hinzufügen:

die Fleischstücke
2 Tassen gekochte rote Bohnen (Kidneybohnen)
125 bis 250 g geriebenen Hartkäse
2 reife, gewürfelte Tomaten
¼ Tasse Gemüsebrühe, Bouillon oder Tomatensaft
1 TL Chilipulver
½ TL Salz
1 Prise Pfeffer

Langsam kochen, ständig rühren, bis alle Zutaten vermischt sind und der Käse geschmolzen ist – etwa 5 Minuten. Mit Reis servieren.

Karibischer Reis mit Kernbohnen

Reicht für 6-8 Personen

Über Nacht oder mit Schnellmethode einweichen:

2 Tassen trockene Kichererbsen oder rote Bohnen (Kidneybohnen)
6 Tassen Wasser
1 EL Salz

Zum Kochen bringen, die Hitze verringern und weichköcheln – etwa 40 Minuten. Die Erbsen oder Bohnen abgießen, die Brühe aufbewahren. In einer großen Pfanne (mit Deckel) erhitzen:

2 EL Öl oder Margarine

Hinzufügen:

1 zerdrückte Knoblauchzehe
2 geschnittene Frühlingszwiebeln
1 große, geschnittene Tomate
1 EL Zitronensaft (nach Belieben)
⅛ TL gemahlene Nelken
1 EL gehackte Petersilie
¼ TL Pfeffer
die abgegossenen Bohnen

5 Minuten anbraten.
Hinzufügen:

2 Tassen Reis
4 Tassen von der aufbewahrten Bohnenbrühe, wenn erforderlich mit Wasser ergänzen

Zum Kochen bringen, zudecken, die Hitze verringern und etwa 20-25 Minuten ohne Rühren weiterköcheln.

Brasilianischer Reis mit Kernbohnen

Die Brasilianer pflegen dieses Gericht mit Maniokmehl zu ergänzen, das sie darüberstreuen.
Reicht für 8-10 Personen

Über Nacht oder mit Schnellmethode einweichen:

2 Tassen rote Bohnen (Kidneybohnen)
6 Tassen Wasser

Etwa zwei Stunden kochen, bis sie weich sind. In einem Kochtopf 2-4 der folgenden grob geschnittenen Gemüse kochen:

Kartoffeln
Tomaten
Kohl
Kürbis
Karotten

Kochen, bis sie gar sind. Zusammen in einer Kasserolle schnell anbraten:

250 g Rinderhack
125 g Rauchfleisch oder geräucherten Speck
2 zerdrückte Knoblauchzehen
1 geschnittene mittlere Zwiebel
½ geschnittene grüne Paprikaschote (nach Belieben)
1 TL Worcestershire-Soße
2 EL Tomatenmark
1 TL Koriander
1 Lorbeerblatt
Salz und Pfeffer nach Geschmack

30 Minuten köcheln. Die Bohnen, das Gemüse und das Fleischgemisch vermengen und 2 Minuten erhitzen. Mit Reis servieren.

Italienische Kernbohnen mit Nudeln

Reicht für 8 Personen

Über Nacht oder mit Schnellmethode einweichen:

500 g getrocknete große Bohnen oder Weiße Bohnen
4 Tassen Wasser

In großem Topf die Bohnen zum Kochen bringen, bedecken und eine Stunde köcheln, wenn notwendig Wasser zugeben. Im Salzwasser kochen und abgießen:

250 g Nudeln (Hörnchen oder Makkaroni)

In einer Pfanne bräunen:

350 g geschnittene Wurst
1 zerdrückte Knoblauchzehe
1 gehackte Zwiebel

Das überschüssige Fett abgießen. Die Wurst-Hörnchen-Mischung in den Bohnentopf geben. Hinzufügen:

4 Tassen gekochte Tomaten
¼ Tasse Rübensirup
2 EL gehackte Petersilie
2 TL Salz
2 TL Oregano
¼ TL Pfeffer

Zum Kochen bringen, zudecken und 15 Minuten köcheln. Evtl. Tomatensaft zufügen, um dem Gericht die richtige Beschaffenheit zu geben. In Suppentassen mit einem grünen Salatblatt und einer Scheibe Vollkornbrot servieren.

Alternativ-Vorschlag:

Mit Tomatensaft oder Wasser zu einer Suppe verdünnen.

Schalotten und Kernbohnen

Als Sommeressen mit Vollkornbrot und frischen Früchten servieren.
Reicht für 6 Personen

Über Nacht oder nach Schnellmethode einweichen:

500 g trockene weiße Bohnen
knapp 2 l Wasser

Zugedeckt kochen lassen, bis sie weich sind. Abtropfen und abkühlen lassen. Die Brühe für eine Suppe oder einen Eintopf aufbewahren.

Mischen:

4 gehackte Schalotten (oder kleine Zwiebeln)
2 Knoblauchzehen, geschält und ausgepresst
¼ Tasse frischer Zitronensaft
½ Tasse Olivenöl
Salz und frisch gemahlener Pfeffer

Die Soße über die Bohnen schütten. Mit Petersilie bestreuen. Einige Stunden kühl stellen, dann servieren.

Alternativ-Vorschlag:

Das Olivenöl kann durch anderes Öl ersetzt werden. Der Geschmack verändert sich dann aber etwas.

Würzig gebackene weiße Bohnen

Zeitsparend (braucht Zeit – keine Aufmerksamkeit)
Reicht für 6-8 Personen
150 °C
Ungefähr 5 Stunden

Waschen und über Nacht einweichen:

500 g kleine weiße Kernbohnen
6 Tassen Wasser

Backofen auf 150 °C vorheizen. Die Bohnen abgießen (die Brühe aufbewahren) und in eine feuerfeste 2-Liter-Form geben.

Hinzufügen:

die abgegossene Brühe und Wasser, zusammen 2 Tassen
2 Tassen gewürfelte, saure Äpfel
½ Tasse gehackte Zwiebeln
¼ Tasse dunkelbraunen Zucker
2 EL Worcestershire-Soße
¼ Tasse Rübensirup
2 TL Salz
1 TL Senfkörner

Gut umrühren.

Schneiden:

125 g Salzfleisch, rohe Schinkenscheiben oder Kasseler Rippchen

Das Fleisch tief in die Mitte der Bohnen stecken. Bedecken und 5 Stunden backen. Ein- oder zweimal umrühren und nötigenfalls Wasser zugeben.

Linsen-Entdeckung

Beim Kochen von Reis eine kleine Handvoll Linsen beigeben. Das ergänzt den Eiweißgehalt und den Geschmack. Alles zusammen kochen.

Grundrezept gekochte Linsen

Zeitsparend
Reicht für 6 Personen

Zum Kochen bringen und 20 Minuten köcheln:

1 Tasse Linsen
2 ½ Tassen Wasser
2 Würfel Rindsbouillon
1 Lorbeerblatt
1 TL Salz

Geschmacksvarianten

Curry-Linsen
Rasch zusammen anbraten:

50 g Margarine
1 große, gehackte Zwiebel
1 geschnittene Knoblauchzehe

Hinzufügen:

1 TL Salz
1 bis 2 EL Currypulver

Dem Grundrezept beifügen zusammen mit:

2 EL Zitronensaft
gehackter Petersilie

Auf Reis servieren.

Süß-saure Linsen
Beim Grundrezept ½ Tasse weniger Wasser nehmen.
Wenn die Linsen gekocht sind, hinzufügen:

¼ Tasse Apfelsaft
¼ Tasse Apfelessig
¼ Tasse braunen Zucker
1 gepresste Knoblauchzehe
⅛ TL Nelken
wenn gewünscht, gedünstete Zwiebeln

Schäumend aufkochen lassen. Auf Reis servieren.

Einfacher Linsen-Eintopf
Zu den Linsen geben:

250 g gewürfelten Schinken, Rauchfleisch, durchwachsener Speck oder geräucherte Wurst
¾ Tasse Tomatenmark
2 Tassen Wasser
¼ TL Oregano
1 TL Salz
1 gehackte Zwiebel
2 geschnittene Staudensellerie
1 geschnittene Knoblauchzehe

Zum Kochen bringen, die Hitze verringern und 20-30 Minuten köcheln, bis das Gemüse gar ist. Allein oder mit Reis servieren.

Gebackene Linsen mit Käse

Reicht für 6 Personen
190 °C (vorheizen)
1 Stunde, 15 Minuten

In flacher Backform vermischen:

1 ¾ Tassen gewaschene Linsen
2 Tassen Wasser
1 ganzes Lorbeerblatt
2 TL Salz
¼ TL Pfeffer
je ⅛ TL Majoran, Salbei, Thymian
2 große, geschnittene Zwiebeln
2 geschnittene Knoblauchzehen
2 Tassen eingekochte Tomaten (aus der Dose)

Gut verschließen und 30 Minuten backen.

Aufdecken und hineinrühren:

2 große Karotten, in 3-mm-Streifen geschnitten
½ Tasse dünn in Scheiben geschnittenen Sellerie

40 Minuten bedeckt backen, bis das Gemüse gar ist.
Hineinrühren:

1 geschnittene grüne Paprikaschote (als Variation)
2 EL feingehackte Petersilie

Darüberstreuen:

3 Tassen geriebenen Käse

Nicht zudecken, 5 Minuten überbacken, bis der Käse schmilzt.

Mit Honig überbackene Linsen

Reicht für 8 Personen
175 °C (vorheizen)
1 Stunde

In einem Kochtopf vermischen:

500 g Linsen
1 kleines Lorbeerblatt
5 Tassen Wasser
2 TL Salz

Zum Kochen bringen. Dicht zudecken und 30 Minuten köcheln. Nicht abgießen. Das Lorbeerblatt herausnehmen.
Gesondert vermischen und zu den Linsen geben:

1 TL Senfkörner, gemahlen
¼ TL Ingwerpulver
1 EL Sojasoße
½ Tasse gehackte Zwiebeln
1 Tasse Wasser

In 2,5-cm-Stücke schneiden:

4 Scheiben Schinken (Rauchfleisch)

Den größten Teil des Fleisches in die Linsen rühren und den Rest obenauf streuen.
Übergießen mit:

⅓ Tasse Honig

Dicht verschließen. 1 Stunde im vorgeheizten Ofen bei 175 °C backen. Die letzten 10 Minuten aufgedeckt backen, damit der Schinken bräunt.

Alternativ-Vorschläge:

- Der Schinken kann, sofern gewünscht, teilweise vorgekocht werden. Man kann den Schinken auch weglassen oder durch ca. 250 g Rinderhack ersetzen.
- Köstlich mit heißem gebackenem Reis zu servieren. Dann Sojasoße zugeben.
- Ingwer, Sojasoße und 1 Tasse Wasser im zweiten Teil des Rezepts ersetzen durch 1 EL Zucker, 1 TL Oregano, 2 Tassen Tomatensoße. Honig weglassen.

Rindfleisch-Pfanne mit Linsen

Zeitsparend
Reicht für 6-8 Personen

1 l Wasser in einem Kochtopf zum Kochen bringen. Hinzufügen:
1 ½ Tassen gewaschene Linsen
20 Minuten kochen. Abgießen, die Brühe aufbewahren.
In einer tiefen Kasserolle heiß anbraten:
2 EL Margarine oder Butter
2 mittlere, geschnittene Zwiebeln
1 geschnittene Knoblauchzehe
Hineinrühren:
500 g Rinderhack
Gut anbräunen.
In 2½ Tassen der aufbewahrten Brühe auflösen:
2 Fleischbrühwürfel
Die Brühe zur Fleischmischung geben, zudecken und 10 Minuten köcheln lassen.
Hineinrühren:
die aufbewahrten Linsen
2 EL Langkornreis
1 TL Zucker
1 TL Salz
1 TL Kümmelpulver
½ TL Pfeffer
Zum Kochen bringen, die Hitze verringern, 30 Minuten köcheln lassen – oder bis Linsen und Reis gar sind und die Brühe aufgesaugt ist (Brühe zugeben, wenn nötig). Abschmecken und hineinrühren:
1 EL Apfelessig
Mit Petersilie garnieren.

Linsen-Gerste-Eintopf

Reicht für 6 Personen

In großer Pfanne andünsten:
50 g Margarine
¾ Tasse geschnittenen Sellerie
¾ Tasse geschnittene Zwiebeln
Hinzufügen:
6 Tassen Wasser
¾ Tasse Linsen
20 Minuten kochen.
Hinzugeben:
1 l Tomaten (aus der Dose)
¾ Tassen Gerste oder Vollkorn-Reis
2 TL Salz
¼ TL Pfeffer
½ TL Rosmarin
½ TL Knoblauchsalz
40-50 Minuten köcheln.
Hinzufügen:
½ Tasse geriebene Karotten
5 Minuten kochen, dann servieren.

Alternativ-Vorschlag:

375 g knochenfreie, gewürfelte Schweineschulter anbräunen, dann Sellerie und Zwiebel dazugeben und heiß andünsten, bis sie goldbraun sind. Margarine weglassen, ansonsten wie oben angegeben weitermachen.

Linsen-Burger

Unter den Fleisch-Ersatz-Gerichten erhielt dieses Gericht von unseren Rezepttestern die besten Noten. In Brötchen legen (Eiweißergänzung durch Hülsenfrüchteprotein)
Reicht für 6 Personen

In einer Schüssel mischen:

2 Tassen gekochte, abgekühlte und abgetropfte Linsen
1 Ei
½ Tasse Weckmehl, Zwiebackbrösel
1 kleine, geschnittene Zwiebel
Tomatensaft
Salz und Pfeffer

Alle Zutaten gut vermischen und dabei nur so viel Tomatensaft verwenden, dass die Masse sich gut formen lässt. Zu Küchlein formen und wie Hamburger in wenig Öl oder Backfett heiß ausbacken.

Linsen-Entdeckung

Machen Sie sich Ihre Spaghetti-Soße einmal ohne Hackfleisch, dafür mit Linsen. Kleine dunkle Linsen sind ein guter Ersatz für Fleisch und geben der Soße einen angenehmen Geschmack. Zwiebel und Knoblauch in Öl dünsten, die Linsen, Wasser, Tomaten und Gewürze dazugeben und 30-45 Minuten kochen. Die Linsen werden einige Flüssigkeit aufsaugen, deshalb die Soße etwas flüssiger als üblich machen. Auf gekochten Vollkorn-Spaghetti servieren (gute Eiweißkombination).

Kusherie

(Ägyptischer Reis mit Linsen)

Auch wenn es auf den ersten Blick kompliziert aussieht, ist Kusherie überraschend leicht herzustellen und enthält viel wertvolles Eiweiß. In Ägypten wird es mit Naturjoghurt als Beilage serviert.

Reicht für 6-8 Personen

Reis und Linsen:

In einem schweren Kochtopf oder in einer Kasserolle erhitzen:

2 EL Öl

Hinzufügen:

1 ¼ Tassen Linsen

Die Linsen bei mittlerer Hitze 5 Minuten bräunen, oft rühren.

Hinzufügen:

3 Tassen kochendes Wasser oder Gemüsebrühe
1 TL Salz
1 Prise Pfeffer
1 TL Majoran

Unbedeckt 10 Minuten bei mittlerer Hitze kochen.

Hineinrühren:

1 ½ Tassen Reis
1 Tasse kochendes Wasser oder Gemüsebrühe

Zum Kochen bringen, die Hitze verringern, zudecken und 25 Minuten ohne Rühren köcheln lassen.

Soße:

In einem Kochtopf zusammen erhitzen:

¾ Tasse Tomatenmark
3 Tassen Tomatensaft oder passierte Tomaten
1 geschnittene grüne Paprikaschote
geschnittene Sellerieblätter
1 EL brauner Zucker
½ TL Salz
1 TL Kümmel
¼ TL Cayennepfeffer oder gehackte Chilis nach Geschmack.

Die Soße aufkochen, die Hitze verringern und 20-30 Minuten köcheln.

Gebräunte Zwiebeln:

In einer kleinen Pfanne erhitzen:

2 EL Öl

Bei mittlerer Hitze dünsten, bis sie braun sind:

3 geschnittene Zwiebeln
4 geschnittene Knoblauchzehen

Zum Servieren die Reis-Linsen-Mischung auf eine Platte geben, die Tomatensoße darübergießen und mit den gebräunten Zwiebeln garnieren.

Alternativ-Vorschlag:

Die Soße weglassen, nicht jedoch die gebräunten Zwiebeln, und mit Naturjoghurt servieren.

Würzig gebackene Sojabohnen

Zeitsparend – braucht Zeit, aber keine Aufmerksamkeit
Reicht für 6 Personen
150 °C (vorheizen nach dem Kochen der Sojabohnen)
3 Stunden

Über Nacht oder mit Schnellmethode einweichen:

2 Tassen trockene Sojabohnen
2 l Wasser

3 Stunden langsam kochen, bzw. bis sie gar sind. Zu den Bohnen geben:

2 Tassen passierte Tomaten
1 große, geschnittene Zwiebel
1 gehackte grüne Paprika (nach Belieben)
1 geschnittene Knoblauchzehe
1 TL Senfkörner
2 TL Chilipulver (nach Belieben)
2 TL Salz
¼ TL Pfeffer
2 EL Rübensirup
3 Scheiben durchwachsener Speck (geschnitten) oder 125 g geschnittene geräucherte Wurst oder Schinken

In einer großen, nicht bedeckten Auflaufform 3 Stunden im vorgeheizten Backofen bei 150 °C backen, wenn notwendig Wasser zugeben. Gelegentlich rühren.

Alternativ-Vorschlag:

Bei 190 °C nur 40 Minuten backen. Ergibt nicht das gleiche Aroma wie beim langsamen Backen, schmeckt aber trotzdem gut.

Sojabohnen-Laib

Reicht für 6 Personen
175 °C (vorheizen)
1 Stunde

In einer großen Schüssel vermischen:

2 ½ Tassen gekochte und zerdrückte Sojabohnen
½ Tasse Quark
½ Tasse frische oder gekochte Tomaten, abgetropft und klein geschnitten
2 Eier
2 EL Öl
1 ½ TL Salz
½ Tasse Brotkrümel

Gut vermischen. Einen Laib formen und in eine gefettete Backform geben.
Darübergießen:

1 Viertelliterdose Pilzsoße oder eine ähnliche Soße (s. z.B. S. 139)

1 Stunde im vorgeheizten Backofen bei 175 °C backen.

Alternativ-Vorschläge:

- Kräuter wie Thymian, Oregano, Petersilie nach Geschmack zugeben.
- Fein gehackte Zwiebeln und Sellerie.
- 1 Tasse Sojabohnen durch 1 Tasse Kartoffelbrei (ohne Milch) ersetzen.
- Die Pilzsoße durch eine Tomatensoße ersetzen.

Soja-Pastete

Reicht für 4 Personen
175 °C
25 Minuten

Über Nacht oder nach Schnellmethode einweichen:

1 Tasse Sojabohnen
3 Tassen Wasser

Langsam 3-4 Stunden kochen, abgießen.
In einer Bratpfanne erhitzen:

1 EL Öl

Etwa 5 Minuten dünsten:

1 mittlere, geschnittene Zwiebel
1 geschnittene Knoblauchzehe
die abgegossenen Sojabohnen

Hinzufügen:

1 Tasse passierte Tomaten
2 TL Chilipulver
2 TL Worcestershire-Soße
Salz und Pfeffer nach Geschmack

Die Mischung köcheln lassen und nebenbei die Pastetenhülle vorbereiten. Die Backröhre auf 175 °C aufheizen.
Mischen:

½ Tasse Maismehl
½ Tasse Mehl
1 TL Salz

Dazugeben:

1 EL Margarine

Zusammenschlagen:

1 Ei
¼ Tasse Wasser

In die Maismehlmischung hineingeben und in eine Pastetenform pressen. Die Pastete mit der Sojamischung füllen.

½ Tasse geriebenen Käse

darübergeben. Etwa 25 Minuten backen.

Sojabohnen-Auflauf

Reicht für 6 Personen
175 °C (vorheizen)
45 Minuten

In einem Kochtopf 5 Minuten dünsten:

5 EL Öl
2 Tassen geschnittenen Sellerie
¼ Tasse geschnittene Zwiebeln
2 EL geschnittene grüne Paprikaschoten

Hinzufügen:

⅓ Tasse Mehl

Kochen und rühren, bis es schäumt.
Hinzufügen:

2 Tassen Milch
1 TL Salz

Zum Kochen bringen, ständig rühren.
Hinzufügen:

2 Tassen zerdrückte oder geschnittene gekochte Sojabohnen

Die Mischung in eine gefettete feuerfeste Form geben. Bedecken mit

1 Tasse Krümel aus Vollkornbrot oder ¼ Tasse Weizenkeime

45 Minuten im vorgeheizten Backofen bei 175 °C backen oder bis der Auflauf braun ist.

Alternativ-Vorschlag:

Eine Tasse geriebenen Käse der weißen Soße zugeben.

Gebratene Sojabohnen

Als Beilage mit Reis servieren oder in Tortilla-Taschen füllen und mit einem Salatblatt, geschnittenen Tomaten und Käse bedecken.
Zeitsparend
Reicht für 4 Personen

In einer Kasserolle/Pfanne erhitzen:
¼ Tasse Öl
Hinzufügen und dünsten:
1 gehackte Zwiebel
1 geschnittene Knoblauchzehe
Wenn die Zwiebel gar ist, hinzugeben:
2 Tassen gekochte, zerdrückte Sojabohnen
1 bis 2 TL Chilipulver
Salz nach Geschmack
Im Öl kochen, oft rühren. Wenn das Öl aufgesogen ist, bestreuen mit:
¾ Tasse geriebenem Käse
Bedeckt stehen lassen, bis der Käse geschmolzen ist.

Sojabohnen-Soufflé

Reicht für 6 Personen
160 °C (vorheizen)
45 Minuten

In einem Kochtopf mischen:
3 Tassen warmen Sojabohnenbrei (gekochte Sojabohnen, abgegossen und durch den Fleischwolf gedreht)
4 Eidotter
Zusammenrühren und langsam erhitzen, bis die Mischung etwas eingedickt ist. Nicht kochen lassen.
Hineinrühren:
2 EL geriebene Zwiebeln
2 EL gehackte Petersilie
½ TL Thymian
¼ TL Majoran
1 TL Salz
1 Prise Pfeffer
Schlagen, bis es steif, aber nicht fest ist:
4 Eiweiß
Das Eiweiß unter die Sojabohnenmischung heben. In eine gut gefettete 1½-Liter-Backform geben und ca. 45 Minuten im vorgeheizten Backofen bei 160 °C backen.

Süß-saure Sojabohnen

Zeitsparend
Reicht für 4 Personen

In einer Schüssel mischen und beiseite stellen:

1 EL Kartoffelstärke
¼ Tasse braunen Zucker
¼ TL gemahlenen Ingwer
2 EL Sojasoße
½ Tasse Ananas- oder Birnensaft (von den Stücken abgegossen, siehe unten)

In einer großen Kasserolle/Pfanne erhitzen:

2 EL Öl

Hinzugeben:

1 Tasse in 2,5-cm-Stücke geschnittene grüne Paprikaschoten
1 Tasse in halbe Ringe geschnittene Zwiebeln
½ Tasse Möhren, in 6-mm-Scheiben geschnitten
1 zerdrückte Knoblauchzehe

Etwa 3 Minuten braten und rühren, bis sie zart-knusprig sind.

Hinzugeben:

2 Tassen gekochte, abgetropfte Sojabohnen
1 Tasse abgetropfte Birnen- bzw. Ananasstücke
½ Tasse gewürfelte Tomaten oder 2 EL Ketchup

Einige Minuten braten, dann die Soßenzutaten hinzugeben. Kochen und rühren, bis die Mischung kocht und alle Zutaten mit der Soße bedeckt sind (etwa 2 Minuten). Auf heißem Vollkornreis servieren. Wenn vorhanden, mit gehackten Schalotten garnieren.

Marinierte Sojabohnen

Keine Hauptmahlzeit – eher eine schmackhafte süß-saure Beilage zu einem ansonsten milden Essen.
Zeitsparend
Reicht für 6-8 Personen

In einer Schüssel mischen:

¼ Tasse Salatöl
⅓ Tasse Obstessig
⅔ Tassen Honig
Salz und Pfeffer nach Geschmack

Hinzufügen:

3 Tassen gekochte, abgegossene Sojabohnen
¼ TL Basilikum
½ TL Knoblauchsalz
½ TL Oregano
½ Tasse gehackten Sellerie
½ Tasse gehackte Zwiebeln oder Schalotten
½ Tasse gehackte Petersilie
½ Tasse gehackte grüne Paprika (nach Belieben)
1 geschnittene Knoblauchzehe

Gut mischen und vor dem Servieren mehrere Stunden kühlen.

Sojabohnen-Brotaufstrich

Ergibt 3 Tassen

In einer großen Schüssel mischen:

1 ½ Tassen gekochte und zerdrückte Sojabohnen
½ Tasse Sonnenblumenkerne
½ Tasse passierte Tomaten oder Ketchup
½ fein geschnittene mittlere Zwiebel
1 ½ EL Pickles-Marinade (Pickle Relish)
2 EL Tomatenmark
½ Tasse Weizenkeime
1 TL Salz
¼ TL Thymian
⅛ TL Pfeffer
¼ TL fein gehackter Sellerie

Gut mischen. Hält sich im Kühlschrank mehrere Tage. Zum Anrichten von Broten mit wenig Mayonnaise streichfähig machen und auf Vollkornbrote streichen.

Grundrezept für Sojabohnen-Aufstrich oder -Dip

Ergibt 2 ½ Tassen

In einer kleinen Pfanne dünsten:

2 EL Margarine
1 fein geschnittene Zwiebel
1 geschnittene Knoblauchzehe
2 EL gehackte Petersilie

In einer Schüssel mischen:

2 Tassen gekochte, zerdrückte Sojabohnen
die gedünstete Zwiebelmischung
1 TL Oregano
1 EL Sojasoße
⅓ Tasse Mayonnaise
Salz und Pfeffer

Gut mixen. Weitere Zutaten nach Geschmack:

1. Schinkenstücke, gehackte grüne Paprika, Chilipulver
2. Sellerie, Senf, gehackte harte Eier
3. Pickles-Marinade und gehackter Schinken oder Thunfisch
4. Gemahlene Erdnüsse und Karotten
5. Geriebenen Käse, Sonnenblumenkerne, Nüsse

Auf Vollkornbrot streichen, ein Salatblatt darauflegen oder auch Sojabohnensprossen. Man kann die Mischung auch als Dip für Cracker oder rohe Gemüsestücke benützen.

Reste verwerten

1. Restliche Bohnen zerdrücken und entsprechend dem Rezept auf Seite 93 braten. Mit Reis oder Tortillas servieren.
2. Gebratene Bohnen auf Brotscheiben streichen, mit Käse bestreuen und toasten, bis er blasig ist.
3. Restliche Bohnen auf Brotscheiben streichen und mit einer dünnen Scheibe Rauchfleisch bedecken.
4. Restliche Linsen- oder Erbsensuppe mit Currypulver, Kurkuma und Kümmel würzen, köcheln, bis sie etwas eingedickt ist, und auf Reis servieren.
5. Übrige Bohnen in eine Kasserolle einfrieren und aufbacken, wenn man es eilig hat.
6. Für eine schnelle, würzige Suppe Tomatensaft und Chilipulver zu beliebigen Bohnen- und Linsenresten geben.
7. Sojabohnen-Laib (S. 94) in Stücke schneiden und diese langsam in Margarine braten, bis sie braun und knusprig sind. Mit Ketchup anrichten.
8. Übrige Bohnen zerdrücken und zum Hackbratenteig geben.

4. Nudelgerichte

Grundrezept für Pizza- oder Spaghettisoße

Ergibt etwa 1 Liter

In einem Kochtopf gar dünsten:

2 EL Öl
2 geschnittene Knoblauchzehen
½ grüne, geschnittene Paprikaschote
1 geschnittene Zwiebel

Hinzugeben und braun dünsten:

125 bis 250 g Rinderhack (nach Belieben)

Hinzugeben:

2 Tassen passierte Tomaten
¾ Tassen Tomatenmark
1 TL Worcestershire-Soße
1 Tasse Gemüse- oder Fleischbrühe
je ¼ TL Oregano, Basilikum, Thymian und Kümmel
Salz und Pfeffer nach Geschmack

Etwa 1 Stunde köcheln. Als Spaghetti-, Lasagne- oder Pizzasoße verwenden.

Alternativ-Vorschläge:

- 1 Tasse gekochte Linsen anstelle des Fleisches verwenden.
- Wenn billig erhältlich, frisch gedünstete Pilze kurz vor dem Servieren beigeben.

Nudel-Entdeckung

Entdeckung für Hauptgerichte: Aus übrigen Spaghetti und Fleischsoße kann man einen Auflauf machen. Die Spaghetti mit einer kleinen Menge zerlassener Margarine, Parmesankäse und einem geschlagenen Ei vermischen. In eine gefettete Auflaufform geben. Quark oder geriebenen Käse darübergeben. Die Spaghettisoße daraufgießen und mit weiterem Käse überstreuen. Bei 175 °C etwa 20-30 Minuten backen.

Spaghetti mit Zucchini-Soße

Zeitsparend
Reicht für 4-6 Personen

In einer großen Bratpfanne dünsten:

¼ Tasse Öl
1 geschnittene, mittlere Zwiebel

Hinzugeben:

2 geschnittene, mittlere Zucchini
3 Tassen gewürfelte, frische Tomaten
½ TL Salz
1 Lorbeerblatt
je ¼ TL Basilikum, Pfeffer und Oregano

15 Minuten zugedeckt köcheln, aufdecken, 10 Minuten weiterköcheln. Das Lorbeerblatt herausnehmen. Nach der Gebrauchsanweisung kochen:

250 g Spaghetti

Die Spaghetti bedeckt mit der Zucchini-Soße und Parmesankäse servieren.

Nudeln mit Hackfleisch

Zeitsparend
Reicht für 4 Personen

In einer Kasserolle/Pfanne bräunen:

375 g Rinderhack
1 TL Salz
½ TL Pfeffer

Hinzufügen:

1 EL fein gehackte Zwiebel
1 Selleriestängel, gehackt
¼ Tasse gefrorene oder Konserven-Erbsen
⅔ Tassen gehackte frische oder Konserven-Tomaten

Während das Fleisch bräunt, in Salzwasser abkochen:

1 Tasse Nudeln

Die Nudeln abgießen und über das Fleisch breiten. Das Ganze bestreuen mit:

½ bis ¾ Tasse Käse oder ⅓ Tasse Parmesankäse

Unbedeckt 15 Minuten köcheln, um die verschiedenen Aromen zu vermischen. In der Pfanne servieren.

Spanische Nudel-Pfanne

Zeitsparend
Reicht für 3-4 Personen

In 2,5- cm-Würfel schneiden und knusprig braten:

2 Scheiben Rauchfleisch (kann auch wegfallen)

Beiseiteschieben. Dünsten:

½ geschnittene Zwiebel
½ grüne Paprika, gehackt
250 g Rinderhack

Alles überflüssige Fett abgießen.
Hinzufügen:

1 TL Salz
1 Prise Pfeffer
¼ TL Oregano
2 Tassen passierte Tomaten
¾ Tasse Wasser

Zudecken und 10 Minuten köcheln lassen. Zum Kochen bringen und nach und nach zugeben:

1 ½ Tassen Eiernudeln

Die Hitze verringern, zudecken, wieder 10 Minuten köcheln. Gelegentlich rühren, mit dem Schinken garnieren.

Alternativ-Vorschläge:

- Das Rauchfleisch weglassen. Die Gemüse mit dem Rinderhack dünsten, etwas Öl zugeben, wenn das Fleisch zu trocken ist.
- ¾ Tasse geriebenen Käse mit den Nudeln einrühren. Kurz vor dem Servieren mit ¼ Tasse weiterem Käse bestreuen.

Yakisoba

(Japan)
Zeitsparend
Reicht für 4 Personen

Kochen und abgießen nach Packungsanweisung:

1 Tasse feine Nudeln

(Nudelreste oder Spaghettireste können auch verwertet werden.)
Wie folgt schneiden und bereitstellen:

250 bis 375 g sehr fein geschnittenes Steakfleisch
2 mittlere Zwiebeln, in Ringe geschnitten
2 mittlere Möhren, in feine Scheiben geschnitten
¼ Kohlkopf, in Streifen geschnitten
2 Tassen frische oder 1 Tasse konservierte Sojasprossen (ohne Brühe)

In einer Pfanne erhitzen:

2 EL Öl

Das Fleisch bräunen, Gemüse in der obigen Reihenfolge dazugeben und jedes kurze Zeit unter Rühren anbraten. Jedes Mal etwas Salz und Pfeffer zugeben. Die Nudeln zuletzt hineintun und nur so weit erhitzen, dass alles schön heiß wird. Die Gemüse sollten knusprig-zart werden. Kann alleine oder mit Reis serviert werden. Sojasoße dazureichen.

Fleisch-Nudel-Pfanne

Zeitsparend
Reicht für 6 Personen

In einer großen Bratpfanne leicht bräunen:

250 g Rinderhack
250 g Schweinehack

Hinzufügen:

1 geschnittene Zwiebel
1 geschnittene Knoblauchzehe
1 ½ TL Salz
⅛ TL Pfeffer
1 TL getrocknete, zerkleinerte Basilikumblätter
¾ Tasse Tomatenmark
3 Tassen Wasser
1 Dose Pilze mit der Brühe

Gut umrühren.
Hinzufügen:

2 Tassen Vollkornnudeln

Zum Kochen bringen, die Hitze verringern. Zudecken und 15 Minuten köcheln, bzw., bis die Nudeln weich sind. Vorsichtig zwei- oder dreimal mit einer Gabel rühren.
Vor dem Servieren hineinrühren:

3 EL zerbröselten Blauschimmelkäse
¼ Tasse gehackte Walnüsse

In der Kasserolle servieren.

Reste verwerten

1. Das Fleisch in Spaghetti muss nicht nur frisches Rinderhack sein. Man kann jegliche Reste von gekochtem Fleisch fein hacken und in die Soße geben.
2. Restliche Nudeln und Spaghetti mit Schalotten, Zwiebeln, Fleischstückchen, Gemüse oder Eiern anbraten. Mit Sojasoße essen.
3. Kleine Restemengen von Hauptmahlzeiten mixen und zu anderen Suppen oder Speisen verwenden. Z.B. restliche Makkaroni und Käse in eine Käse-Soße.

5. Reis-, Curry- und andere Getreidegerichte

Wie kocht man Reis richtig? Diese Frage wird oft gestellt, weil viele Schwierigkeiten damit haben. Die Nahrungsmittelindustrie hat sich dies zunutze gemacht und bietet uns als Lösung den 5-Minuten-Kochbeutelreis an. Dieser Reis ist aber teuer und bringt Hektik in die Küche, weil alles in den letzten Minuten gemacht werden muss; außerdem ist er höchst geschmacksarm. In der Regel braucht man mindestens 25 Minuten, um die übrigen Zutaten der Mahlzeit zu kochen. In dieser Zeit kann man auch den Reis nebenbei kochen. 5 Minuten braucht man, um ihn aufzusetzen, die restlichen 20 Minuten kocht er für sich allein, ohne dass man ihm Aufmerksamkeit schenken muss – ja, man darf ihn gar nicht beachten!

Reis aufwärmen

Den Reis in einen Kochtopf geben und pro Tasse gekochten Reis mit 1 EL Wasser benetzen. Etwa 20-30 Minuten bedeckt und auf sehr kleiner Flamme erhitzen. Ab und zu mit einer Gabel leicht umrühren.

Grundrezept Reis

Reicht für 6 Personen

In einen Kochtopf geben und gut erhitzen:

2 EL Öl oder 2 EL Margarine
1 große, geschnittene Zwiebel

Hinzugeben und unter ständigem Rühren erhitzen:

3 Tassen ungeschälten Vollreis, Naturreis oder langkörnigen Patnareis

Die Reiskörner müssen so heiß werden, dass man sie mit den Fingerspitzen fast nicht mehr berühren kann. Hinzugeben:

6 Tassen Wasser (verschiedene Reissorten brauchen unterschiedliche Wassermengen – bitte mit der vorhandenen Sorte experimentieren)
2 Brühwürfel
Salz

Aufkochen lassen und mit gut schließendem Deckel bedecken. 20 Minuten köcheln lassen. Nicht aufdecken! Nicht umrühren! Danach vom Feuer nehmen, aufdecken, umrühren und ausdampfen lassen.

Alternativ-Vorschläge:

- Nach dem ersten kräftigen Aufkochen den Reis in eine Kochkiste stellen und mindestens 1 Stunde ziehen lassen. Man kann bei der Benützung der Kochkiste den Reis schon 4-5 Stunden vor der Mahlzeit aufsetzen und ihn im rechten Augenblick herausnehmen und servieren.
- Gewürze wie Curry und Lorbeerblatt werden im Öl mit angedünstet, ehe der Reis zugegeben wird. 4 ganze Nelken werden in ½ Zwiebel gesteckt und in das Wasser gegeben.

Gebackener Reis

Die Backröhre auf 175 °C vorheizen. In einer feuerfesten Form mischen:

2 Tassen heißes Wasser
1 Tasse Reis
½ TL Salz
1 EL Margarine

Bedecken und 45 Minuten oder – bei größeren Mengen – länger backen.

Würziger Reis

Zeitsparend
Reicht für 6-8 Personen

In einem großen Kochtopf mischen:

4 Tassen Reis
1 TL Salz
1 EL Petersilie und/oder Sellerieblätter (evtl. getrocknet)
2 TL ganze Thymianblätter oder
1 TL Thymianpulver
¼ TL grob gemahlener schwarzer Pfeffer
2 EL fein geschnittene Zwiebeln
2 EL fein geschnittene grüne Paprika
3 Brühwürfel, gelöst in
7 Tassen Wasser

Aufkochen, bedecken und die Hitze reduzieren. 20-25 Minuten ohne Rühren köcheln lassen.

Gewürzter Reis-Laib

Reicht für 6 Personen
175 °C
1 Stunde

Eine Kastenform einfetten, den Boden mit Fettpapier bedecken. In einer Schüssel leicht verquirlen:

3 leicht geschlagene Eier
1 ½ Tassen gekochten Reis
1 ½ Tassen geriebenen Käse
½ Tasse feine trockene Semmelbrösel
¼ Tasse gehackten Sellerie
2 EL geschnittene Zwiebeln
2 EL geschnittene Petersilie
2 EL geschnittene grüne Paprika
¾ TL Salz
1 Tasse Milch
50 g zerlassene Margarine

In die Form geben. Die Form auf ein Backblech stellen, das etwa 2,5 cm hoch mit Wasser bedeckt ist. Bei 175 °C etwa 1 Stunde backen oder so lange, bis der Laib sich in der Mitte gesetzt hat. Den Laib vom Blech lösen und auf eine Platte stürzen. Mit Tomaten- oder Pilzsoße servieren (s. z.B. S. 234).

Kokosnuss-Reis

Um Kokosmilch zu erhalten, kann man Stücke einer frischen Kokosnuss und Kokosnussflüssigkeit mit 2 Tassen heißem Wasser im Mixer verquirlen. Auf handwarm abkühlen lassen. Durch ein Tuch seihen und den Rückstand auspressen. Den Rückstand kann man zum Backen verwenden. In Zeiten, in denen es keine Kokosnuss gibt, kann man Kokosraspeln mit heißem Wasser ansetzen, absieben und auspressen.
Reicht für 4 Personen

In einem Kochtopf erhitzen:
2 EL Öl oder Margarine
Hinzufügen:
½ Tasse gehackte Zwiebeln
2 bis 3 ganze Nelken
2 bis 3 Zimtstangen
2 bis 3 Lorbeerblätter
Braten, bis die Zwiebeln hellbraun sind.
Hinzufügen:
¼ TL Kurkuma-Pulver bzw. Safran
¼ TL Salz
Einige Sekunden dünsten.
Hinzufügen:
1 Tasse Reis
2 Tassen Kokosnussmilch
Zum Kochen bringen, die Hitze verringern, zudecken, 30 Minuten köcheln. Wenn gewünscht, die ganzen Gewürze vor dem Servieren entfernen und einige Rosinen oder Walnüsse beigeben.

Konfetti-Reis-Würfel

Reicht für 8 Personen
160 °C (aufheizen)
40 Minuten

Reis-Würfel:
Mischen:
3 Tassen gekochten Reis
1 Tasse geriebenen Käse
½ Tasse gehackte Petersilie
⅓ Tasse gehackten Piment oder gehackte süße rote Paprika
1 TL Salz
Hinzugeben:
3 geschlagene Eier
1 ½ Tassen Milch
In eine gefettete 1½-Liter-Auflaufform geben. 40 Minuten backen oder bis ein bis zur Mitte eingetauchtes Messer sauber herauskommt. In Würfel schneiden und z.B. mit Hühnerfrikassee (S. 176) servieren.

Lizas Tomatensoße, Reis und Eier

Zeitsparend
Reicht für 6-8 Personen

Vorbereiten:
heißen, gekochten Reis für 6-8 Personen
pro Person 1 hartgekochtes Ei

Tomatensoße:
In einem Kochtopf dünsten:
3 EL Margarine
1 fein gehackte Zwiebel
Hinzufügen:
4 Tassen passierte Tomaten
1 ½ TL Salz
2 TL Zucker
gehackte Petersilie
1 Brühwürfel oder gekörnte Brühe
1 Prise Pfeffer
Kochen, umrühren, bis es eindickt. 5 Minuten köcheln.
Auf heißem Reis servieren. Mit geschnittenen Eiern garnieren.

Vollkornreistopf

Reicht für 4-6 Personen

In einem Topf zum Kochen bringen:
3 Tassen Wasser
2 Würfel Hühnerbouillon oder
1 EL Hühnerbrühe (Pulver)
Hineinrühren:
1 Tasse Vollkornreis
Den Topf bedecken, die Hitze reduzieren und 45 Minuten köcheln.
Hart kochen:
4 bis 6 Eier
In kleiner Pfanne dünsten:
2 EL Margarine
½ Tasse geschnittene Pilze
2 bis 4 geschnittene Schalotten oder Zwiebeln
Wenn der Reis gar ist, hineinrühren:
die harten, klein geschnittenen Eier
1 Tasse gekochte und geschnittene Ess-Kastanien (Variation)
die gedünsteten Pilze und Zwiebeln
Aufheizen. Mit Sojasoße servieren.

Reis Guiso

Zeitsparend
Reicht für 3-4 Personen

In schwerem Kochtopf oder bedeckter Kasserolle erhitzen:

1 EL Öl oder Schmalz

Hinzufügen:

125 bis 250 g gewürfeltes Rind oder Schweinefleisch

Gut bräunen.
Hinzufügen:

1 gehackte Zwiebel
1 Tasse Reis
1 TL Salz
⅛ TL Pfeffer

Kurz dünsten.
Hinzufügen:

1 ¾ Tassen Wasser
2 EL Tomatenmark (nach Belieben)

Zudecken, die Hitze verringern und sehr langsam etwa 45-60 Minuten köcheln, oder bis der Reis gar ist.

Reis-Entdeckung

Zum Kochen von Reis die Backröhre benützen, wenn diese für andere Zwecke bereits aufgeheizt ist.

Gebratener Vietnam-Reis

Zeitsparend
Reicht für 4 Personen

1 Tasse Reis kochen (s. S. 101) oder 3 Tassen übriggebliebenen gekochten Reis verwenden.
In einer großen Bratpfanne erhitzen:

4 EL Öl

Hinzufügen:

125 bis 250 g gekochtes oder rohes Fleisch einer beliebigen Sorte, in dünne Streifen geschnitten
3 geschnittene Knoblauchzehen
1 grob geschnittene große Zwiebel
1 TL Salz
1 TL Pfeffer
1 TL Zucker
1 EL Sojasoße

Unter Rühren anbraten, bis das Fleisch heiß und zart ist (ca. 1-2 Minuten).
Hinzufügen:

den gekochten Reis

Unter Rühren braten (etwa 5 Minuten).
Hinzufügen:

1 Tasse restliches oder gefrorenes Gemüse wie Erbsen, grüne Bohnen oder Karotten

Gut in die Reismischung einrühren. Kurz vor dem Servieren hinzugeben:

2 geschlagene Eier

Auf mittlerer Hitze gut verrühren, bis die Eier geronnen sind. Siedend heiß servieren. Salate aus grünem Salat und Gurken, gewürzt mit Pfefferminze und Petersilie als Beilage.

Nasi Goreng

(Indonesischer gebratener Reis)
Reicht für 10-12 Personen

Kochen:
4 Tassen Reis ohne Salz
In einer großen Pfanne erhitzen:
6 EL Öl
Goldbraun dünsten:
2 große gehackte Zwiebeln
Hinzugeben und 1 Minute dünsten:
½ TL schwarzen oder weißen Pfeffer
1 TL Paprika
1 TL Knoblauchpulver
1 TL gemahlenen Koriander
1 TL Kümmel
1 TL Kurkuma
2 TL Galgant
½ TL Sereh-Pulver (Zitronengras oder Zitronella)
2 ½ TL Salz
Tabasco, trockene, gemahlene Chilis oder frischer, scharfer Pfeffer nach Geschmack
Während diese Gewürze vorbereitet werden, in einer anderen Pfanne dünsten:
250 g Rinderhack oder gewürfeltes, rohes Hähnchenfleisch oder gewürfeltes rohes Schweinefleisch oder kleine Krabben

Den gekochten Reis und das gedünstete Fleisch zu der Gewürzmischung geben. Bei sanfter Hitze dünsten, gelegentlich rühren (etwa 10 Minuten).
Mit einer Gabel in einer kleinen Schüssel schlagen:
4 Eier
½ TL Salz
1 Prise Pfeffer
In der Pfanne, in der das Fleisch gebraten wurde, mehrere kleine und dünne Eierkuchen ausbacken (dabei einmal wenden) und aufrollen. Jede Rolle in 3 mm breite Streifen schneiden. Den gebratenen Reis auf einer großen Platte servieren. Die Eierstreifen obenauf legen, mit Rettichscheiben, Gurkenscheiben und Petersilie garnieren.

Alternativ-Vorschlag:

Sereh-Pulver und Galgant können weggelassen werden. Das Gericht verliert dadurch etwas von seiner Originalität. Die Gewürze sind aber sicherlich in Asia-Läden erhältlich.

Reis mit Käse und Tomaten

Zeitsparend
Reicht für 6 Personen

Kochen:
1 Tasse Reis oder 3 Tassen restlichen gekochten Reis verwenden
Dünsten:
3 EL Fett oder Öl
1 mittlere, gehackte Zwiebel
3 gehackte Stängel Sellerie
1 gehackte grüne Paprika
Hinzufügen:
2 Tassen gekochte Tomaten
den gekochten Reis
2 Tassen geriebenen Käse
1 TL Salz
1 Prise Pfeffer
Zudecken und köcheln lassen, bis der Käse schmilzt.

Reis-Entdeckung

Getrennt kochen: Reis, frische oder gefrorene Erbsen und Käse-Soße. Wenn alles gekocht ist, den Reis mit den Erbsen vermischen und mit der Soße servieren. Informationen über den Welthunger regten die Einsenderin dazu an, dieses sparsame Topfgericht zu erfinden.

Kays Japanischer Reis

Reicht für 5-6 Personen

Kochen:
1 ½ Tassen Reis
Vorbereiten:
2 bis 3 Möhren in lange, sehr dünne Streifen schneiden
2 Zwiebeln in sehr dünne Ringe schneiden
250 g rohes oder gekochtes Fleisch oder Fisch, in dünne Streifen geschnitten
Wenn der Reis nahezu gar ist, eine Pfanne erhitzen und hineingeben:
2 EL Margarine oder Öl
das Fleisch (falls es roh ist)
die vorbereiteten Möhren und Zwiebeln
Salz und Pfeffer nach Geschmack
Unter Rühren heiß und kurz anbraten, bis das Gemüse knusprig-zart und das Fleisch gar ist. Gekochtes Fleisch erst in der letzten Minute zugeben und erhitzen. Die Mischung in eine Schüssel geben und warm stellen.
In die heiße Pfanne geben:
1 EL Margarine oder Öl
Zusammen verquirlen:
2 Eier
1 EL Milch
½ TL Salz
Die Eier in die Pfanne geben. Wenn das Omelette halbfest ist, wie einen großen Pfannkuchen wenden und kurz auf der anderen Seite backen.
Aus der Pfanne nehmen, aufrollen und in Streifen schneiden. Eierstreifen, Gemüse und Fleisch zum Reis geben, durch vorsichtiges Rühren vermischen und wieder in die Schüssel geben. Mit Sojasoße servieren.

Alternativ-Vorschlag:

1-2 Tassen Sojabohnensprossen zu Möhren und Zwiebeln geben.

Schnelles Chop-Suey

Zeitsparend
Reicht für 4-6 Personen

Reis nach dem Rezept auf Seite 102 backen. Zusammen dünsten:

250 g Rinderhack
1 geschnittene Zwiebel
¾ Tasse geschnittenen Sellerie

Hinzufügen:

2 Tassen Sojasprossen aus der Dose (abgießen) oder 3 Tassen frische Sojasprossen
1 Tasse Rinds- oder Hühnerbrühe
½ Tasse geschnittene Pilze (nach freier Wahl)

Die Pfanne zudecken, 5 Minuten köcheln. Mischen:

1 EL Maisstärke
1 EL Sojasoße

Der Fleischmischung beifügen, ständig rühren, kochen, bis es dickt. Auf heißem Reis servieren.

Alternativ-Vorschlag:

Gewürfelte Fleischreste von Rind, Schwein oder Huhn können das Hackfleisch ersetzen. Die Zwiebel und den Sellerie in 2 EL Öl dünsten. Das Fleisch in den letzten 10 Minuten dazugeben und gar kochen.

Chow Mein

Reicht für 6-8 Personen

Kochen:

3 Tassen Reis

Vorbereiten und bereithalten:

500 g Fleisch von Rind, Schwein, Huhn oder Krabben, in dünne Scheiben geschnitten
3 Tassen diagonal geschnittenen Sellerie
2 Tassen längs geschnittene Zwiebeln
¾ Tasse Pilze, frisch oder aus der Dose (abgegossen)
3 Tassen frische Sojabohnensprossen

In einer kleinen Schüssel mischen und beiseitestellen:

1 EL frischen gehackten Ingwer oder ½ TL Ingwerpulver
1 TL Zucker
3 EL Stärkemehl
5 EL Sojasoße
¾ Tassen Fleischbrühe

In einer Pfanne erhitzen:

1 EL Öl

Das Fleisch zugeben und kurz, aber heiß anbraten, bis das Fleisch gar ist. In einer anderen Pfanne in 1 EL Öl jede Gemüseart knapp weich kochen und zum fertigen Fleisch geben. Kurz vor dem Servieren die Fleischmischung aufheizen und die Flüssigkeit zugeben. Kochen, bis die Soße dick und klar wird. Mit heißem Reis servieren.

Gebackener Mandarin-Reis

Reicht für 6 Personen
175 °C
1 Stunde 15 Minuten

In eine gefettete feuerfeste 2-Liter-Form geben:

¾ Tasse ungekochten Reis
1 ½ Tassen kochendes Wasser
½ TL Salz

Über den Reis geben:

1 ½ bis 2 Tassen gewürfelten Schinken oder andere Fleischreste
1 ½ Tassen gehackten Sellerie
1 Tasse gehackte Zwiebel
½ Tasse gehackte grüne Paprika
¼ Tasse gehackter Piment (Variation)

Hineinrühren:

1 Dose Hühner- oder Pilzsuppe oder vergleichbare Soße (s. S. 138)
2 EL Sojasoße

Zudecken, bei 175 °C 1 Stunde und 15 Minuten backen.

Indisches vegetarisches Gericht

Dies ist ein indisches Gericht, das für 7-8 Leute reicht. Obgleich es kein Fleisch enthält, ergänzt sich das Eiweiß in Linsen, Reis, Quark oder Joghurt zu einer ausgewogenen Mahlzeit.

Menü:
Gemüse-Curry
Linsen-Curry (Dhal)
Naturlangkornreis
Tomaten-Chutney
frisch geronnener Quark oder Joghurt
frische Früchte
Hindustan-Tee

Das Menü erfordert nur wenig Aufwand kurz vor dem Servieren. Linsen-Curry, Tomaten-Chutney und der Hindustan-Tee können 3-4 Stunden im Voraus zubereitet werden. Das Gemüse-Curry muss 1¼ Stunden vor dem Servieren begonnen werden, braucht aber in der letzten halben Stunde nur wenig Aufmerksamkeit. 30 Minuten vor dem Servieren müssen 3-4 Tassen Langkornreis zubereitet werden. 500 g Quark oder Joghurt als Beilage bringen das notwendige Eiweiß und bilden einen angenehmen Kontrast zu den scharfen Gewürzen in Linsen- und Gemüse-Curry. Ein anderes Curry (s. S. 111) kann das hier vorgestellte Rezept ersetzen. Das Besorgen und Zubereiten der Zutaten kann von verschiedenen Familien erledigt werden, danach kann man sich zu einem Festessen treffen, das für alle wenig Aufwand bedeutet.

Linsen-Curry (Dhal)

Reicht für 7-8 Personen

3-4 Stunden oder nach Schnellmethode einweichen:

1 Tasse indische Linsen (rote oder gelbe Linsen)
2 ½ Tassen Wasser

Hinzugeben:

1 TL Kurkuma
½ TL roter Cayennepfeffer
1 TL Salz

Zum Kochen bringen, die Hitze verringern, teilweise abdecken und 20-30 Minuten köcheln. Die Linsen müssen zart werden und anfangen zu zerfallen. Wasser hinzufügen, wenn dies zur Erhaltung einer dicken Soßenbeschaffenheit erforderlich ist.

In einer kleinen Bratpfanne dünsten:

3 EL Margarine oder Butter
1 große Zwiebel, in feine Längsstreifen geschnitten
1 TL ganzer Kümmel
10 ganze Nelken
5 ganze schwarze Pfefferkörner

Dünsten, bis die Zwiebeln gut braun sind (10-12 Minuten). Die Zwiebelmischung zu den Linsen geben und beiseite setzen. Kurz vor dem Servieren erhitzen. Als Soße verwenden, die über den Reis gegossen wird.

Gemüse-Curry

Reicht für 7-8 Personen

In einem 3-4-Liter-Topf bei mittlerer Hitze heiß werden lassen:

3 EL Pflanzenöl

Hinzufügen und 4-5 Minuten kurz braten (nicht bräunen):

2 mittlere, fein gehackte Zwiebeln
2 geschnittene Knoblauchzehen

Hinzugeben:

2 EL Currypulver
1 TL Kurkuma
1 TL ganzer Kümmel

3-4 Minuten weiter braten.

Hinzufügen:

1 Tasse gehackte Tomaten

Kurz kochen, bis die Soße dickt.

Hinzugeben:

1 mittlerer, geschnittener Krautkopf
3 gewürfelte mittlere Möhren
4 bis 5 kleine Kartoffeln, ungeschält und gewürfelt
3 Tassen grüne Bohnen

Rühren, bis alles mit Soße bedeckt ist.

Hinzufügen:

1 TL Salz

Die Hitze verringern, 30-45 Minuten köcheln. Immer wenn die Brühe weniger als ⅔ des Gemüses bedeckt, Wasser zugeben.

15 Minuten vor dem Servieren zugeben:

1 EL Zitronensaft
weiteres Salz, falls erforderlich

Alternativ-Vorschläge:

- Grüne Bohnen, gefroren oder aus der Dose, verwenden, aber diese erst 15 Minuten vor dem Servieren hinzufügen. Frische Tomaten durch 1 Tasse passierte Tomaten ersetzen.
- Kraut und Möhren durch 2 Zucchinis und 3 gehackte grüne Tomaten, Bohnen, Auberginen und Blumenkohl ersetzen.
- Das Curry mit halben harten Eiern garnieren.

Tomaten-Chutney

Reicht für 7-8 Personen

In einer Schüssel mischen:

2 Tassen gehackte frische oder konservierte Tomaten
1 gehackte mittlere Zwiebel
3 EL Zitronensaft
2 EL Essig
1 EL Zucker
je 1 Prise Salz und Pfeffer

Mit frischem Koriander garnieren (falls vorhanden). Als Beilage zu Reis und Curry servieren.

Hindustan-Tee (Chai)

Reicht für 7-8 Personen

In einem 3-4-Liter-Topf zusammen erhitzen:

6 Tassen Wasser
7 TL losen Tee

Zusammen bis kurz vor dem Siedepunkt erhitzen.
Hinzugeben:

6 Tassen Milch

10 Minuten kochen.
Nach Geschmack hinzufügen:

10 bis 15 TL Zucker

Schmeckt am besten, wenn er 2-3 Stunden vor Gebrauch zubereitet und beiseitegestellt wird. Während des Essens erhitzen und mit frischen Früchten als Dessert reichen.

Einfaches Curry

Zeitsparend
Reicht für 3-4 Personen

In wenig Fett bräunen:

125 bis 250 g fein geschnittenes Hühnerfleisch oder anderes Fleisch (roh oder gekocht)

Hinzufügen:

2 bis 2 ½ Tassen Wasser

Hacken und nach und nach, je nach der erforderlichen Garzeit, hinzufügen:

2 mittlere Karotten
3 Stängel Sellerie
1 grüne Paprika
½ mittlere Zwiebel

Hinzufügen:

1 TL Salz
⅛ TL Pfeffer
1 EL Currypulver

Mischen und zugeben:

1 Tasse passierte Tomaten
⅓ Tasse Milch
2 EL Stärkemehl

45 Minuten köcheln oder so lange, bis die Gemüsesorten zart sind und die Soße eingedickt und glasig ist. Oft rühren. Auf Reis oder Nudeln servieren.

Pakistanisches Kima

Dies ist ein höchst einfaches Hackfleischcurry – aber schnell und gut.
Zeitsparend
Reicht für 5-6 Personen

In einer Pfanne dünsten:
3 EL Butter oder Margarine
1 Tasse gehackte Zwiebeln
1 geschnittene Knoblauchzehe
Hinzufügen:
500 g Rinderhack
Gut bräunen.
Hineinrühren:
1 EL Currypulver
1 ½ TL Salz
1 Prise Pfeffer
je 1 Prise Zimt, Ingwer und Kurkuma
2 Tassen gekochte Tomaten
2 gewürfelte Kartoffeln
2 Tassen gefrorene Erbsen oder grüne Bohnen
Zudecken und 25 Minuten köcheln. Mit Reis servieren.

Pilau aus Weizen-Schrot

Zeitsparend
Reicht für 6 Personen

In einer Pfanne dünsten:
1 EL Öl
1 kleine, gehackte Zwiebel
1 Tasse Weizen-Schrot
Bei mittlerer Hitze rühren, bis Zwiebel und Weizen glasig sind.
Hinzufügen:
½ TL Salz
2 Tassen Gemüse- oder Fleischbrühe
Die Hitze verringern, bedecken und 25 Minuten kochen oder bis die Flüssigkeit aufgesaugt ist.

Alternativ-Vorschlag:

125 g geschnittene Pilze können hinzugefügt werden, während die Zwiebeln gedünstet werden. Dazu 3 EL statt 1 EL Öl nehmen.

Rindfleisch-Graupen

Zeitsparend
Reicht für 6 Personen

In einer Pfanne dünsten:

375 g Rinderhack
½ Tasse gehackte Zwiebeln
¼ Tasse gehackten Sellerie
¼ Tasse gehackte grüne Paprika

Überflüssiges Fett abgießen.
Hineinrühren:

1 ¼ TL Salz
⅛ TL Pfeffer
½ TL Majoran
1 TL Zucker
1 TL Worcestershire-Soße
½ Tasse Chilisoße
2 Tassen konservierte Tomaten, zerdrückt
1 ½ Tassen Wasser
¾ Tassen Graupen

Zum Kochen bringen. Hitze bis zum Köcheln reduzieren, zudecken und rund 35 Minuten bis 1 Stunde kochen (je nach Gerstensorte).

Grütze-Kroketten

Reicht für 6 Personen

In einer Schüssel mischen:

2 Tassen gekochte Gerstengrütze
2 Tassen gehacktes Hühnerfleisch oder klein zerstückelte Fischreste
2 EL gehackte Zwiebeln
1 TL Salz
1 Prise Pfeffer
1 TL Worcestershire-Soße
½ Tasse Brot- oder Zwieback-krumen
1 geschlagenes Ei

Kühlen, dann in 12 Kroketten formen. In zusätzlichen Bröseln wenden, in Ei tauchen und nochmals rollen. In der Pfanne braten, bis sie goldbraun sind.

Reste verwerten

1. Restlichen Reis für gebackenen Reis (s. S. 102) verwenden.
2. Einige Rezepte mit übrig gebliebenem Reis: Konfetti-Reis-Würfel (S. 103), Gewürzter Reis-Laib (S. 102), Brokkoli-Reis-Auflauf (S. 121), Pizza-Reis-Auflauf (S. 122), Gebratener Vietnam-Reis (S. 105), Käse-Reis-Soufflé (S. 146)

6. Aufläufe

Ein großer Vorteil von Aufläufen ist, dass diese Gerichte das Kochen sehr erleichtern können. Hat man einmal die Auflaufform in die Röhre geschoben, kann man in aller Ruhe die Küche aufräumen und den Tisch decken. Und wenn man in weiser Voraussicht gleich die doppelte Menge macht, kann man den Rest einfrieren und im Laufe der Woche wieder auf den Tisch bringen. Jeden Tag ein anderes Gericht ist eigentlich genauso überflüssig wie jeden Morgen ein neues Kleid.

Gartenauflauf

Reicht für 4 Personen
175 °C
30-35 Minuten

Mischen:

2 Tassen gewürfeltes weiches Brot
½ Tasse geriebenen scharfen Käse
2 EL zerlassene Margarine

Die Hälfte der Mischung in eine gefettete 1-Liter-Auflaufform geben und bedecken mit

1 Tasse gekochten Erbsen oder anderem Gemüse

Zart dünsten:

3 EL Margarine
2 EL gehackte Zwiebeln

Hineinmischen:

3 EL Mehl
1 TL Salz
⅛ TL Pfeffer

Bei schwacher Hitze kochen, rühren, bis die Mischung blasig ist. Ablöschen mit:

1 ½ Tassen Milch

Hineinrühren:

1 Tasse gekochtes, geschnittenes Rinder-, Hühner- oder Schweinefleisch

Über die Erbsen geben.
Garnieren mit

1 geschnittenen großen Tomate

Mit der verbleibenden Brotmischung bedecken. Unbedeckt bei 175 °C etwa 30-35 Minuten backen.

Sechs-Schichten-Auflauf

Reicht für 4 Personen
150 °C
2½-3 Stunden

Der Reihe nach in eine gefettete 2-Liter-Auflaufform geben und jede Schicht mit Salz und Pfeffer würzen:

2 mittlere, geschnittene Kartoffeln
2 mittlere, geschnittene Möhren
⅓ Tasse ungekochten Reis
2 kleine, geschnittene Zwiebeln
500 g Rinderhack
1 l konservierte Tomaten

Bestreuen mit:

1 **EL braunem Zucker**

Bei 150 °C 2½-3 Stunden backen.

Alternativ-Vorschlag:

Unmittelbar vor dem Hackfleisch 1 Tasse abgegossene, gekochte rote Bohnen zugeben.

Fleisch-Käse-Kartoffel-Auflauf

Reicht für 4-6 Personen
150 °C
1 Stunde 15 Minuten

Eine Käsesoße zubereiten:

2 EL Butter oder Margarine
2 EL Mehl
¼ TL Salz
1 ½ Tassen Milch
¾ Tasse Käse

In einer gefetteten feuerfesten Form mischen:

1 mittlere, geschnittene Zwiebel
4 mittlere, geschnittene Kartoffeln
2 ½ Tassen gewürfelten Schinken

Die Käsesoße über die Fleisch-Kartoffel-Mischung geben und bei 150 °C 1 Stunde zugedeckt backen. Aufdecken und weitere 15 Minuten backen.

Einfaches Moussaka

(Griechenland)
Das traditionelle Moussaka enthält Fleisch und eine köstliche, aber teure Eier-Käse-Soße. Versuchen Sie einmal diese vereinfachte und billigere Version.
Zeitsparend
Reicht für 6 Personen
175 °C (vorheizen auf 220°-250°)
40 Minuten

In 1-cm-Scheiben schneiden:

1 große, ungeschälte Aubergine

Die Scheiben auf ein Backblech legen, mit zerlassener Margarine bestreichen, mit Salz und Pfeffer bestreuen und 5 Minuten braten (oder bis sie goldgelb sind). Wenden, würzen und noch mal braten. Jetzt die Backröhre auf 175 °C stellen. In der Zwischenzeit zusammen braten:

500 g Rinderhack
1 gehackte Zwiebel
1 geschnittene Knoblauchzehe
Salz, Pfeffer
1 Prise Muskat

Hinzufügen:

2 Tassen passierte Tomaten
⅓ Tasse Tomatenmark
½ TL Oregano
1 EL gehackte Petersilie
1 EL gehackte Minze
(nach Belieben)

In eine feuerfeste Form Schichten von je der Hälfte der Auberginen und der Fleischmischung legen und die Schichten wiederholen.
Bestreuen mit

½ bis 1 Tasse geriebenem Käse

40 Minuten backen.

Alternativ-Vorschlag:

Fleisch weglassen. Zwiebel und Knoblauch in 2 EL Öl dünsten und mit der Tomatensoße weitermachen.
Gesondert mischen:

1 geschlagenes Ei
1 EL Parmesankäse
1 Tasse Quark

Die Hälfte der Tomatensoße in die Form geben und die Hälfte der Auberginen darauflegen, dann die ganze Eier-Käse-Mischung, die restlichen Auberginen und die restliche Tomatensoße. Die Schichten mit zusätzlichem Parmesan bestreuen. Die letzte ½-1 Tasse Käse weglassen. Wie angegeben backen.

EL Burgos

Reicht für 8 Personen
175 °C
30 Minuten

Mit wenig Wasser knapp gar kochen:
5 große, fein geschnittene Kartoffeln
Abgießen.
In einer Pfanne dünsten:
500 g Rinderhack
2 gehackte grüne Paprika
1 große, geschnittene Zwiebel
In einer Schüssel mischen:
2 Tassen geriebenen Käse
1 TL Salz
1 EL braunen Zucker
2 Tassen passierte Tomaten
Abwechselnd Schichten der Fleischmischung und der Kartoffeln in eine gefettete 2-Liter-Auflaufform geben. Die Käse-Tomaten-Mischung darübergießen. Bei 175 °C etwa 30 Minuten backen.

Hackfleisch-Auflauf

Reicht für 6 Personen
160 °C
2 Stunden

In einer feuerfesten Form mischen:
500 g Hackfleisch
1 Tasse ungekochten Reis
1 Tasse gewürfelte Möhren
1 Tasse fein gehackte Zwiebeln
½ l passierte Tomaten
1 TL Salz
Pfeffer nach Geschmack
2 Tassen kochendes Wasser
Zudecken und bei 160 °C 2 Stunden backen.

Alternativ-Vorschläge:

statt passierten Tomaten und Wasser 1 l Tomatensaft nehmen.
10 Minuten vor dem Ende der Backzeit mit ⅔ Tasse geriebenem Käse bestreuen.

Puten-Apfel-Auflauf

Reicht für 5-6 Personen
200 °C
20 Minuten

In einer Pfanne dünsten, aber nicht bräunen:

2 EL Margarine
3 EL geschnittene Zwiebeln

Hineinrühren:

½ TL Knoblauchpulver
2 TL Currypulver
¼ Tasse braunen Zucker
1 ¼ Tassen Putenbrühe
2 Tassen Ananas-Saft

Bis fast auf Kochtemperatur erhitzen.
Hinzugeben:

2 Tassen weiche Brotkrumen
3 Tassen geschnittene, ungeschälte rote Äpfel
3 Tassen gewürfeltes, gekochtes Putenfleisch

Vom Feuer nehmen und in eine Auflaufform geben.
Bestreuen mit

¼ Tasse gebutterten Brotkrumen

Bei 200 °C etwa 20 Minuten backen.

Hühnerfleisch-Auflauf

Reicht für 6 Personen
160 °C
50 Minuten

Vorbereiten:

8 Scheiben 1 Tag altes Brot

2 Scheiben mit Butter bestreichen, in 1-cm-Würfel schneiden und beiseitestellen. Das restliche Brot in 2,5-cm-Würfel schneiden und die Hälfte davon in eine Auflaufform geben.
In einer Schüssel mischen:

2 Tassen gewürfeltes Hühner- oder Putenfleisch (z.B. Reste vom Vortag)
½ Tasse gehackte Zwiebeln
½ Tasse gehackte grüne Paprika
½ Tasse fein gehackten Sellerie
½ Tasse Mayonnaise
¾ TL Salz
1 Prise Pfeffer

Auch die Brotwürfel in die Auflaufform geben. Mit den restlichen, nicht gebutterten Brotwürfeln bestreuen.
In einer Schüssel mischen:

2 leicht geschlagene Eier
1 ½ Tassen Milch

Über das ganze Gericht geben. Bedecken und 1 Stunde oder über Nacht kühlen.
Die Backröhre auf 160 °C aufheizen. Über den Auflauf gießen:

1 ½ Tassen helle Soße aus Pilzen oder Hühnersoße (s. S. 138) oder 1 Dose Pilzsuppe

Mit den gebutterten Brotwürfeln bestreuen. 50 Minuten überbacken.

Hähnchen-Käse-Auflauf

Reicht für 6 Personen
175 °C
45 Minuten

Nach Gebrauchsanweisung kochen und abgießen:
375 g Nudeln
In einer Kasserolle dünsten:
5 EL Margarine
1 kleine, geschnittene Zwiebel
3 EL gehackte grüne Paprika
½ Tasse geschnittene Pilze (nach Belieben)
Hinzugeben:
5 EL Mehl
Kochen und rühren, bis es blasig wird.
Hinzufügen:
1 ½ Tassen Hühnerbrühe
1 ½ Tassen Milch
½ Tasse Senfkörner (gemahlen)
Salz und Pfeffer nach Geschmack
Kochen und rühren, bis es eindickt.
Mischen:
Helle Soße
die gekochten Nudeln
3 Tassen gekochtes Hühner- oder Putenfleisch
In eine gefettete Auflaufform geben und bedecken mit:
⅔ Tasse geriebenem Käse
gebutterten Brotkrumen
Etwa 45 Minuten bei 175 °C backen.

Lasagne-Rollen

Reicht für 7-8 Personen
175 °C
1 Stunde

Kochen und abgießen nach der Gebrauchsanweisung auf der Packung (alternativ Lasagneblätter ohne Vorkochen verwenden):
10 Lasagneblätter

Füllung:
Weich kochen:
2 Büschel Spinatblätter, Salatblätter verschiedener Sorten, alles fein gehackt
Hinzugeben und gut mischen:
2 EL geriebenen Parmesankäse
1 Tasse Quark
½ TL Muskat
Zum Bestreuen vorbereiten:
1 Tasse geschnittene, gedämpfte Zwiebeln
2 Tassen geriebener Käse

Soße:
In einer Schüssel mischen:
4 Tassen passierte Tomaten
2 Zehen Knoblauch, geschnitten oder gerieben und gedämpft
je ½ TL Basilikum, Oregano, Majoran
Salz und Pfeffer nach Geschmack
Die Lasagneblätter mit der Füllung bestreichen, zusammenrollen und nebeneinander in eine tiefe, gefettete Backform legen. Mit Käse und Zwiebeln bestreuen, die Soße darübergießen. Bei 175 °C etwa 1 Stunde backen.

Spaghetti und Käse

Reicht für 4 Personen

Kochen und abgießen entsprechend der Gebrauchsanweisung:

250 g Spaghetti

In eine gefettete, feuerfeste Form geben. Bestreuen mit:

¾ Tasse geriebenem Käse

Mischen und schlagen:

½ Tasse Milch
1 Ei
½ TL Senfkörner
½ TL Salz
1 Prise Pfeffer

Über die Spaghetti und den Käse geben. 25-30 Minuten im vorgeheizten Backofen bei 175 °C backen, die ersten 15 Minuten bedeckt, dann aufgedeckt, bis es bräunt. Mit Petersilie garnieren. Mit gekochten Tomaten oder geschnittenen frischen Tomaten, die mit Kräutern bestreut sind, servieren.

Makkaroni-Tomaten-Auflauf

Zeitsparend
Reicht für 4 Personen
175 °C
20 Minuten

Nach Gebrauchsanweisung kochen und abgießen:

1 Tasse Makkaroni

Eine Jenaer Glasform einfetten und die Seiten und den Boden mit Makkaroni belegen. In diese Makkaroni-Hülle legen:

2 Tassen gekochte Tomaten

Würzen mit:

¼ TL Pfeffer
1 Prise Oregano
1 TL Salz

Bestreuen mit:

¼ Tasse geriebenem Käse
¼ Tasse gebutterten Brotkrumen

20 Minuten bei 175 °C backen oder bis die Krumen braun sind.

Alternativ-Vorschlag:

125 g Rinderhack bräunen und würzen, kurz vor dem geriebenen Käse in den Auflauf geben.

Quark-Auflauf

Enthält 15 Gramm hochwertiges Eiweiß pro Portion und relativ wenig Kalorien.
Reicht für 8 Personen
175 °C
40 Minuten

In einer großen Bratpfanne dünsten:

2 EL Margarine
½ Tasse geschnittene Pilze
½ Tasse geschnittene Zwiebeln
½ Tasse geschnittenen Sellerie
1 geschnittene Knoblauchzehe

Hineinrühren:

¼ TL Majoran
4 ½ Tassen Wasser
¼ Tasse Tomatenmark
4 Tassen Hörnchen oder Makkaroni
2 TL Salz
1 TL Zucker

Köcheln, bis die Nudeln weich sind, etwa 25 Minuten.
Bereithalten:

¼ Tasse gehackte Petersilie
2 Tassen Quark
⅓ Tasse geriebenen Parmesankäse

Die Hälfte der Makkaroni-Mischung in eine gefettete 2-Liter-Auflaufform füllen. Mit 1 Tasse Quark und der Hälfte von Petersilie und Parmesan bedecken. Diese Schichten wiederholen. Bei 175 °C etwa 40 Minuten backen.

Auflauf-Entdeckung

Vermischen Sie gekochte grüne Bohnen mit gewürfeltem, gekochtem Hühnerfleisch und backen Sie es als überbackene Speise. Mit gebutterten Brotwürfeln und geriebenem Käse bestreuen.

Brokkoli-Reis-Auflauf

Reicht für 4 Personen
175 °C
45 Minuten

½ Tasse Reis kochen oder 1 ½-2 Tassen übrig gebliebenen gekochten Reis verwenden.

In kleiner Pfanne dünsten:

50 g Margarine
1 gehackte Zwiebel

Hinzufügen:

2 Tassen geschnittenen, gekochten und abgegossenen Brokkoli
⅔ Tassen geriebenen Käse
½ Tasse Milch
den gekochten Reis

Zugedeckt in einer Auflaufform 45 Minuten bei 175 °C backen.

Auflauf-Entdeckung

Gekochten Blumenkohl, gekochten Spinat, weiße Soße und gewürfelten Käse abwechselnd in Schichten in eine Kasserolle füllen. Mit gebutterten Brotkrumen bestreuen und backen.

Pizza-Reis-Auflauf

Reicht für 6 Personen
160 °C
30 Minuten

Kochen:
⅔ Tassen Reis oder 2 Tassen übrig gebliebenen gekochten Reis verwenden
In einer großen Bratpfanne bräunen:
375 g Rinderhack
1 gehackte Zwiebel
Hinzufügen:
2 Tassen passierte Tomaten
¼ TL Knoblauchsalz
1 TL Zucker
1 TL Salz
1 Prise Pfeffer
¼ TL Oregano
1 TL Petersilie
Zudecken und 15 Minuten köcheln.
Mischen:
1 ½ Tassen Quark
den gekochten Reis
⅓ der Reismischung in eine gebutterte 2-Liter-Auflaufform geben. Mit ⅓ der Fleisch-Tomaten-Soße bedecken. Die Schichten wiederholen.
Bestreuen mit:
½ Tasse geriebenem Käse
Bei 160 °C etwa 30 Minuten backen oder bis alles heiß und blasig ist.

Mais-Käse-Auflauf

Reicht für 6 Personen
175 °C (vorheizen)
40-45 Minuten

Gut vermischen:
2 Tassen gekochten, abgetropften Mais
⅔ Tasse Milch
2 geschlagene Eier
½ TL Salz
1 Prise Pfeffer
1 Tasse (100 g) geriebenen Käse
2 EL geschnittene Zwiebel (nach Belieben)
2 EL geschnittene grüne Paprika (nach Belieben)
In eine gefettete 1½-Liter-Auflaufform geben. Bedecken mit:
½ Tasse Semmelbrösel
2 EL zerlassener Margarine
40-45 Minuten backen.

Schweinswurst-Auflauf

Reicht für 6-8 Personen
175 °C
1 Stunde

In einer Pfanne bräunen:

500 g dicke Schweinswurst
1 gehackte Zwiebel

Überschüssiges Fett abgießen.
Hinzufügen:

2 Tassen Langkorn-Vollreis
1 Tasse gehackter Sellerie
½ Tasse gehackte Zwiebel
½ TL Geflügelgewürz
gehackte Petersilie
3 ½ Tassen kochende Hühnerbrühe
Salz und Pfeffer

Bei 175 °C etwa 1 Stunde backen.

Anna Lou's Brokkoli-Thunfisch-Auflauf

Reicht für 6 Personen
175 °C
20-25 Minuten

In kochendes Wasser geben und fast weich kochen:

1 kg in Streifen geschnittenen Brokkoli

In einem Kochtopf mischen:

1 250-g-Dose Thunfisch
1 300-g-Dose Pilzsuppe oder entsprechende Soße (s. S. 138)
½ Tasse Milch
½ Tasse geriebenen Käse

Fast zum Kochen bringen. Eine Schicht Brokkoli in eine flache, gefettete Auflaufform geben. Mit einer Schicht der Thunfischmischung bedecken. Die Schichten wiederholen.
Bestreuen mit:

⅓ Tasse geriebenem Käse

Bei 175 °C etwa 20-25 Minuten backen.

Würziger Thunfisch-Makkaroni-Auflauf

Reicht für 3-4 Personen
175 °C
30 Minuten

Nach der Gebrauchsanweisung kochen und abgießen:

1 Tasse Hörnchen oder Makkaroni

Hinzugeben und vermischen:

1 200-g-Dose Thunfisch, abgegossen
1 Tasse passierte Tomaten
½ Tasse Quark
¼ Tasse Joghurt oder saure Sahne
1 kleine geschnittene Zwiebel
Salz und Pfeffer nach Geschmack

In eine gefettete Auflaufform geben.
Zusammenrühren:

¼ Tasse Brotkrumen
1 EL zerlassene Margarine

und entlang dem Rand der Form streuen. Bei 175 °C etwa 30 Minuten backen.

Reste verwerten

Beim Aufwärmen von Auflaufgerichten wieder etwas von der entsprechenden Soße machen und darübergeben. Dazu wieder etwas Käse und Brotkrumen darüberstreuen und backen. Der trockene Geschmack und das aufgewärmte Aussehen verschwinden.

7. Teiggerichte

Colorado-Pastete

Reicht für 4-6 Personen
200 °C
25 Minuten

Pastetenteig vorbereiten, wenn gewünscht 1 TL Zwiebelsalz verwenden. Eine 20-cm-Pastetenform mit der Hälfte des Teiges ausschlagen. Den Pastetendeckel ausrollen.
In einer Pfanne bräunen:

500 g Rinderhack
½ Tasse gehackte Zwiebeln

Hineinrühren:

1 EL Zucker
¼ TL Pfeffer
2 Tassen gekochte und abgegossene grüne Bohnen
½ TL Salz
⅛ TL Oregano
1 Tasse passierte Tomaten

In die ausgeschlagene Pastetenform gießen, den Deckel auflegen und Schlitze hineinschneiden. Bei 200 °C etwa 25 Minuten backen.

Käse-Pizza

Reicht für 4-6 Personen
230 °C
20-25 Minuten

Teig:
In einer großen Schüssel mischen:

1 Tasse warmes Wasser
1 Päckchen Hefe

Wenn die Hefe gelöst ist, hinzugeben:

1 EL Zucker
1 ½ TL Salz
2 EL Pflanzenöl
1 ½ Tassen Mehl

Schlagen, bis es sämig ist, und hinzugeben:

2 weitere Tassen Mehl oder so viel, dass der Teig fest wird. Möglichst z.T. Vollkornmehl verwenden.

Kneten, bis der Teig elastisch ist (etwa 5 Minuten). In eine gefettete Schüssel geben und bis zur doppelten Größe etwa 45 Minuten gehen lassen. Zwei Kugeln formen. Diese auswellen und damit 2 Backbleche belegen. 10 Minuten gehen lassen.

Soße:
In einem Kochtopf mischen:

1 kleine gehackte Zwiebel
2 ½ Tassen konservierte Tomaten oder 2 Tassen passierte Tomaten oder 3 Tassen frische, gehackte Tomaten
1 Lorbeerblatt
1 TL Salz
1 TL Oregano
½ TL Basilikum
1 Prise Pfeffer
1 geschnittene Knoblauchzehe

Zum Kochen bringen, die ganzen Tomaten dabei zerdrücken. Zudecken und langsam etwa 30 Minuten kochen oder so lange, bis die Soße dick wird. Das Lorbeer-

blatt herausnehmen. Die Soße auf den Teig geben.
Bestreuen mit:

2 EL gehackten Zwiebeln
1 fein gehackten grünen Paprika
1 TL Oregano
1 TL Basilikum
Salz, Pfeffer
Knoblauchsalz nach Geschmack

Obenauf geben:

250 bis 500 g geschnittenen Käse
(z.B. Holländer, Schweizer)

Bei 230 °C etwa 20-25 Minuten backen oder so lange, bis der Teig goldbraun ist.

Bierrocks

Reicht für 10 Personen
175 °C
20-30 Minuten

Einen Teig ähnlich einem Brötchenteig (s. S. 61) machen:

2 Tassen Wasser, warm
2 Päckchen Trockenhefe
¼ Tasse Zucker
1 ½ TL Salz
1 Ei
50 g Margarine
6 bis 6 ½ Tassen Mehl

Den Teig mehrere Stunden kühlen.

Fleischmischung:
In einer Pfanne bräunen:

750 g Rinderhack
½ Tasse Zwiebeln

Hinzugeben:

3 Tassen fein geschnittenen Kohl
1 ½ TL Salz
½ TL Pfeffer
1 Schuss Tabasco-Soße

Die Pfanne bedecken und weiterköcheln (bei niedriger Hitze), gelegentlich rühren, bis das Kraut gar ist. Keine Flüssigkeit zugeben. Etwas abkühlen lassen.
Den Teig dünn ausrollen, in 12,5-cm-Quadrate schneiden, 2 EL der Fleischmischung auf jedes Quadrat geben, 2 Seiten des Teiges zur Mitte falten und fest andrücken, desgleichen die anderen Seiten festdrücken und mit der gefalteten Seite nach unten auf ein gefettetes Backblech legen. 15 Minuten gehen lassen. Bei 175 °C 20-30 Minuten backen.

Alternativ-Vorschlag:

Füllung mit Pizza-Aroma: Zu dem gebräunten Fleisch und den Zwiebeln geben:

¾ Tasse passierte Tomaten
¼ Tasse Wasser
2 TL Zucker
1 TL Oregano
1 TL Salz
⅛ TL Pfeffer

Etwas abkühlen lassen. Mehrere Esslöffel der Fleischmischung auf die Hälfte jeden Quadrats geben. Darüberstreuen

je 1 bis 2 TL geriebenen Käse

Backen wie oben angegeben.

Vareniky

»Vareniky schmeckt gut«, sagen die deutschen Mennoniten, die dieses Rezept aus Russland mitgebracht haben. Probieren Sie mal dieses sättigende, fleischlose Gericht. Manche Köchinnen bräunen die Vareniky nach dem Kochen kurz in Butter.
Ergibt 6 Portionen

In einer Schale mischen:

500 g trockenen Quark
1 ½ EL feinst gehackte Zwiebeln (nach Belieben)
½ TL Salz
3 Eigelb

Mit den Händen gut mischen. Beiseitestellen.
In einer anderen Schüssel mischen:

3 leicht geschlagene Eiweiß
1 Tasse Milch
2 TL Salz
3 bis 3 ½ Tassen Mehl

Mischen, Mehl beigeben, bis der Teig steif genug zum Ausrollen ist. Auf ein gemehltes Brett stürzen. Die Hälfte des Teiges 3 mm dick ausrollen und in Quadrate oder Kreise von 7-8 cm Durchmesser schneiden. 1 gehäuften EL der Quarkmischung auf jeden Kreis legen und überschlagen, sodass ein Halbkreis entsteht. Die Ränder sehr fest andrücken.
In einem Kochtopf 4-6 Tassen Wasser mit 1 TL Salz zum Kochen bringen. Mehrere Vareniky gleichzeitig in das kochende Wasser geben. 5 Minuten kochen, mit dem Schaumlöffel herausholen und abtropfen lassen. Warm halten. Mit einer Sahnesoße servieren.
Dazu in einer Pfanne dünsten:

2 EL Margarine
1 kleine, fein gehackte Zwiebel (nach Belieben)

Hinzugeben:

1 Tasse Sahne
Salz und Pfeffer nach Geschmack

Langsam erhitzen, jedoch nicht kochen.

Thunfisch- oder Hähnchen-Taschen

Mit klarer Suppe und grünem Salat servieren
Reicht für 5-6 Personen
200 °C (vorheizen)
15 Minuten

Mischen:

1 Tasse Thunfisch oder geschnittenes gekochtes Hähnchenfleisch
1 Tasse geriebenen Käse
¼ Tasse gehackten Sellerie
1 TL Schnittlauch oder
1 TL fein gehackte Zwiebel
Mayonnaise zum Anrühren

Vorbereiten:

1 Gebäckteig (s. S. 291)

Den Teig etwa 3 mm dick ausrollen und in Kreise oder Quadrate von ca. 10 cm Durchmesser bzw. Kantenlänge schneiden. Je etwa 2½ EL der Füllung daraufgeben, umschlagen und andrücken. Mit zerlassener Margarine bestreichen. 15 Minuten im vorgeheizten Backofen bei 200 °C backen.

Aus einigen Grundzutaten wie Tortillas, Chilisoße und Kernbohnen kann man verschiedene mexikanisch-amerikanische Gerichte zubereiten, die billig und doch schmackhaft sind. Tortillas werden nach dem Rezept auf Seite 64 gemacht, Mexikanische Bohnen siehe S. 80.

Quesadillas

Reicht für 4-6 Personen

Bereithalten:

1 Dose (0,2 l) grüne Chilis ohne Mark und Kerne
500 g Käse, in Streifen geschnitten (ca. 2 x 8 x 1 cm)
12 Mais- oder Mehl-Tortillas
Margarine, Schmalz oder Salatöl zum Braten (Variation)

Etwa eine halbe Chili und einen Streifen Käse in die Mitte jeder Tortilla legen, die Tortilla zusammenfalten und mit einem Zahnstocher verschließen. In schwimmendem, heißem Fett knusprig braten und ab und zu wenden. Auf Papiertüchern ablaufen lassen. Oder die Tortillas in einer ungefetteten Bratpfanne erhitzen (mittlere Hitze), bis der Käse geschmolzen ist. Die Chilis können auch weggelassen werden.

Enchiladas

Reicht für 6 Personen
175° C, 15-20 Minuten

In einer Kasserolle/Pfanne bräunen:
375 g Rinderhack
1 mittlere, gehackte Zwiebel
Hineinrühren:
2 Tassen Mexikanische Bohnen (s. S. 80)
1 TL Salz
⅛ TL Knoblauchpulver oder
1 Zehe Knoblauch, zerdrückt
Zum Kochen bringen, zudecken und warm stellen.
Zubereiten:
12 Tortillas
In schwimmendem Öl jede Tortilla einzeln braten, kurz ablaufen lassen. Chili-Tomaten-Soße erhitzen (siehe nächstes Gericht), etwa die Hälfte in eine flache, ungefettete Backform geben, etwa ⅓ Tasse der Bohnen-Rindfleisch-Füllung auf jede Tortilla geben und einrollen. Mit der Naht nach unten in die Soße in der Form legen. Die restliche Soße über die Tortillas gießen. Bedecken mit:
2 Tassen (ca. 125 g) geriebenem Käse
Unbedeckt bei 175 °C etwa 15-20 Minuten backen oder bis es ganz durcherhitzt ist.

Alternativ-Vorschläge:

- Sofort backen oder anrichten und einige Stunden oder über Nacht in den Kühlschrank stellen.
- Die Enchiladas wie beschrieben rollen oder die Füllung auf die Tortillas streichen und übereinander schichten. Die Tortillas zum Servieren in Ecken schneiden.
- Das Fleisch weglassen. Dafür etwas geriebenen Käse über die gebratenen Bohnen streuen und dann die Tortillas einrollen.

Chili-Tomaten-Soße

Ergibt etwa 3 Tassen

In einem Kochtopf dünsten:
2 EL Salatöl
1 geschnittene, mittlere Zwiebel
Wenn die Zwiebel gelb, jedoch noch nicht braun ist, dazugeben:
3 ½ Tassen passierte Tomaten
2 Zehen Knoblauch, geschnitten oder zerdrückt
1 bis 2 EL Chilipulver
¼ TL trockener Oregano
1 TL Salz
Zudecken und mindestens 30 Minuten köcheln, häufig rühren. Durch ein mittleres Sieb streichen. Wird für Tacos oder Enchilados verwendet.

Burritos

Bestens geeignet für eine schnelle Mahlzeit, beim Camping oder mit kleinen Kindern.

1 EL Mexikanische Bohnen (s. S. 80) oder Rührei auf eine heiße Tortilla legen.
Mit geriebenem Käse bedecken. Einrollen und die Enden einschlagen, damit der Inhalt nicht herausfällt.

Tacos

So bereitet man Taco-Muscheln: Warme Tortillas auf die Hälfte falten und mit einer der unten beschriebenen Füllungen füllen oder jede Tortilla kurz im schwimmenden Fett ausbacken, jedoch nicht knusprig werden lassen. Die gefalteten Tortillas auf saugfähigem Papier abtropfen lassen und warm halten, bis sie serviert werden.

Füllungen:

Mexikanische Bohnen
gebräuntes Rinderhack
gehacktes Hähnchenfleisch
gehackte Zwiebeln, Tomaten, Rettiche, Avocados
fein geschnittener Salat
geriebener Käse
scharfe Peperonis (Chilis)
Chili-Tomaten-Soße

Einen Korb mit den Tortillas zusammen mit den verschiedenen Füllungen in einzelnen Schüsselchen servieren. Die Gäste dürfen sich ihre Füllung individuell zusammenstellen. Die verschiedenen Zutaten ergeben viele Kombinationsmöglichkeiten für ein köstliches Mahl.

Navajo-Tacos

Navajo-Brot (s. S. 63) mit Mexikanischen Bohnen (s. S. 80) bestreichen. Mit geriebenem Käse bedecken und grillen bzw. rösten, bis der Käse schmilzt. Mit viel geschnittenem Salat bestreuen.

Empanadas

(mexikanische gefüllte Teigtaschen)
Reicht für 6-8 Personen
200 °C
15-20 Minuten

Zusammen in eine Schüssel sieben:
2 Tassen Mehl
2 TL Backpulver
1 TL Salz
Hineinschneiden:
90 g Backfett
Hinzugeben:
⅓ Tasse kalte Milch
Zu einer Kugel zusammenkneten (soll etwa die Festigkeit eines Pastetenteiges haben). Dünn ausrollen und runde Scheiben oder Quadrate von ca. 10 cm Durchmesser ausschneiden. Einen Löffel Füllung auf die eine Hälfte jeder Scheibe geben, falten, die Ränder anfeuchten und zusammendrücken. 15-20 Minuten bei 200 °C backen.

Füllungen:
Gehacktes und gekochtes Hähnchen- oder Rindfleisch, gedünstet mit Zwiebeln, Rosinen und geschälten und geschnittenen Mandeln. ½ TL Kümmel, 1 TL Chilipulver und ein geschlagenes Ei zugeben.
Mexikanische Bohnen (s. S. 117), geriebenen Käse und gehackte Peperoni.
Thunfisch oder Lachs mit Pilzen, gehackter Schnittlauch und Peperoni.
Für süße Empanadas den trockenen Teigzutaten 2 EL Zucker beifügen. Füllen mit 100 g Frischkäse, gemischt mit 3 EL Erdbeer- oder Aprikosen-Marmelade. Die gebratenen Empanadas mit Puderzucker bestäuben.

Süße Teiggerichte

Edna Ruth Bylers Kartoffelteiggebäck

Ergibt 100 »Berliner« oder Brötchen
190 °C heißes Ölbad/Backröhre bei 200° C

Lösen:
3 Päckchen Trockenhefe in
1 Tasse lauwarmem Wasser
In einer großen Schüssel mischen:
1 l gekochte Milch
2 Tassen Kartoffelbrei (ohne Milch)
180 g Fett (halb Butter, halb Margarine)
1 Tasse Zucker
Lauwarm werden lassen, dann zugeben:
die Hefemischung
6 Tassen Mehl
Stehen lassen, bis die Mischung aufgeht (etwa 20 Minuten).
Hinzufügen:
2 geschlagene Eier
1 EL Salz
11 bis 12 Tassen Mehl
Es kann sein, dass sogar etwas mehr Mehl benötigt wird, doch sollte der Teig weich bleiben. Auf ein gemehltes Brett stürzen und glatt kneten. An einem warmen Platz auf doppelte Menge gehen lassen.

»Berliner«

Den Teig ausrollen, die Berliner ausstechen, auf ein Blech setzen und fast auf doppelte Größe gehen lassen. In heißem Fett (190 °C) ausbacken. Wenn sie abgetropft, aber noch heiß sind, in die Glasur tauchen:

500 g Puderzucker
1 EL Margarine
1 TL Vanille
1 Prise Muskatblüte
genügend Vollmilch für eine dünne Glasur
oder:
mit Zucker und Zimt bestreuen

Zimtbrötchen

Eine Mischung aus Butter und Margarine und eine Mischung aus Zucker, braunem Zucker und Zimt zubereiten. Ein Stück Kartoffelteig auf 22 x 45 cm ausrollen, mit der Buttermischung bestreichen und mit der Zuckermischung bestreuen. Von der langen Seite her einrollen, etwa 3 cm breite Stücke abschneiden und leicht auf ein gefettetes Blech drücken. Zudecken und an warmem Platz fast auf doppelte Größe gehen lassen. Bei 200 °C etwa 15-20 Minuten bzw. goldbraun backen. Sie können mit derselben Glasur überzogen werden wie die »Berliner«.

Klebrige Brötchen

Den Teig behandeln wie bei den Zimtbrötchen. Nur eine andere Mischung aus weißem und braunem Zucker, Zimt und etwas Maissirup und Wasser bereiten. Falls gewünscht, den Boden der stark gefetteten Bleche mit Nüssen bestreuen. – Sofort nach dem Backen den Saft abgießen, ehe die Brötchen vom Blech genommen werden.

Abendbrötchen

Den Teig formen wie gewünscht, auf ein gefettetes Blech setzen und bei 200 °C ausbacken. Auf der unteren Schiene beginnen und nach der Hälfte der 15-minütigen Backzeit auf eine obere Schiene schieben. Die Brötchen leicht mit Butter bestreichen, damit kein Mehl daranbleibt.

Kaffeekuchen

Dies ist eine gute Möglichkeit, die Teigreste zu verwerten. Man legt den Teig auf ein gefettetes Blech, drückt Vertiefungen hinein und füllt sie mit restlichem Zucker, Sirup und Buttermischungen. Gehen lassen und wie Zimtbrötchen backen.

Anmerkung:

Die Backwaren lassen sich nach dem Abkühlen alle gut einfrieren.

Rollkuchen

Russische Mennoniten entwickelten dieses Rezept als Beilage für einen Wassermelonenschmaus. Die gesalzene Version passt gut als Beilage zu Suppen.
Ergibt 6-8 Portionen

Zusammen schlagen:
3 Eier
1 Tasse Sahne oder Vollmilch
Sieben und dazugeben:
2 TL Backpulver
1 TL Salz
3 ½ bis 4 Tassen Mehl
Wenn nötig, etwas mehr Mehl zugeben, damit es einen weichen Teig ergibt, der ausgerollt werden kann. Auf einem gemehlten Brett auf 5 mm Stärke ausrollen, in 5 x 10 cm große Rechtecke schneiden, in jedes einen Schlitz schneiden und in 1 cm hohem Fett (bei 120 °C) braun braten; dabei einmal drehen. Auf Löschpapier abtropfen lassen. Mit Puderzucker oder Salz bestreuen.

Vollweizenpfannkuchen mit Buttermilch

Ergibt 3 Portionen

In einer Schüssel mit der Gabel mischen:
1 Tasse Buttermilch
2 EL Pflanzenöl
1 Ei
Hinzufügen und vermischen, bis alles feucht ist:
½ Tasse Vollweizenmehl
½ Tasse Weißmehl
1 TL Backpulver
½ TL Natron
½ TL Salz
In heißer, leicht gefetteter Pfanne backen.

Alternativ-Vorschlag:

½ Tasse Apfelmus und eine Prise Zimt in 1 ½-2 Tassen Pfannkuchenteig geben. Dafür weniger Milch nehmen. Schmeckt köstlich!

Weizenkeim-Pfannkuchen

Weizenkeime werten Pfannkuchen auf, ohne dass sie dadurch schwerer werden.
Ergibt 6-8 Portionen

Im elektrischen Mixer bei mittlerer Geschwindigkeit etwa 1 Minute schlagen:

1 ½ Tassen Weizenkeime
2 ¼ Tassen Milch
3 Eier
6 EL Salatöl
1 ¼ Tassen Weißmehl
4 TL Backpulver
1 EL Zucker
1 ½ TL Salz
½ TL Zimt
¼ TL Ingwer
⅛ TL Muskatblüte

In heißer Pfanne backen.

Alternativ-Vorschlag:

Für knusprige Waffeln die Eiweiß zurückbehalten, steif schlagen und kurz vor dem Backen unter den Teig heben. Den Teig mit Milch etwas verdünnen.

Apfel-Walnuss-Pfannkuchen

Ergibt 4 Portionen

In einer Schüssel mischen:

1 Tasse Vollweizenmehl
1 Tasse Weißmehl
1 TL Salz
2 TL Backpulver
1 EL braunen Zucker

In einer anderen Schüssel mischen:

2 Tassen Milch
2 geschlagene Eier
2 EL Öl

Die flüssigen zu den trockenen Zutaten geben und verrühren.
Hinzugeben:

1 Tasse geschnittene Äpfel
½ Tasse gehackte Walnüsse

Auf sanfter Hitze in leicht gefetteter Pfanne backen.

Alternativ-Vorschläge:

- Joghurt oder Saft anstelle von Milch verwenden.
- ½ Tasse Weißmehl durch Vollweizenmehl oder Maismehl ersetzen.
- Andere abgetropfte und gehackte Früchte anstelle der Äpfel verwenden.

Großmutters Russische Pfannkuchen (Blini)

Ergibt 4-5 Portionen

In einer Schüssel mischen:

2 geschlagene Eier
2 Tassen Mehl
2 Tassen Milch
½ TL Salz

Mit dem Rührer gut schlagen.
Schmelzen und warm halten:

⅓ Tasse Fett und Öl zum Backen

Eine Pfanne auf mittlerer Hitze heiß werden lassen. Rund 1 TL Fett und ¼ Tasse Teig hineingeben und gleichmäßig verlaufen lassen. Nach einer Minute wenden und auch die Unterseite braun backen. Auf den Teller bringen und warm halten. Die fertigen Pfannkuchen sollten dünn und am Rande knusprig sein. Heiß mit Zimt, Zucker, Honig, Sirup, Apfelmus oder Fruchtsoße servieren. Traditionell füllt jede Person ihren Pfannkuchen selbst, rollt ihn zusammen und schneidet Happen davon ab.

Alternativ-Vorschlag:

Die folgenden Vollweizen-Zutaten verwenden:

3 Eier
1 ½ Tassen Milch
½ TL Salz
1 EL Öl
1 Tasse Vollweizenmehl
1 EL Sojamehl

Kokospfannkuchen

Ergibt 4-6 Portionen

In einer Schüssel mischen:

2 Tassen Mehl
½ Tasse Zucker
2 TL Backpulver

Hinzugeben:

1 geschlagenes Ei
¼ frische, geraspelte Kokosnuss
¼ TL Kardamom-Pulver
½ TL Salz
2 ½ Tassen Milch

Glatt rühren. Füllung vorbereiten: In einem Topf mischen:

1 ½ Tassen braunen Zucker
¾ frische, geraspelte Kokosnuss
¾ Tasse Milch
¼ Tasse Rosinen

Kochen und ständig rühren, bis die Mischung dickt und alle Flüssigkeit aufgesaugt ist.
1 TL Margarine in einer Pfanne erhitzen. Ein wenig vom Teig hineingeben und gleichmäßig verteilen. Backen, bis er oben anfängt, fest zu werden. Einen Streifen Füllung daraufgeben und einrollen. Die Pfannkuchen in der Röhre warm halten und heiß servieren.

Eiweißreiche Pfannkuchen oder Waffeln

Viel Eiweiß, wenig Kalorien. Die Einsenderin schreibt: »Für den Fall, dass einige Waffeln die erste Runde überstehen, kann man sie gut im Toaster aufwärmen.«
Ergibt 3 Portionen

In einem Mixer zusammengeben:

1 Tasse weichen Quark
4 Eier
½ Tasse Mehl
¼ TL Salz
¼ Tasse Öl
½ Tasse Milch
½ TL Vanille

Mit hoher Geschwindigkeit 1 Minute verquirlen. In einer leicht gefetteten Pfanne oder einem Waffeleisen backen.

Hefewaffeln aus Vollweizenmehl

Wunderbar leicht und knusprig. Mit Erdnussbutter gegessen, erhält man zusätzliches Eiweiß.
Ergibt 6 Portionen

In einer Schüssel mischen:

½ Tasse Wasser
2 EL Zucker
1 Päckchen Trockenhefe

Umrühren und 5 Minuten stehen lassen.
Hinzugeben:

1 ½ Tassen süße oder saure Milch, Buttermilch oder Joghurt
3 Eigelb (Eiweiß beiseitestellen)
⅔ Tasse Öl
½ Tasse Weizenkeime

Hineinsieben:

1 ½ Tassen Vollweizenmehl
1 TL Salz

Durch Rühren vermischen, an warmem Ort mindestens 2 Stunden gehen lassen; immer wieder hinunterschlagen, wenn der Teig doppelten Umfang hat. Kurz vor dem Backen darunterheben:

3 steif geschlagene Eiweiß.

In vorgeheiztem Waffeleisen backen.

Alternativ-Vorschlag:

Den Teig am Abend zubereiten, dabei die Eier weglassen. Ein- oder zweimal gehen lassen, umrühren und in den Kühlschrank stellen. 30 Minuten vor dem Backen herausnehmen, die Eigelb hineinrühren und kurz vor dem Backen das Eiweiß unterheben.

8. Eier, Milch und Käse

Eier sind eine preiswerte und dabei vollständige (alle essenziellen Aminosäuren enthaltende) Eiweißquelle. Ihre Aminosäurenkombination kommt dem Ideal näher als die jedes anderen eiweißreichen Lebensmittels (Fleisch eingeschlossen). Zur Eiproduktion wird relativ wenig (Futter-)Getreide benötigt, Eier passen gut zu Milch und Käse. Kombinationen wie überbackene Eier, Soufflés und Quiches können genauso eiweißreich sein wie eine Portion Fleisch.

Doch wie jedes andere tierische Eiweiß sollten Eier vorsichtig verwendet werden. Ein Ei enthält 7 g vollständiges Eiweiß. Es genügt, wenn eine Mahlzeit ein Ei pro Person und dazu das Eiweiß von Brot oder Hülsenfrüchten enthält. Eier *und* Fleisch in der gleichen Mahlzeit ist Eiweißverschwendung; da ist es besser, Eier *statt* Fleisch zu nehmen. Eine gewisse Gefahr ist der hohe Cholesteringehalt des Eigelbs. Die »American Heart Association« (Amerikanische Herzgesellschaft) empfiehlt für Menschen, die eine fett- und cholesterinarme Diät einhalten müssen, eine Höchstmenge von 3 Eigelb pro Woche (einschließlich des Eigelbs, das »versteckt« beim Kochen und Backen benutzt wird). Das Weiße vom Ei verursacht keine Cholesterinprobleme.

Auch beim Ei ist die beste Bezugsquelle der freundliche Bauer. Kaufen Sie – besonders wenn der Weg zum Bauern relativ weit ist – Eier für einen Monat auf Vorrat. Sie halten sich im Kühlschrank gut. Im Supermarkt können die Eier billiger sein als vom Bauern, sind dann aber auch weniger frisch und weniger gut.

Milch und Käse

Auch Milch und Käse wollen nicht zu reichlich gebraucht werden. Ein Glas Milch (ca. 240 g) enthält 8,5 g vollständiges Eiweiß, also mehr als ein Ei. Ein Würfel (2,5 cm) Cheddarkäse (Chester) enthält 7 g, eine halbe Tasse Quark 15 g. Wer seine abendliche Wurstplatte noch mit Käse, Quark und Milch anreichert, tut des Guten etwas zu viel.

Käsesorten gibt es (fast) wie Sand am Meer. Die Grundgruppen (nach Herstellungsart unterschieden) sind: Hartkäse, Schnittkäse, halbfester Schnittkäse, Weichkäse, Sauermilchkäse, Frischkäse. Von diesen sozusagen »natürlichen« Sorten ist *Schmelzkäse* zu unterscheiden, der aus geschmolzenen Hart-, Schnitt- oder Weichkäsesorten gewonnen wird und sich meist gut streichen lässt und preiswert ist. Durch den Zusatz von Gewürzen und anderen Zutaten entstehen diese sogenannten Schmelzkäsezubereitungen.

Grundsätzlich sind die natürlichen Sorten dem Schmelzkäse vorzuziehen, da wertvoller. Bei Schmelzkäse sollte unbedingt darauf geachtet werden ob und welche chemischen Zusätze enthalten sind.

Käse kaufen. Insbesondere bei Hart- und Schnittkäse können Sie oft wählen, ob Sie den Käse lieber in vorgewogenen, bereits verpackten Portionen oder direkt frisch vom Stück kaufen wollen. Kaufen Sie möglichst vom Stück an Käsetheken oder auf dem Markt! (Das ist nicht unbedingt teurer.) Bei abgepacktem Käse verstärkt auf Frische achten (schimmelt er vielleicht schon unter dem Cellophan?) sowie auf Gewicht und Preis; wie teuer ein 291 g schweres Stück wirklich ist, wissen Sie erst, wenn Sie den Kilopreis (auch er muss auf der Packung stehen) aufgespürt haben.

Die Rezepte auf den folgenden Seiten geben oft nicht an, welche Käsesorte Sie verwenden sollen. Wählen Sie selbst; nehmen Sie z. B. die Sorte, die bei Ihrem Händler gerade besonders günstig ist. Sowohl Käse als auch Eier fühlen sich am wohlsten bei kurzen Kochzeiten und mittleren bis niedrigen Temperaturen; zu langes oder zu heißes Kochen führt zu gummiartigen Ergebnissen. Sparen Sie sich Heizenergie und Ärger.

Grundrezept Helle Soße

Für viele Gerichte jeglicher Art eignet sich als Grundlage eine helle Soße. Die Variationen sind genauso unbegrenzt wie die Kräuter und Gewürze auf Ihrem Küchenbord und die Käsesorten, Suppen und Gemüsearten im Kühlschrank.

	dünn	mittel	halbdick	dick
In einem schweren Kochtopf schmelzen: Margarine	1 EL	2 EL	3 EL	4 EL
Daruntermischen und ständig rühren, bis es schaumig wird: Mehl	¼ TL	¼ TL	¼ TL	¼ TL
Salz	1 EL	2 EL	3 EL	4 EL
Damit es nicht klumpt, einen Schneebesen verwenden. Hineinrühren: Milch oder Fleisch- bzw. Gemüsebrühe oder eine Mischung von beidem	1 Tasse	1 Tasse	1 Tasse	1 Tasse

Kochen, bis es sämig und dick ist. Höchstens 10 Minuten, sonst verliert sie an Wohlgeschmack. Ergibt etwas mehr als eine Tasse. Die halbdicke Soße entspricht einer unverdünnten Fertigsoße und entspricht etwa der Menge einer Viertelliterdose

Variationen:

- Käse-Soße: ½ Tasse geriebenen Käse und ¼ TL Senfkörner beigeben.
- Tomatensoße: Tomatensaft als Brühe verwenden, dazu je 1 Prise Knoblauchsalz, Zwiebelsalz, Basilikum und Oregano.
- Pilzsoße: ¼ Tasse geschnittene Pilze dünsten und 1 EL fein geschnittene Zwiebeln dazugeben, ehe das Mehl eingestreut wird.
- Selleriesoße: ¼ Tasse fein geschnittenen Sellerie andünsten und 1 EL fein geschnittene Zwiebeln dazugeben, bevor das Mehl eingestreut wird.
- Hühnersoße: Die Hälfte der Brühe durch Hühnerbrühe ersetzen. ¼ TL Geflügelgewürz oder Salbei beigeben und gewürfeltes Hühnerfleisch, sofern vorhanden.

Geschmacksvariationen:

Worcestershire-Soße
Currypulver
Knoblauch-, Zwiebel- oder Selleriesalz
geriebene Muskatnuss
Zitronensaft
Chilipulver
gehackte Gemüsesorten
gehackte Petersilie
gehackter Schnittlauch
gehackte, harte Eier

Helle Soßenmischung

Zeitsparend

In einer Schüssel zusammenrühren:

¾ Tasse Mehl
1 TL Salz

Hineinschneiden, bis die Mischung wie erbsengroße Kügelchen aussieht:

90 g Margarine

Als Vorrat im Kühlschrank aufbewahren. Fertigstellen der Hellen Soße:

	dünn	mittel	dick
Mischen:			
Helle Soße	⅓ Tasse	½ Tasse	⅔ Tasse
Wasser oder Milch	1 Tasse	1 Tasse	1 Tasse

Auf mittlerer Hitze kochen und mit dem Schneebesen rühren, bis es sämig ist. Geschmacksvariationen wie beim Grundrezept. Zwiebeln, Sellerie und Pilze vorher mit wenig Margarine andünsten, ehe man die Helle Soßenmischung dazugibt. Ergibt etwas mehr als ¼ Liter.

Dickes Käse-Omelette

Reicht für 3 Personen

Steif schlagen:

4 Eiweiß

In einer anderen Schüssel zusammen schlagen:

3 Eigelb
¼ Tasse Mayonnaise
3 EL Wasser
½ TL Salz

Die Eigelb-Mischung sorgfältig unter die Eiweiß heben.
In einer Pfanne erhitzen:

3 EL Margarine

Die Eimischung dazugeben. Ohne umzurühren bei kleiner Hitze (etwa 5-10 Minuten) stocken (anziehen) lassen.
Bestreuen mit:

1 Tasse fein geriebenem Käse
1 bis 2 EL gehackten Kräutern wie Petersilie, Schnittlauch, Basilikum

5-10 Minuten zugedeckt auf ausgeschalteter Elektroplatte oder ganz niederer Flamme lassen, damit der Käse schmilzt. Das Omelette auf die Hälfte falten und auf eine vorgewärmte Platte gleiten lassen.

Brot-Omelette nach alter Art

Die Einsenderin schreibt, dass dies der »Notnagel« ihrer Mutter war, wenn sich überraschend Gäste zum Sonntagabend ansagten.
Reicht für 4 Personen
160 °C
10 Minuten

Mischen und 15 Minuten einweichen:
1 Tasse Brotwürfel
½ Tasse Milch
In einer Schüssel mischen:
3 Eier, geschlagen
¼ Tasse geriebenen Käse
½ TL Salz
die Brot-Milch-Mischung
In einer Bratpfanne erhitzen:
1 EL Margarine
Die Eimischung hineingeben und ohne umzurühren bei mittlerer Hitze etwa 5 Minuten kochen. Wenn sie unten braun zu werden beginnt, die Pfanne für 10 Minuten in die 160 °C vorgeheizte Röhre schieben, um auch die Oberseite fest werden zu lassen. Auf einer heißen Platte servieren.

Ei-Entdeckung

Öl in einer Bratpfanne erhitzen, einige rohe, geriebene Kartoffeln mit gehackten Schalotten hineingeben, würzen. Wenn es braun und knusprig ist, einige geschlagene Eier darübergeben. Über mittlerer Hitze ohne Umrühren braten, bis es fest wird. Umdrehen und die Oberseite braten, in Dreiecke schneiden und servieren. Statt roher können auch gekochte Restekartoffeln verwendet werden.

Rühreier und Nudeln

Reicht für 5 Personen

Kochen und abgießen nach Packungsanweisung:
2 Tassen breite Nudeln
In einer Pfanne erhitzen:
3 EL Margarine
Die Nudeln zugeben und unter Rühren kurz anbraten.
Mischen und darübergeben:
3 geschlagene Eier
⅓ Tasse Milch, Sahne oder Kondensmilch
Salz und Pfeffer nach Geschmack
Braten und rühren, bis die Eier fest werden. Mit Paprika, gehackter Petersilie und Tomatenvierteln garnieren.

Alternativ-Vorschlag:

Gehackte Schalotten oder Zwiebeln dünsten, bevor man die Nudeln zugibt.

Verlorene Überraschungs-Eier

Reicht für 4 Personen

In einem schweren Kochtopf schmelzen:

2 EL Margarine

Daruntermischen und ständig rühren, bis es schaumig wird:

2 EL Mehl

¼ TL Salz

Damit es nicht klumpt, den Schneebesen verwenden.

Hineinrühren:

1 Tasse Brühe

2 EL gehackte grüne Paprika

Auf einzelnen Platten anrichten:

4 Scheiben Toast

Auf jede Scheibe dick scharfen Käse streichen.

Vorsichtig in kochendes Wasser schlagen:

4 Eier

Auf jede Toastscheibe ein Ei setzen und die Soße darübergießen.

Ei-Entdeckung

2 Tassen Käse-Soße in eine flache, gebutterte Auflaufform gießen. 6 rohe Eier hineingleiten lassen – nicht zu dicht. Mit geriebenem Käse und Petersilie bestreuen, bei 175 °C etwa 20 Minuten backen. Mit grünem Salat zu Maisgebäck, Reis oder Nudeln servieren.

Huevos Rancheros

(Verlorene Eier in Tomatensoße)

Reicht für 6 Personen

In einer Pfanne dünsten:

3 EL Öl

1 grüne Paprika, in feine Ringe geschnitten

1 große, gehackte Zwiebel

2 geschnittene Knoblauchzehen

Hinzufügen:

2 große, frische, fein gehackte Tomaten oder 2 Tassen Tomaten aus der Dose, abgetropft

½ Tasse passierte Tomaten

½ TL Salz

1 bis 2 EL Chilipulver

½ TL Kümmel

½ Oregano

Auf mittlerer Hitze 20 Minuten kochen, dabei die Tomaten zerdrücken.

In die heiße Soße setzen:

6 rohe Eier

Die Eier bedecken mit:

6 Scheiben Mozarella-Käse

Die Pfanne bedecken und die Eier 3-5 Minuten lang bei kleiner Hitze kochen – oder eben so lange, bis sie die gewünschte Festigkeit haben.

Ei-Entdeckung

Eine dicke, mit Curry gewürzte Tomatensoße machen, halbierte harte Eier hineingeben, erhitzen und mit Reis servieren. Hart gekochte Eier kann man zu jedem Curry-Gericht geben, um das Fleisch zu strecken.

Schweizer Eier

Zeitsparend
Reicht für 6 Personen
190 °C
25 Minuten

Ofen auf 190 °C vorheizen. Den Boden einer flachen, gefetteten feuerfesten Form bedecken mit

1 Tasse geriebenen Schweizer Käse oder Chester

Sechs Vertiefungen in den Käse drücken und in jede

je 1 Ei setzen

Hinzufügen:

¼ Tasse Sahne oder Kondensmilch
Salz und Pfeffer
gehackte Petersilie

Bedecken mit:

½ bis 1 Tasse zusätzlichem geriebenem Käse

25 Minuten im vorgeheizten Ofen bei 190 °C backen, oder bis die Eier fest, aber nicht hart sind.

Fu-Yung-Eier

Reicht für 6-8 Personen

Pastetchen:

In einer Pfanne bräunen:

250 g Rinderhack

In einer Schüssel mischen:

¾ Tasse fein gehackte Zwiebeln oder Schalotten
¼ Tasse fein gewürfelten Sellerie
¼ Tasse Sojabohnensprossen aus der Dose (abgießen) oder 3 Tassen frische Sojasprossen
6 Eier, gut geschlagen
1 TL Salz

Das Fleisch zu der Mischung geben.
In einer Pfanne erhitzen:

3 EL Fett

Jeweils ¼ Tasse braten. Wenn sie auf einer Seite braun sind, mit dem Pfannenwender umdrehen. Achtgeben, dass sie die Form behalten. Heiß mit Reis und Soße servieren.

Soße:

In einem Kochtopf mischen:

¼ Tasse Sojasoße
1 EL Stärkemehl
2 TL Zucker
2 TL Essig
¾ Tassen Wasser oder Hühnerbrühe

Unter ständigem Rühren kochen, bis die Soße klar wird. Warm halten.

Goldene Eier-Muscheln

Reicht für 4-5 Personen
200 °C
15 Minuten

In Bratpfanne dünsten:
50 g Margarine
1 Tasse gewürfelten Sellerie
2 EL gehackte Zwiebeln
Hineinrühren:
3 EL Mehl
Kochen und rühren, bis es blasig wird. Hinzugeben:
1 TL Salz
1 ½ Tassen Milch
Kochen und rühren, bis es dick ist. Hineinrühren:
2 EL gehackte Petersilie
In eine gefettete feuerfeste Form legen:
6 hart gekochte, halbierte Eier
Die Soße über die Eier geben. Zusammenrühren:
2 EL zerlassene Margarine
1 gewürfelte Brotscheibe
Obenauf streuen und bei 200 °C etwa 15 Minuten backen.

Alternativ-Vorschläge:

- ¾ Tasse geriebenen Käse in die weiße Soße rühren.
- Florentiner Eier: ¾ Pfund frischen oder 2 Tassen gefrorenen Spinat kochen, bis er zart wird. Abgießen, hacken und würzen. Auf den Boden einer feuerfesten Form geben. Danach weiter wie oben (reicht für 6 Personen).
- Wie zuvor, doch den Spinat durch Brokkoli ersetzen. Die Brokkoli zerkleinern oder als Röschen belassen.

Käsefondue

Mit einem knackigen grünen Salat wird aus einem Käse-Fondue ein herzhaftes Mahl!
Reicht für 6 Personen

Im Fonduetopf schmelzen:
2 EL Margarine
Hinzugeben:
3 EL Mehl
Rühren, bis es vermischt ist. Hinzugeben:
2 ½ Tassen Milch
1 TL Kümmelkörner, 15 Minuten in heißem Wasser eingeweicht (nach Belieben)
1 Schuss Worcestershire-Soße
Nach und nach zugeben:
500 g Schweizer Käse (oder Chester)
Rühren, bis der Käse schmilzt. Wenn er blasig wird, hinzugeben:
1 TL Salz
1 EL Zitronensaft
⅛ TL Muskat
Würfel aus knusprigem Weißbrot (z.B. Baguette) oder Roggenbrot auf die Fonduegabel spießen und eintauchen.

Alternativ-Vorschläge:

- Fondue in Bratpfanne machen und auf heißem Wasser warm halten.
- Fondue über Brotstücke gießen und jedem einzeln servieren.

Käse-Entdeckung

Käse-Rollen: Hefeteig ausrollen, mit scharfem, geriebenem Käse und Paprika bestreuen. Einrollen und in Stücke schneiden und in einer gefetteten Gebäckform ausbacken. Schmeckt köstlich, und der Käse ergänzt den Eiweißgehalt des Getreides.

Chili con Queso

(Chili mit Käse – ein mexikanisches Fondue)
Reicht für 4 Personen

In einem Fondue-Topf erhitzen:
1 Tasse Tomatenmark oder passierte Tomaten
Chilis, Salz und Cayennepfeffer nach Geschmack
Scheibe für Scheibe zugeben:
24 Scheiben Käse (Scheibletten)
Verschiedene Sachen zum Eintauchen dazu servieren:
Karottenstreifen
Selleriestücke
Blumenkohlröschen
Tortillas
Brotwürfel
Brotscheiben

Käse-Entdeckung

Einem einfachen und schnellen Gericht wie Makkaroni mit Käse kann man mehr Farbe und Geschmack geben, wenn man die Makkaroni und den Käse in eine feuerfeste Form gibt und eine Spaghetti-Grundsoße darübergibt (s. S. 97). Mit Käse bedecken und backen, bis es blasig wird.

Käseauflauf

Reicht für 6 Personen
175 °C (vorheizen)
45 Minuten

Leicht buttern:
12 Scheiben Brot (darf altbacken sein)
6 Scheiben auf den Boden einer gefetteten Backform legen.
Bedecken mit
6 Scheiben Käse oder 2 Tassen geriebenem Käse
Mit dem restlichen Brot abdecken.
Zusammen schlagen und darübergießen:
2 ⅔ Tassen Milch
4 Eier
¾ TL Salz
¼ TL Senfkörner
45 Minuten im vorgeheizten Ofen bei 175 °C backen oder bis es goldbraun wird. Kann im Voraus zubereitet und im Kühlschrank bis zum Backen aufbewahrt werden.

Alternativ-Vorschlag:

Eine Schicht gedünstetes Gemüse (Zwiebel, Paprika, Pilze) oder Gemüsereste unter die Käseschicht geben.

Käsefondue aus dem Ofen

Reicht für 5 Personen
165 °C (vorheizen)
30 Minuten

Schlagen, bis sie zitronengelb sind:
5 Eier
Hinzugeben und gut vermischen:
1 TL Salz
1 Prise Pfeffer
2 bis 3 Tassen geriebenen Käse
Hinzugeben:
2 ½ Tassen heiße Milch
300 g Brotwürfel
In eine große, gefettete Backform geben. Etwa 30 Minuten im vorgeheizten Ofen bei 165 °C backen. Vor dem Servieren mit gehackter Petersilie bestreuen.

Käse-Soufflé, Grundrezept

Reicht für 4-6 Personen
175 °C (vorheizen)
50-60 Minuten

Eine Tasse dicke helle Soße (s. S. 138) zubereiten.
Zu der heißen hellen Soße geben:
⅛ TL Pfeffer
¼ TL Senfkörner, gemahlen
3 Eigelb, leicht geschlagen (die Eiweiß aufbewahren)
1 Tasse geriebenen scharfen Käse
Rühren, bis der Käse schmilzt. Vom Herd nehmen.
Schlagen, bis sie steif werden, jedoch nicht ganz fest:
3 Eiweiß
¼ TL Weinstein bzw. Backpulver
Den Eischnee sorgfältig unter die Käsesoße heben. In eine ungefettete 1 ½-Liter-Auflaufform geben und in ein 2,5 cm tiefes Wasserbad stellen. 50-60 Minuten im vorgeheizten Ofen bei 175 °C backen, bis es goldgelb wird. Sofort servieren.

Alternativ-Vorschläge:

- Mais-Soufflé: Käse weglassen. Zwei Tassen frischen Mais in die helle Soße geben.
- Brokkoli- oder Spinat-Soufflé: 375 g Brokkoli oder Spinat kochen. Abtropfen und fein hacken (sollte etwa 1 ½ bis 2 Tassen ergeben). Käse weglassen. Gemüse in die helle Soße geben.
- Hähnchen-Soufflé: Käse auf ¼ verringern. 1 Tasse fein gehacktes, gekochtes Hähnchenfleisch in die helle Soße geben.

Brot- und Käse-Soufflé

Leicht und delikat wie alle traditionellen Soufflés
Reicht für 4-5 Personen
175 °C (vorheizen)
30-40 Minuten

In einem Topf aufkochen:
1 Tasse Milch
Hinzugeben:
1 Tasse weiche Brotstücke
1 Tasse geriebenen Käse
1 EL Margarine
½ TL Salz
Rühren, bis der Käse schmilzt, sanft erhitzen, sofern erforderlich.
Trennen:
3 Eier
Die Eigelb schlagen und in die Käsemischung geben. Die Eiweiß steif, aber nicht zu fest schlagen und unter die Mischung heben. In eine 1-Liter-Backform geben. In einen Topf mit heißem Wasser setzen und 30-40 Minuten im vorgeheizten Backofen bei 175 °C goldbraun backen.

Käse-Reis-Soufflé

Der zehnjährige Sohn der Einsenderin wünschte sich dieses Gericht zum Geburtstag. Sie serviert es mit grünen Bohnen, Knoblauch-Brot und frischen Früchten.
Reicht für 5 Personen
175 °C (vorheizen)
40 Minuten

Eine helle Soße zubereiten:
2 EL Margarine
3 EL Mehl
½ Tasse Milch
Hinzugeben:
3 Tassen geriebenen scharfen Käse
Auf schwacher Hitze kochen und ständig rühren, bis der Käse schmilzt.
Zu der Käsesoße geben:
4 Eigelb, leicht geschlagen (Eiweiß aufbewahren)
½ TL Salz
1 Prise Pfeffer
1 Tasse gekochten Reis
Die Soße vom Herd nehmen und in eine große Schüssel gießen.
Steif, aber nicht zu fest, schlagen:
4 Eiweiß
Den Eischnee sorgfältig unter die Mischung heben. In eine gefettete Soufflé-Schüssel geben. Mit dem Löffel eine Verzierung durch schmale Striche vom Rand zur Mitte hin machen. 40 Minuten im vorgeheizten Ofen bei 175 °C backen und sofort servieren.

Quiche Lorraine

Reicht für 8-10 Personen
190 °C
10 Minuten/45-50 Minuten

Hülle:
Wie für einen Pastetenteig mischen:
3 Tassen gesiebtes Mehl
½ TL Salz
¼ TL Zucker
½ Tasse gekühlte Margarine, in 1-cm-Würfel geschnitten
3 EL gekühltes Pflanzenfett
5 EL kaltes Wasser
Ausrollen und in 2 Pastetenformen geben, den Teig mit der Gabel einstechen. Bei 200 °C 10 Minuten backen.

Füllung (reicht für 2 Stück):
Schlagen, bis es gut gemischt ist:
6 Eier
2 Tassen Sahne oder Kondensmilch
2 Tassen Milch
1 TL Salz
1 Prise Pfeffer
1 Prise Muskat
Hinzugeben:
2 Tassen geriebenen Schweizer Käse
In die Hüllen geben, bei 190 °C etwa 45-50 Minuten backen. Vor dem Servieren 5 Minuten abkühlen lassen.

Alternativ-Vorschläge:

- Bevor die Eiermischung eingegossen wird, in die Hüllen geben:
- 1 gehackte und gedünstete Zwiebel
- 4 Scheiben gerösteten und in Stücke geschnittenen Speck oder
- 1-2 Tassen gekochten und fein gehackten Schinken.

Tomaten-Quiche

Reicht für 6 Personen
190 °C (vorheizen)
10 Minuten/40-45 Minuten

Eine Hülle (wie voriges Rezept) bereiten und 10 Minuten backen. In die Hülle geben:
2 Tassen gehackte oder in Scheiben geschnittene Tomaten
Bestreuen mit:
½ TL Basilikum
1 TL Salz
⅛ TL Pfeffer
½ TL Zucker
4 gehackten Schalotten
Über die Tomaten ausbreiten:
½ Tasse geriebenen Schweizer Käse
½ Tasse geriebenen Cheddarkäse (Chester)
Mischen:
3 leicht geschlagene Eier
2 EL Mehl
1 Tasse Kondensmilch oder Sahne
Über den Käse gießen und bei 190 °C im vorgeheizten Ofen 40-45 Minuten backen. Vor dem Servieren 5 Minuten abkühlen lassen.

Fleisch-Kartoffel-Quiche

Attraktiv und köstlich mit der knusprig braunen Kartoffelkruste
Reicht für 4-5 Personen
220 °C (vorheizen)
15 Minuten/30 Minuten

In einer Pastetenform zusammenrühren:

3 EL Pflanzenöl
3 Tassen grob geriebene rohe Kartoffeln

Als Pastetenhülle ausformen und 15 Minuten bei 220 °C backen, bis die Kruste zu bräunen beginnt. Aus dem Backofen nehmen.

Daraufgeben:

1 Tasse geriebenen Schweizer Käse oder Chester
¾ Tasse gekochtes und gewürfeltes Hähnchenfleisch, Schinken oder Wurst
¼ Tasse gehackte Zwiebeln

In einer Schüssel zusammen schlagen:

1 Tasse Kondensmilch
2 Eier
½ TL Salz
⅛ TL Pfeffer

Die Eiermischung auf die anderen Zutaten gießen. Bestreuen mit:

1 EL Petersilie

Wieder in die Röhre schieben und etwa 30 Minuten bei 220 °C backen oder bis es leicht braun wird und ein etwa 2,5 cm tief eingestochenes Messer sauber herausgezogen werden kann. 5 Minuten abkühlen lassen und in Ecken schneiden. Servieren.

Maismehl-Quiche

Reicht für 6 Personen
220 °C/175 °C (vorheizen)
25-30 Minuten

Hülle:

In einer Schüssel mischen:

½ Tasse Maismehl (grob)
¾ Tasse gesiebtes Mehl
½ TL Salz
⅛ TL Pfeffer

Hineinschneiden:

½ Tasse weiches Backfett

Mit einer Gabel vermischen und dabei besprühen mit

3 EL kaltem Wasser

Leicht rühren, bis die Mischung sich zu einer Kugel formt. Auf leicht bemehltem Brett ausrollen, in eine Pastetenform geben und den Rand hochdrücken.
Backofen auf 220 °C vorheizen.

Füllung:

Auf den Boden der noch nicht gebackenen Hülle legen:

6 Scheiben oder 1 ¼ Tassen geriebenen Käse

Über den Käse streuen:

2 Tassen ganze, gekochte Maiskörner, gut abgetropft

In einer Schüssel mischen:

5 Eier
¾ Tasse Sahne oder Kondensmilch
1 TL Salz
¼ TL Cayennepfeffer

Gut miteinander verschlagen, über den Mais geben und auf die untere Schiene im vorgeheizten Ofen schieben. 15 Minuten backen, die Temperatur auf 175 °C verringern. Weitere 25-30 Minuten backen. Vor dem Schneiden 10 Minuten stehen lassen, dann servieren.

Torta Pascualina

(Argentinische Spinat-Pastete)
Reicht für 4 Personen
175 °C
30-40 Minuten

Bereitstellen:
1 ungebackene Pastetenhülle mit Deckel
Kochen, abgießen und fein hacken:
1 ½ Tassen gefrorenen oder eine entsprechende Menge frischen Spinat
Zart dünsten:
2 EL Öl
1 gehackte Zwiebel
Mischen:
Spinat
gedünstete Zwiebel
¼ TL Muskat
1TL Oregano
½ TL Salz
2 geschlagene Eier
1 Tasse geriebenen Schweizer Käse
In die Hülle füllen, Deckel auflegen und fest verschließen.
Bei 175 °C etwa 30-40 Minuten backen. Als heiße Stücke servieren.

Hominy-Käse-Auflauf

(Maisschrotkäseauflauf)
Hominy ist eine traditionelle Spezialität aus dem Süden der USA: getrockneter Mais ohne Schale und Keim.
Reicht für 8 Personen
135 °C
1 Stunde

In einem Kochtopf zum Kochen bringen:
4 Tassen Wasser
Hinzufügen:
1 Tasse geschroteter Mais (grobes Maismehl)
Auf schwacher Hitze 5 Minuten kochen, gelegentlich umrühren. Vom Herd nehmen.
Hinzufügen:
60 g Margarine
2 Tassen geriebenen Käse
1 TL Worcestershire-Soße
6 Tropfen scharfe Pfeffersoße (Tabasco)
1 TL Salz
3 geschlagene Eier
In eine 2-Liter-Auflaufform geben, mit Paprika bestreuen. Bei 135 °C eine Stunde backen.

Eier-Nudel-Auflauf

Viel Eiweiß – mehr als 20 g pro Person. Hausgemachter Joghurt senkt die Kosten.
Reicht für 8 Personen
180 °C
25 Minuten

Kochen und abgießen nach Packungsanweisung:
3 Tassen Nudeln
Zart dünsten:
60 g Margarine
½ Tasse fein gehackte Zwiebeln
Mischen:
gedünstete Zwiebeln
abgetropfte Nudeln
8 harte, klein gehackte Eier
Getrennt mischen:
2 Tassen Hüttenkäse (Quark)
1 Tasse Naturjoghurt
⅓ Tasse Parmesankäse
2 TL Mohn
1 TL Worcestershire-Soße
½ TL Salz
1 Prise Pfeffer
Unter die Nudelmischung heben. In eine gefettete feuerfeste Form geben.
Mischen und bestreuen mit:
¾ Tasse weichen Brotkrumen
1 EL zerlassener Margarine
Unbedeckt bei 180 °C etwa 25 Minuten backen.

Saure Sahnesoße

Ergibt 1 ¼ Tassen

In den Mixer geben:
¼ Tasse Wasser
1 Tasse Hüttenkäse (oder Quark)
Mit hoher Geschwindigkeit 20 Sekunden vermischen, bis der Hüttenkäse flüssig ist.
Hinzugeben:
1 TL Zitronensaft
½ TL Salz
¾ TL Knoblauch- oder Zwiebelsalz
Auf Salaten, zu Bratkartoffeln oder als Dip für frische Gemüsestückchen benützen.

Käse-Aufstrich

Ein Sparrezept, verglichen mit käuflichem Streichkäse!
Ergibt 5 Gläser zu je 120 g

In einem Topf vermischen:

1 ⅔ Tassen Kondensmilch
250 g geriebenen Käse

Im Wasserbad erhitzen und rühren, bis der Käse geschmolzen ist. (Turmtopf verwenden, falls vorhanden.) Vom Feuer nehmen und zugeben:

2 EL Essig
½ TL Senfkörner, gemahlen
½ TL Salz
1 Prise Cayennepfeffer und Gewürze (siehe unten)

Gelegentlich rühren, bis der Aufstrich ausgekühlt ist. Bedeckt im Kühlschrank aufbewahren. Hält sich einige Wochen.

Alternativ-Vorschläge:

- Würzen mit geschnittenem Rauchfleisch oder zerdrücktem Blauschimmel-Käse, gehacktem Piment und Knoblauchsalz.
- Nach dem Auskühlen in Kugeln oder Walzen formen, in gehackten Nüssen oder Petersilie wälzen. Mit Crackern oder Sellerie servieren.

Hüttenkäse (Quark)

Ergibt 750 g Käse

Mit kochendem Wasser auswaschen:

3-Liter-Topf
Messbecher
Schneebesen oder gelochten Rührlöffel

In den Kochtopf geben und mischen:

10 Tassen Milch (43 °C)
1 Tasse handelsübliche Buttermilch oder Ansatz von der vorherigen Käsezubereitung

11 Stunden bei gleichmäßiger Temperatur von 32 °C stehen lassen oder bis die Masse die Festigkeit von Pudding erreicht hat (ein scharfes Messer kann sauber durchgezogen werden). Wenn die Molke sich vom Käse trennt, hat die Masse zu lang gestanden. Ein guter Platz für das Stehen ist in den meisten Küchen die elektrische Backröhre, in der nur das Licht brennt. Einen Schöpflöffel heiß abwaschen, eine Portion aus der Masse herausnehmen und in ein ebenfalls heiß gereinigtes Gefäß geben. Zudecken und an der hinteren Ecke des Kühlschrankes als Ansatz für das nächste Mal aufbewahren. Den Rest der Masse in 2-cm-Würfel schneiden. Die geschnittene Masse 15 Minuten stehen lassen. Nun die Masse kochen. Heißes Wasser aufgießen (48 °C), sodass die Masse etwa 2 cm be-

deckt ist. Den Topf in ein Wasserbad mit heißem Wasser setzen (48 °C). Schrittweise so erhitzen, dass die Temperatur in jeweils 10 Minuten um knapp 2 Grad steigt. Die Masse vorsichtig rühren, die Würfel mit einem Löffel umwälzen, ohne dass sie zerfallen. Alle 10 Minuten wiederholen. Nach 1 ¼ Stunden müssten die Würfel geschrumpft und von der Molke getrennt sein.
Abgießen, am besten durch ein Tuch. Die Molke zum Kochen und Backen aufbewahren. Die Würfel mit erst lauwarmem und dann mit kaltem Wasser spülen.
Hinzugeben:

1 TL Salz

Gut mischen. Das Tuch aufhängen, bis der Käse die gewünschte Festigkeit hat. In einem bedeckten Behälter im Kühlschrank aufbewahren.
Für einen fetten Käse hinzugeben:

½ Tasse Sahne

Alternativ-Vorschlag:

Sauermilch: Milch zum Säuern wie beschrieben ansetzen. Wenn die Masse dick geworden ist, mit einem Schneebesen durchschlagen. Einen Ansatz aufbewahren.

Käse machen

Grundrezepte für weichen und harten Käse

1. Reifen der Milch: 1 Tasse Ansatz auf 4,5 l frische Milch. Man kann als Ansatz verwenden: Buttermilch, Joghurt und handelsüblichen pulverisierten Käseansatz. Bedecken und bei Raumtemperatur über Nacht dicken lassen.

2. Lab zugeben: ½ Lab-Tablette, gelöst in ¼ Tasse kühlem Wasser, zugeben und gut durchrühren. Zudecken und 30-45 Minuten stehen lassen oder bis die Milch gerinnt. Dieser Schritt kann ausgelassen werden, wenn man bei Schritt 1 die Milch 18-24 Stunden, oder bis zur Trennung von Käse und Molke, stehen lässt.

3. Bruch schneiden: Wenn die Masse fest ist und auf der Oberfläche etwas Molke erscheint, mit einem langen, dünnen Messer die Masse in Quadrate von ca. 1-2 cm Kantenlänge schneiden. Vorsichtig mit einem Holzlöffel umrühren.

4. Erhitzen: Das Gefäß mit Käse und Molke in ein anderes, größeres Gefäß mit Wasser stellen und langsam auf 38 °C erhitzen. Die Temperatur sollte im Abstand von etwa 5 Minuten um je 1-2 Grad steigen. Diese Temperatur beibehalten, bis der Käse fest genug ist. Vorsichtig einige Würfel pressen: Der Käse ist gut, wenn die Würfel bröseln, aber nicht kleben. Dies sollte 1½-2½ Stunden nach der Zugabe des Lab erreicht sein. Für Streichkäse darf die Masse weicher sein als für Hartkäse.

5. Die Molke abtropfen: Käse und Molke in ein mit einem Tuch (Mull oder weiße Serviette) ausgelegtes Sieb schütten. Mit den Händen durcharbeiten, bis die Molke

abgelaufen ist und der Käse auf 32 °C abgekühlt ist. Die Molke aufbewahren.[5]

6. Den Käse salzen: Salz nach Geschmack über den Käse streuen und gut durchmischen. Für Hüttenkäse (Quark) die Masse in eine Schüssel geben, etwas Sahne zufügen, kühlen und servieren. Für Streichkäse die Masse in eine Käsepresse[6] füllen und 5 Minuten pressen, bis sie Form behält. Für Hartkäse wie folgt verfahren:

7. Den Käse pressen. Dabei die Masse in ein Tuch binden und in die Presse geben und Stempel[7] auflegen. Mit dem Gewicht von 3 oder 4 Ziegelsteinen beginnen, etwa 10 Minuten lang. Etwaige Molke abgießen. Danach 2 weitere Steine auflegen. Nach einer Stunde aus der Presse nehmen.

8. Für milden Käse: Den Käse pressen, das Tuch entfernen. Den Käse in warmem Wasser waschen, alle Unebenheiten verstreichen und ausgleichen (nicht waschen, wenn der Käse nicht fest ist). Mit einem Tuch abtrocknen und wieder in die Presse legen. 18-24 Stunden stehen lassen. Der Käse ist dann fertig.

9. Für schärferen Käse wie folgt vorgehen: Den Käse unter warmem Wasser waschen und formen, auf ein Brett legen und an einen trockenen kühlen Platz stellen. 3-5 Tage lang täglich wenden und abreiben, bis sich eine Rinde bildet. 250 g Paraffin erhitzen auf 100 °C, den Käse 10 Sekunden in das Paraffin tauchen, bis die ganze Oberfläche bedeckt ist. Den Käse wieder auf das Brett legen, an einen kühlen Platz stellen und täglich wenden. Der Käse kann so bis zu 5 Monate behandelt werden. Man muss jedoch überprüfen, ob er nicht schärfer wird als gewünscht. Jedes Mal wird der Käse wohl etwas anders geraten. Durch einen Misserfolg sollte man sich aber nicht entmutigen lassen, es noch einmal zu versuchen.

---

5 Die Molke kann man beim Backen oder Kochen anstelle von Wasser verwenden. Weitere Verwendungsmöglichkeiten kann man in speziellen Käsebüchern finden.

6 Man kann eine Käsepresse wie folgt selbst herstellen: Ein Gefriergefäß aus Plastik am Boden mit 1-2 mm starken Bohrungen im Abstand von 1 cm im Quadrat versehen. Die Bohrspäne sauber entfernen.

7 Den Stempel fertigt man am besten aus dickem massivem Hartholz so, dass er leicht in die Presse gleitet. Oben einen kleinen Holzstift als Griff einsetzen (möglichst nicht leimen, sondern verkeilen). Der Stempel wird mit Steinen beschwert. Er muss ab und zu ausgekocht werden, um den Befall mit schädlichen Keimen zu vermeiden.

Reste verwerten

1. Schimmeliger Käse: Einfach den Schimmelbelag abschneiden und den Rest benutzen; keine Gefahr für die Gesundheit.
2. Harter, trockener Käse: Fein reiben und zum Bestreuen verwenden.
3. Restliches Eigelb:

Ganzes Eigelb mit Wasser bedecken, damit es nicht austrocknet, und in den Kühlschrank stellen.

Zwei Eigelb ersetzen beim Eindicken ein ganzes Ei.

Suchen Sie nicht extra nach Rezepten für die Verwendung von restlichem Eigelb. Nehmen Sie es zu Rühreiern, zu gebratenen Nudeln, zu süßen Hefeteigen, Kuchen, Soßen, Puddings usw.

Ganzes Eigelb kann man vorsichtig in wenig Wasser hart kochen und auf Salate, Soßen oder Gemüse bröckeln.

Ein Eigelb mit 1 EL Wasser mischen und zum Bestreichen von Broten und Gebäck verwenden. Gibt einen schönen Glanz.

Zu folgenden Rezepten verwenden: Sauce Hollandaise (S. 218), gekochte Mayonnaise (S. 242), Kürbis-Eiscreme (S. 277)

4. Restliches Eiweiß:

1-2 Eiweiß zusammen mit einigen ganzen Eiern für Rühreier verwenden oder zu Omelettes. Günstig für Diät mit wenig Cholesterin.

1-2 Eiweiß steif schlagen und unter Pfannkuchen- oder Waffelteige heben. Ergibt leichteres, luftigeres Gebäck.

Machen Sie einen Stärkepudding ohne Eier, und gießen Sie ihn in eine Backform. Schlagen Sie aus dem Eiweiß Meringen, unter Zugabe von 2 EL Zucker pro Eiweiß. Auf den Pudding streichen und im Ofen bräunen. Gut für Leute, die nur wenig Cholesterin essen dürfen/wollen.

Zu folgendem Rezept verwenden: Geschlagene Creme (S. 274)

9. Fleisch und Fisch

Fleisch könnte fantasievoller verwendet werden. Man könnte es auch anders auf den Tisch bringen, als nur eben eine dicke Scheibe auf jeden Teller zu legen. Als unsere Familie in Saigon lebte, beobachtete ich, wie die Köchin ihre Markttaschen auspackte. Ich konnte mir nicht vorstellen, dass aus dem schmalen Stück Schweinefleisch und der kleinen Handvoll Garnelen, die sie da auf einem Bananenblatt ausbreitete, etwas Besonderes entstehen könnte. Ich dachte: Das reicht für eine Person, aber wir erwarten doch Gäste! Diese kleine Menge Fleisch gab jedoch einer ganzen Reihe vietnamesischer Speisen ein gutes Aroma. Gemüse und Fleisch schmeckten interessanter als die westlichen Speisen, wo alles in seinem eigenen Saft gegart wird. Das ist auch ein Grund dafür, warum sich viele der asiatischen Küche zuwenden.

Die meisten Rezepte in diesem Kapitel sind für Fleisch allein. In anderen Kapiteln dieses Buches sehen Sie, wie Fleisch zusammen mit Gemüse verwendet wird. Kein Wunder, dass die Kinder bei uns oft kein Gemüse essen wollen. Wir kochen es häufig zu weich und wässrig und reichen es langweilig zubereitet, wo es doch auch nach der chinesischen Schnellbratmethode knackig-zart, ergänzt durch ein wenig Fleisch und mit einer köstlichen Soße serviert werden könnte. Diese vorsichtige und schöne Zubereitung von Fleisch spart Geld und kommt der Gesundheit zugute.

Kaufen Sie rohes, frisches Fleisch

Auf jeden Fall bezahlen Sie weniger, wenn Sie rohes, frisches oder eingefrorenes Fleisch kaufen, als wenn Sie kalten Aufschnitt, Würstchen, Streichwurst, paniertes Fleisch oder Fertigprodukte, die Fleisch enthalten, kaufen. Man bezahlt für alles, was die Nahrungsmittelhersteller mit dem Fleisch machen. Wenn Sie bereits verarbeitetes Fleisch kaufen, bezahlen Sie für die getane Arbeit. Man bezahlt für die Verpackung, die Energie, für den Herstellungsprozess und manchmal auch für einen werbewirksamen Namen. Sehr selten kommen einzelne Hühnerteile billiger als ganze Hühner. Stellen Sie Ihre eigenen Preisvergleiche an. Normalerweise bezahlt man zu viel, wenn man knochenfreie Stücke kauft. Fleischreiche Hühnerteile sind so teuer, dass man lieber mehrere ganze Hühner kaufen sollte. Man kann dann selbst Brust und Schlegel heraustrennen und die knochenreichen Teile zum Kochen von Hühnerbrühe verwenden. Die abgelösten Fleischstückchen ergeben dann immer noch Zutaten für Auflauf- und Eintopfgerichte.

Fertigprodukte, die lange in den Supermarktregalen stehen, enthalten Haltbarkeitsstoffe und Färb- und Aromastoffe. Dieses Fleisch mit Zusätzen erscheint im Vergleich mit frischem Fleisch oft billiger. Überlegen Sie jedoch, ob Sie die gleiche Sache nicht für weniger Geld selbst machen könnten.

Rühren Sie Brotkrumen und gemahlene Sojabohnen in den Hackfleischteig und machen Sie so viel, dass es auch noch für einen Brotbelag am nächsten Tag reicht. Gekochte Fleischreste kann man hacken oder schneiden, in Portionsdosen einfrieren und später als Brotaufstrich verwenden. Außerdem gibt es ja Erdnussbutter, Quark, Käse, Eiersalat und Sojapaste als Eiweißlieferanten (siehe z.B. S. 28). Schinken ist keine sparsame Eiweißquelle, sondern eine der teuersten. Er ist reich an gesättigten Fettsäuren. Ein bisschen Schinken oder geräucherter Speck gibt Bohnen oder fleischlosen Gerichten wirklich ein gutes Aroma, aber wenn überhaupt, sollte man ihn sparsam verwenden.

Kaufen Sie billige Stücke

In der Zukunft muss so viel Getreide wie möglich für den direkten Verzehr erhalten werden. Dies kann bedeuten, dass wir weniger und zäheres Fleisch essen werden, das längere Garzeiten erfordert, aber weniger kostet und weniger Kalorien und Cholesterin enthält. Machen Sie aus zähen Stücken Schmorgerichte und Currys. Das »Chinesisch gewürzte Rindfleisch« (S. 162) habe ich in Vietnam oft zubereitet, wo die Rindfleischstücke vom Markt häufig dunkelrot, völlig fettlos und zäh wie Schuhsohlen waren. Ich vermute, dass dieses Rindfleisch vom Hinterteil eines Wasserbüffels stammte, der schon sehr viele Reisfelder durchgepflügt hatte. Gute Gewürze und 4 Stunden Schmoren verwandelten die »Schuhsohle« jedoch in ein köstliches, zartes Gericht.

Essen Sie weniger Fleisch

In früheren Kapiteln haben wir schon gezeigt, dass wir zu viel Eiweiß zu uns nehmen. Schneiden Sie Fleisch daher in kleine Portionen und bringen Sie es seltener auf den Tisch.

Die Briefe unserer Helfer zeigten uns immer wieder, dass es Freude macht, mit dem neuen Essstil zu experimentieren. Wir haben eine so große Auswahl an Nahrungsmitteln, dass Ihnen ein Verzicht auf Fleisch nicht so schwerfallen sollte.

Soja-Käse-Fleisch-Laib

Reicht für 5 Personen
190 °C (vorheizen)
45 Minuten

In einer Schüssel mischen:

250 g Rinderhack
¾ Tasse gemahlene und zu Brei gekochte Sojabohnen
2 Eier
⅓ Tasse Brotkrumen oder Haferflocken
½ Tasse geriebenen Käse oder Hüttenkäse (Quark)
3 EL geschnittene Petersilie
1 geschnittene Zwiebel
1 TL Salz Pfeffer

Zu einem Laib formen und, wenn gewünscht, mit Ketchup oder Tomatensoße übergießen. 45 Minuten im vorgeheizten Ofen bei 190 °C backen. Vor dem Anschneiden 5 Minuten abkühlen lassen. Um die Sojabohnen leicht zu einem Brei anrühren zu können, sollte man sie zusammen mit den Eiern und dem Käse im Mixer verquirlen.

Burger-Mischung Grundrezept

In größerer Menge zubereiten und als Küchlein einfrieren, um später Zeit zu sparen.
Reicht für 6 Personen
175 °C
35 Minuten

In der angegebenen Reihenfolge durch den Fleischwolf drehen:

1 Tasse gekochte und abgegossene Sojabohnen
1 Tasse irgendeines gekochten Fleisches oder Rinderhack (nicht mehr durchdrehen)
1 grob gehackte Zwiebel
1 Tasse Vollkornbrotstücke

Hinzugeben:

2 EL gehackte Petersilie
2 geschlagene Eier
1 TL Salz
½ TL Selleriesalz
½ TL Knoblauchsalz
2 TL Worcestershire-Soße
Weitere Gewürze nach Geschmack

Küchlein formen und wälzen in

½ Tasse Brösel

In Öl braten oder bei 190 °C 35 Minuten backen oder im Backofen oder über Holzkohle grillen. Mit warmen Brötchen und grünem Salat und Tomaten servieren.

Alternativ-Vorschlag:

Fleisch weglassen, dafür 1 Tasse gekochten Vollkornreis verwenden.

Arme-Leute-Steak

Reicht für 5-6 Personen
150 °C
1 ½ Stunden

Gut vermischen:
750 g Rinderhack
½ Tasse Semmel
½ Tasse Wasser
oder 2 eingeweichte, dann fest ausgedrückte altbackene Brötchen
oder altbackene Brotreste
2 TL Salz
½ TL Pfeffer

Etwa 2 cm dick auf ein Backblech streichen und über Nacht kühlen. In Stücke schneiden, in Mehl tunken und in wenig Fett bräunen. Die Röhre auf 150 °C vorheizen.

Die Stücke jetzt in eine Backform legen, übergießen mit
1 bis 2 Tassen passierten Tomaten oder einer selbst gemachten Pilzsoße (s. S. 138)

1 ½ Stunden backen.

Hamburger-Zwiebel-Pastete

Reicht für 6-8 Personen
200 °C (vorheizen)
30 Minuten

Mit einer Gabel vermischen:
1 Tasse Backmischung (s. S. 278)
⅓ Tasse Sahne oder Kondensmilch

Den Teig kneten, ausrollen und eine Pastetenform auslegen.

Dünsten:
500 g Rinderhack
2 mittlere, geschnittene Zwiebeln

Hinzugeben:
1 TL Salz
¼ TL Pfeffer
1 TL Currypulver
2 EL Mehl

Die Fleischmischung in die mit Teig ausgelegte Pastetenform geben.

Mischen:
2 leicht geschlagene Eier
1 Tasse Quark

Über das Fleisch geben, aber nicht untermischen. Mit Paprika bestreuen. 30 Minuten im vorgeheizten Backofen bei 200 °C backen.

Fiesta-Hack

Reicht für 6 Personen

In einer Bratenpfanne bräunen und dabei das Fleisch in größeren Stücken lassen:

500 g Rinderhack

Überschüssiges Fett abgießen.
Hinzufügen:

¾ Tasse ungekochten Reis
1 Tasse geschnittene Zwiebeln
¼ Tasse gehackte grüne Paprika
1 fein geschnittene Knoblauchzehe
½ TL Zucker
¼ TL Senfkörner, gemahlen
¼ TL Selleriekörner
1 TL Salz
¼ TL Chilipulver
2 Tassen gekochte Tomaten oder 1 ½ Tassen Tomatensaft

Zum Kochen bringen. Hitze verringern, bedecken, 25 Minuten ohne Umrühren kochen. Aufrühren und heiß auf Brötchen servieren.

Chinesische Fleischbällchen

Reicht für 8 Personen

Reis oder Nudeln für 8 Personen abkochen.
Vorbereiten und zum Anbraten bereithalten:

1 geschälte und geschnittene Salatgurke
2 Stangen Sellerie, geschnitten
2 geschnittene grüne Paprikaschoten
1 große, geschnittene Zwiebel
1 ½ Tassen gefrorene oder frische Erbsen
2 große, geviertelte Tomaten
1 ½ Tassen Ananasstücke (abgießen und den Saft aufbewahren)

Würzen, in kleine Bälle formen und anbraten:

750 g Rinderhack

Mischen und über die Fleischbällchen geben:

¾ Tasse braunen Zucker
¾ Tasse Essig
3 EL Sojasoße
½ TL Ingwer
den Ananassaft
2 bis 3 EL Stärkemehl

Die Soße dicken lassen, die Hitze verringern und 20 Minuten köcheln. In extra Pfanne das Gemüse unter Umrühren in kleinen Portionen kurz anbraten. Wenig Öl verwenden und nur knackig-zart werden lassen. Tomaten und Ananas zuletzt zugeben. Auf einer großen Platte servieren: Reis bzw. Nudeln in der Mitte, außen die Fleischbällchen, die Gemüse auf dem Reis bzw. den Nudeln und die Soße über allem.

Graces Küchenherd-Scrapple

Köstlich als Mittagessen, als Abendessen, aber auch als Frühstück.
Reicht für 6-8 Personen

In einer Pfanne bräunen:
500 g Bratwurst oder Hackfleischteig
Überschüssiges Fett abgießen.
Hinzugeben:
1 kleine, geriebene Karotte
¼ Tasse gehackten Sellerie
½ Tasse gehackte Frühlingszwiebeln
Gar dünsten. Würzen mit
Salz, Pfeffer, Zwiebelsalz und Knoblauchsalz nach Geschmack
In einem großen Kochtopf zum Kochen bringen:
3 Tassen Wasser oder Fleischbrühe
Mischen und allmählich in das kochende Wasser rühren:
1 Tasse kaltes Wasser
1 Tasse Maismehl
Ständig auf mittlerer Hitze bis zum Dickwerden rühren. Zudecken und 10 Minuten weiterkochen lassen, gelegentlich rühren.
Die Fleisch-Gemüse-Mischung beigeben. Backform mit kaltem Wasser ausspülen und die Masse einfüllen. Zudecken und über Nacht kühlen. In etwa 1 cm dicke Scheiben schneiden, in Mehl legen und knusprig braten. Mit Sirup oder Ketchup servieren.

Maismehl-Scrapple

Reicht für 6-8 Personen

In Bratentopf zum Kochen bringen:
3 ½ Tassen Wasser oder Fleisch bzw. Gemüsebrühe
In einer Schüssel mischen:
1 ½ Tassen Maismehl
⅓ Tasse Mehl
1 ½ TL Salz
⅛ TL Bohnenkraut
⅛ Salbei
⅛ Pfeffer
1 ½ Tassen kaltes Wasser
Die Maismehl-Mischung langsam unter ständigem Rühren mit einem Schneebesen in das kochende Wasser geben.
Wenn es dickt, nach und nach hinzufügen:
¾ Tasse rohes Hackfleisch (Rind- oder Schwein)
Wenn es gut gemischt ist, im Wasserbad (bzw. Turmtopf) langsam etwa 2 Stunden kochen. In eine Backform geben und mindestens 12 Stunden kühlen. In 1 cm dicke Scheiben schneiden, mit Mehl bestäuben und in einer flachen Pfanne in heißem Fett goldbraun backen. Mit Sirup, Marmelade oder Apfelmus servieren.

Fünf-Stunden-Topf

Reicht für 8 Personen
120 °C
5 Stunden

Am Abend zuvor im Römertopf bräunen:
1 kg mit Mehl bestreutes Schmorfleisch
Hinzugeben:
Gewürze nach Geschmack (Salz, Pfeffer, Knoblauch, Basilikum, Petersilie)
3 große, geschnittene Kartoffeln
1 mittlere geschnittene Zwiebel
4 in große Stücke geschnittene Karotten
1 l zerdrückte, gekochte Tomaten
¼ Tasse Sago (Tapioka) zum Bestreuen
Über Nacht kühlen. Zugedeckt etwa 5 Stunden bei 120 °C backen.

Fleischtopf in der Backröhre

Reicht für 4 Personen
175 °C
2 Stunden

In einem Beutel schütteln:
2 EL Mehl
1 TL Salz
1 Prise Pfeffer
500 g gewürfeltes Rindfleisch
In einer Bratpfanne erhitzen:
2 EL Bratenfett
Die Rindfleischwürfel bräunen, dann in eine gefettete, feuerfeste Form geben. Die Backröhre auf 175 °C aufheizen.
Hinzugeben:
2 Tassen Tomatensaft
1 ½ Tassen gehackte Zwiebeln
½ TL getrocknetes Basilikum
Zudecken und 1 Stunde backen.
Hinzugeben:
4 mittlere, gewürfelte Kartoffeln
4 mittlere, in 2,5-cm-Stücke geschnittene Karotten
Nochmals 1 Stunde backen, bis alles zart gegart ist.

Gefülltes rundes Steak

Reicht für 4-5 Personen
150 °C
2 Stunden

Vorbereiten:

500 bis 750 g runde Steaks

Wenn die Steaks etwa 2,5 cm dick sind, der Länge nach aufschneiden und aufklappen, sodass dünne, große Scheiben entstehen; ein 2 cm dickes Steak klopfen, bis es groß und dünn wird. Für die Füllung mischen:

1 Tasse übrig gebliebenen Kartoffelbrei
½ Tasse trockene Brotkrümel
1 kleine gewürfelte Zwiebel
1 Ei
Salz und Pfeffer nach Geschmack

Die Füllung über das Fleisch geben und dieses einrollen. Mit Faden umwickeln oder mit Zahnstochern feststecken. In die Backform legen. Mit Fett bzw. Margarine begießen, bedecken und bei 150 °C 2 Stunden backen, oder aber bis es gar genug ist. Auf eine Platte legen und in Scheiben schneiden. Mit brauner Bratensoße servieren.

Die Soße:
In 4 EL Bratenfett bräunen:

2 bis 3 EL Mehl
1 Prise Zucker

Mit Gemüsebrühe ablöschen. Aufkochen und rühren, bis die Soße dick ist.

Chinesisch gewürztes Rindfleisch

Reicht für 8 Personen

In einer Bratenpfanne oder Kasserolle erhitzen:

2 EL Öl oder Fleischfett

Hinzufügen und schnell anbräunen:

1 kg mageres, in 3-cm-Würfel geschnittenes Rindfleisch (darf zäh sein)

Hinzufügen und wenige Minuten scharf anbraten:

3 gehackte Schalotten oder
1 Zwiebel
2 zerdrückte Knoblauchzehen
2 dünne Ingwerscheiben (nach Belieben)

Hinzugeben:

½ Tasse Sojasoße
2 EL braunen Zucker
⅛ TL Pfeffer
3 Tassen Wasser

Zum Kochen bringen. Die Hitze verringern, bedecken und 3 Stunden köcheln. Flüssigkeit gegebenenfalls nachfüllen. Kurz vor dem Servieren nach Belieben mit wenig Mehl andicken. Auf Reis oder Nudeln servieren.

Alternativ-Vorschlag:

20-30 Minuten vor dem Servieren 250 g Gemüse (z. B. grüne Paprika, Pilze oder Karotten) zugeben.

Westafrikanischer Erdnusstopf

Reicht für 8 Personen

In großem Bratentopf erhitzen:
3 EL Öl
Hinzugeben:
1 kg Rindfleisch-Würfel, ca. 2,5 cm oder kleiner, in Mehl gewälzt
Während es bräunt, zugeben:
½ TL Muskat
1 EL Chilipulver
Nach dem Bräunen zugeben:
4 mittlere, geschnittene Zwiebeln
1 fein geschnittene Knoblauchzehe
¾ Tasse Tomatenmark
6 Tassen Wasser
wenn gewünscht rote Paprika
Köcheln, bis das Fleisch gar ist. Eine halbe Stunde vor dem Servieren in einem kleinen Topf erhitzen:
90 g Erdnussbutter
2 EL Öl
Über mittlerer Hitze 5 Minuten rühren. Die Erdnussbutter nach und nach über das Fleisch geben und 20 Minuten bei leichter Hitze köcheln. Mit Reis servieren. Kleine Schüsselchen mit Beilagen dazustellen.

Alternativ-Vorschläge

- Hähnchenstücke anstelle des Rindfleisches verwenden.
- Wenn gekochte Fleischreste verwendet werden sollen, erst Zwiebeln und Knoblauch dünsten, dann das Fleisch, Tomatenmark und Wasser zugeben.

Dschingis-Khan

Reicht für 5-6 Personen

In einer Bratenpfanne erhitzen:
2 EL Öl
Hinzugeben und schnell bräunen:
500 g fein geschnittenes Rind- oder Lammfleisch
Hinzugeben:
2 große, geschnittene Zwiebeln
4 fein geschnittene Karotten (Scheibchen)
2 klein geschnittene grüne Paprikaschoten
2 klein geschnittene Stängel Sellerie
Kurz unter Umrühren anbraten, dann zugeben:
¼ Tasse Worcestershire-Soße
⅓ Tasse Sojasoße
1 EL Sesam
Kochen, bis die Gemüse knackig-zart sind. Mit heißem Reis servieren.

Gebackenes Rinderherz

Reicht für 10-12 Personen
150 °C
2 Stunden

Das Herz durch Entfernen von möglichst viel Fett und Sehnen vorbereiten. Mit Gewürzsalz reichlich salzen. Mit weicher Brotfüllung füllen.
Das Herz in einen bedeckten Bräter geben und etwa 1-2 cm hoch Wasser einfüllen. Bei 150 °C etwa 2 Stunden backen. Kartoffeln und grüne Bohnen können in den Bräter gegeben und eine Stunde mitgekocht werden.
In Scheiben schneiden, auf einer Gemüseplatte servieren.

Lieblings-Leber unserer Kinder

Dieses Gericht wurde bei uns eingeführt, als die Kinder noch klein waren. Es blieb ein Lieblingsrezept der Familie. Am Tisch muss kein Fleisch geschnitten werden, und man darf die Finger benützen. Ich serviere es mit gebuttertem Mais und grünem Salat. Selten bleibt auch nur ein Stückchen für die Katze übrig!
Reicht für 4-5 Personen

In Stücke von ca. 1 cm Breite und 6-7 cm Länge schneiden:
500 g halb gefrorene Rinderleber
Die Leberstücke auf saugfähiges Papier legen, damit die beim Auftauen frei werdende Flüssigkeit aufgesogen wird.
In einer großen Pfanne braten:
2 bis 4 Scheiben Speck
Wenn er knusprig ist, herausnehmen und beiseitestellen.
In einer Papiertüte mischen:
¼ Tasse Mehl
1 TL Salz oder Gewürzsalz
1 Prise Pfeffer
Die Leberstreifen in der Tüte schütteln. Einen nach dem anderen in die heiße Pfanne mit dem Fett legen und bei mittlerer Hitze braten (5-8 Minuten). Die Streifen einzeln mit einer Gabel wenden, bis sie rundum knusprig und goldbraun sind. Auf eine Platte legen.
In die Pfanne nötigenfalls ein wenig Öl geben.
Hinzufügen und kurz unter ständigem Rühren braten:
1 in Ringe geschnittene Zwiebel
Mit Salz und Pfeffer bestreuen. Wenn die Ringe eben weich zu werden beginnen, auf die Platte über die Leberstreifen legen, dazu den knusprigen, in Stücke gebrochenen Speck. Mit den Fingern essen und Ketchup als Dip dazustellen.

Panierte Leber

Zeitsparend
Reicht für 4 Personen

In Streifen schneiden:
250 g halb gefrorene Leber
Mischen:
2 Scheiben frische Ingwerwurzeln (geschnitten)
2 TL Stärkemehl
1 EL Sojasoße
¼ TL Zucker
Zur Leber geben und umrühren, bis alles gleichmäßig bedeckt ist. 20 Minuten stehen lassen.
In einer Pfanne erhitzen:
2 EL Öl
Hinzugeben:
2 gehackte Schalotten
1 geschnittene Knoblauchzehe
½ TL Salz
ungefähr 2 Tassen von einem oder mehreren der folgenden klein geschnittenen Gemüse: Pilze, Erbsen, grüne Bohnen, Sellerie, Karotten, grüne Paprika
Unter Umrühren anbraten, bis die Gemüse knusprig gar sind. Gemüse aus der Pfanne nehmen. Die Leber hineingeben und 2-3 Minuten anbraten. Jetzt die Gemüse wieder zugeben und unter Umrühren erhitzen. Mit Reis servieren.

Alternativ-Vorschlag:

Kurz vor der Zugabe der Gemüse eine Soße aus 1 Tasse Rinderbrühe und 2 TL Stärke zugeben.

Leber-Frikassee

Reicht für 6 Personen

Mit kochendem Wasser übergießen:
500 g Leberscheiben
Minuten stehen lassen. Abgießen, trocken reiben und in Streifen schneiden.
Hinzufügen:
½ TL Geflügelgewürz
½ TL Selleriesalz
1 Tasse gekochte Tomaten
1 gehackte Zwiebel
1 Tasse kochendes Wasser
Bestreuen mit:
½ TL Salz
⅛ TL Pfeffer
¼ Tasse Mehl
Schnell in Fett bräunen.
45 Minuten köcheln. Mit gekochten Nudeln servieren.

Fleisch-Entdeckung

Fünf Mahlzeiten aus einer Lammkeule:
Erstens:
Gegrillte Lammkeule mit Bratensoße.
Zweitens:
In Scheiben geschnittenes, geröstetes Fleisch, kalt serviert oder im Ofen in Folie erhitzt.
Drittens:
Fleischstücke mit Pilzen in restlicher Bratensoße auf Toast.
Viertens:
Vom Knochen geschabte Fleischstückchen zerkleinern und mit Reis, Gewürzen, Sellerie, Zwiebeln und restlichem Bratensaft zu einem Eintopf machen.
Fünftens:
Den Knochen zu einer Suppe gut auskochen, mindestens zweimal ansetzen, um alle Brühe zu erhalten.

Wild-Schmorbraten

»Wild, Elch, Hammel, Ziege oder billige Stücke vom Rind können mit dieser Methode zu einem salonfähigen Gericht aufbereitet werden. Das Aroma ist herrlich! Kartoffeln und einen Apfel-Nachtisch gleich mitbraten«, schreibt die Einsenderin.
Reicht für 12 Personen
165 °C
3-4 Stunden

In einem Braten- oder Römertopf erhitzen:
Fettabschnitte oder Talg des Fleisches
Wenn die Pfanne gut gefettet ist, die restlichen Fettgrieben herausnehmen.
Schicht für Schicht im Fett bräunen:
1500 g Fleisch, geschnitten in Stücke von etwa 2 cm (relativ zähes Fleisch verwenden)
Würzen mit:
Salz und Pfeffer
Hinzugeben:
1 Tasse heißes Wasser
In einer Schicht darüberstreuen:
2 große, geschnittene Zwiebeln
Salz und Pfeffer
Zum Kochen bringen und bedecken. Bei 160 °C 3-4 Stunden backen. Nötigenfalls mehr Wasser zugeben. Vom Bratensaft eine Soße machen.

Schinken-Laib

Reicht für 8 Personen
175 °C
1 ½-2 Stunden

In einer Schüssel mischen:
500 g frisches Schweinehack
500 g geräucherten Schinken oder durchwachsenen Speck (durch den Fleischwolf gelassen oder geschnitten)
1 Tasse Brotkrumen (oder hartes Brot gemixt)
1 Ei
1 TL Salz
⅛ TL Pfeffer
¾ bis 1 Tasse Milch
Gut mischen. Zu einem Laib formen, mit Mehl bestäuben und in eine Backform geben. Bei 175 °C etwa 1 ½-2 Stunden backen. Am Ende der ersten Stunde über den Laib geben: entweder
1 Tasse Tomatensaft
oder diese Soße:
¾ Tasse braunen Zucker
1 TL Senfkörner, gemahlen
½ Tasse Wasser
½ Tasse Essig
Ehe sie über den Laib gegossen wird, aufkochen lassen.

Schweinshaxen im Topf

Nutzen Sie die Ofenhitze für ein Dessert oder Gebackenes für die nächste Woche.
Zeitsparend – benötigt Zeit, aber keine Aufmerksamkeit
165 °C
4 Stunden

In eine feuerfeste Form mit Deckel geben:
4 Schweinshaxen
Bedecken mit:
2 bis 3 Tassen abgetropftem Sauerkraut (die Brühe aufbewahren)
1 TL Kümmel oder Selleriekörner
¾ Tasse geschnittenen Zwiebeln
Übergießen mit:
der Sauerkrautbrühe, ergänzt mit Wasser auf 2 Tassen
Zudecken und 3 Stunden im vorgeheizten Ofen bei 160 °C backen.
In die Form geben:
4 mittlere, geschälte und halbierte Kartoffeln
Salz und Pfeffer nach Geschmack
Bedecken und 1 Stunde weiterbacken, oder bis Fleisch und Kartoffeln gar sind.

Süß-saures Schweinefleisch

Reicht für 5 Personen

In einer Schüssel zu Marinade vermischen:
1 geschlagenes Ei
1 EL Zucker
1 TL Salz
1 EL Sojasoße
Zur Marinade geben und 20-30 Minuten stehen lassen:
500 g gewürfeltes mageres Schweinefleisch
Vorbereiten und beiseitestellen:
1 fein geschnittene Knoblauchzehe
4 fein gehackte Scheiben Ingwer-Wurzeln (falls vorhanden)
1 grüne, in Stücke geschnittene Paprikaschote
1 geviertelte Zwiebel
1 geviertelte Tomate
¾ Tasse Ananasstücke (abgießen und Saft aufbewahren)
Mischen und beiseitestellen:
3 EL Essig
3 EL braunen Zucker
2 EL Sojasoße
1 EL Stärkemehl
¾ Tasse Ananassaft
In einer Pfanne erhitzen:
4 EL Öl
Die Fleischwürfel im Stärkemehl wälzen. Auf allen Seiten braun braten. Aus der Pfanne nehmen und warm stellen. Bis auf ca. 2 Esslöffel alles übrige Fett abgießen. Knoblauch, Zwiebeln, Ingwer und Paprika 2-3 Minuten unter Rühren anbraten. Tomatenstücke, Ananas und Soßenzutaten zugeben. Kochen, bis die Soße anfängt zu dicken und glasig wird. Das Fleisch wieder in die Pfanne geben, aufkochen und sofort mit heißem Reis servieren. Zwiebel und Paprika sollten etwas knusprig sein.

Schweine-Grütz-Wurst

Grütze besteht aus geschältem und geschrotetem Getreide. Buchweizengrütze wird in Russland als »Kasha« gegessen. Dieses alte Rezept stammt wahrscheinlich aus Russland.
Ergibt 1500-2000 g Wurst

Gut gar kochen:
1500 g Schweinebraten in einigen Tassen Wasser
In eine große Schüssel geben:
2 Tassen Buchweizengrütze
Die Kochbrühe vom Fleisch über die Grütze schütten. Beiseitestellen.
Dünsten, bis sie glasig, aber nicht braun werden:
50 g Fett
1 große, gehackte Zwiebel
Das gekochte Fleisch durch den Wolf drehen.
Mischen:
die Grütze (etwas Brühe abgießen, falls nötig)
Fleisch
Zwiebeln
Salz und Pfeffer
Zu Bouletten formen und einfrieren. Zum Servieren anbraten oder aufkochen.

Paniermischung für Brathähnchen

Zeitsparend
Ergibt 2 ⅓ Tassen Mischung
175 °C
1 Stunde

In einer Schüssel mischen:
2 Tassen Brotbrösel (s. S. 64)
1 ½ TL Salz
1 ½ TL Paprika
1 TL Selleriesalz
1 TL Zwiebelsalz
2 ⅓ TL Pfeffer
1 TL Geflügelgewürz nach Belieben
¼ Tasse Pflanzenöl
Die Zutaten mit einer Gabel gut mischen. Außerhalb des Kühlschranks dicht verschlossen aufbewahren. Wenn es benötigt wird, die Backröhre auf 175 °C aufheizen. ½ Tasse der Paniermischung in eine Tüte schütten. Die Hähnchenstücke mit Wasser oder Milch befeuchten und jedes Stück einzeln in der Tüte schütteln. Nach Bedarf mehr von der Mischung zugeben. Die Hähnchenstücke mit der Haut nach oben in eine gefettete Form legen und unbedeckt, ohne zu wenden, 1 Stunde im Backofen backen.

Alternativ-Vorschlag:

Kann auch für Fischfilets verwendet werden. 30 Minuten backen.

Brathähnchen mit Kräutern

Zeitsparend
Reicht für 6 Personen
160 °C (vorheizen)
1 ¼ Stunden

In eine Backform von etwa 20 x 30 cm legen:

1 1500-g-Hähnchen, in Stücke geschnitten

In einem schweren Kochtopf schmelzen:

4 EL Margarine

Dazugeben:

¼ Tasse geschnittene Pilze und 1 EL fein geschnittene Zwiebeln.

Dünsten. Daruntermischen und ständig rühren, bis es schaumig wird:

4 EL Mehl
¼ TL Salz

Hineinrühren:

1 Tasse Milch

Mischen und über das Hähnchen geben:

die Pilzsoße (oder 1 Dose Pilzsuppe)
1 TL geriebene Zitronenschale
2 EL Zitronensaft
½ TL Salz
¼ Basilikum
¼ TL Oregano

Unbedeckt 1 ¼ Stunden backen. Mit heißem gekochtem Reis servieren.

Alternativ-Vorschlag:

Bei 120 °C 2 ½-3 Stunden backen. Ergibt ein gutes Sonntagsmittagessen.

Mit Honig überbackenes Hähnchen

Reicht für 6 Personen
175 °C (vorheizen)
1 ¼ Stunden

In eine flache Backform mit der Haut nach oben legen:

1 1500-g-Hähnchen, in Stücke geschnitten

Mischen und darübergießen:

60 g zerlassene Margarine
⅓ Tasse Honig
2 EL Senf
1 TL Salz
1 TL Currypulver

1 ¼ Stunden im vorgeheizten Ofen bei 175 °C backen, jede Viertelstunde mit dem Bratensaft begießen, bis die Stücke zart und goldbraun sind. Mit Reis servieren.

Zwei Mahlzeiten für vier Leute aus einem 3-Pfund-Hähnchen

1. Mahlzeit: Hähnchen-Eintopf

In einer Schüssel mischen:

5 Tassen Wasser
4 Würfel Hühnerbrühe
¼ Tasse Weinessig
Sellerieblätter
1 gehackte Zwiebel
1 in Stücke geschnittenes Hähnchen

In einen Gewürzbeutel oder in ein Tee-Ei geben und hinzufügen:

4 Nelken
4 Pfefferkörner
½ Lorbeerblatt

Sanft kochen, bis das Hähnchen gar ist. Kurz vor dem Ende der Kochzeit die gewünschten Gemüse zugeben, z. B.:

4 halbierte mittlere Kartoffeln
4 bis 6 in größere Stücke geschnittene Karotten
1 bis 2 Tassen frische oder gefrorene Erbsen (kurz vor dem Servieren zugeben)

Den Gewürzbeutel herausnehmen. Die fleischigen Hähnchenteile und die Gemüse auf eine Servierplatte geben. Die anderen Hähnchenteile und den größeren Teil der Brühe für die zweite Mahlzeit aufbewahren (Kühlschrank bzw. einfrieren).

2. Mahlzeit: Hähnchen-Suppe

Die Brühe zum Kochen bringen. Hinzufügen:

½ Tasse ungekochten Reis oder
1 bis 2 Tassen übrig gebliebenen gekochten Reis

In einer kleinen Pfanne dünsten:

2 EL Margarine oder Öl
2 gehackte Karotten
2 gehackte Selleriestangen
1 Tasse Erbsen (nach Belieben)

Kurz vor dem Servieren die aufbewahrten Fleischstücke und die gedünsteten Gemüse in die Reissuppe geben. Aufkochen und servieren.

Hähnchen-Pastete

Reicht für 6 Personen
200 °C
20 Minuten

In einen großen Topf geben:

1 1500-g-Huhn
5 Tassen Wasser
½ TL Salz

Das Huhn garen, abgießen und die Brühe beiseitestellen. Das Fleisch von den Knochen lösen.
In etwas gesalzenem Wasser kochen:

1 Tasse in Scheiben geschnittenen Sellerie
2 Tassen gefrorenes gemischtes Gemüse oder eine ähnliche Mischung

Die Gemüse abgießen, Brühe aufbewahren. In einem Kochtopf mischen:

5 EL Mehl
½ Tasse Sahne oder Kondensmilch
2 ½ Tassen Hühner- und Gemüsebrühe
1 TL Salz
⅛ TL Pfeffer

Auf mittlerer Hitze kochen, ständig rühren, bis es dickt. Die Gemüse hineinrühren. ⅓ der Gemüsemischung in eine feuerfeste 2-Liter-Form geben. Das Hühnerfleisch dazugeben, dann die restliche Gemüsemischung. Bei 200 °C backen, bis es blasig wird, etwa 20 Minuten.
In der Zwischenzeit einen Gebäckteig (s. S. 291) zubereiten.
Etwa 1 cm dick ausrollen (wenn gewünscht, Formen ausstechen) und die Form damit abdecken. Weitere 10-15 Minuten in den Ofen schieben, bis diese Kruste goldbraun ist.

Alternativ-Vorschlag:

Das Huhn durch Thunfisch aus der Dose oder restliches Rindfleisch ersetzen. Brühwürfel anstelle der Hühnerbrühe verwenden.

Fleisch-Entdeckung

Das Beste aus einem Suppenhuhn machen: Das Huhn waschen und möglichst viel Fett wegschneiden. In einem großen Topf in Wasser mit Suppengemüse (¼ Sellerieknolle, 1 Stück Lauch, 1-2 gelbe Rüben, 1 Zwiebel, etwas Petersilie, 1 Tomate, Salz und 1 Prise Muskat) langsam 3 Stunden kochen, bis es zart ist. Das Fleisch von den Knochen lösen und dabei alle Haut, Lunge, Nieren und andere unerwünschten Teile entfernen. Das Fleisch und die Brühe getrennt in Portionen einfrieren, damit sie bei günstiger Gelegenheit verwendet werden können.
Das Fett in kleine Stücke schneiden und in einer Bratpfanne erhitzen. Das ausgelassene Fett abgießen und in Dosen einfrieren. Beim Braten benützen und bis zur Hälfte des Bratenfettes damit ersetzen. Die Haut kann fein gemixt noch für Suppen und Soßen verwendet werden.

Gebackenes Hähnchen mit Tomaten-Reis-Füllung

Zeitsparend
Reicht für 4 Personen
175 °C (vorheizen)
1 Stunde

In einer Pfanne bräunen:

1 kg Hähnchenstücke

Während das Hähnchen brät, in einer Schüssel mischen:

⅓ Tasse gehackten Sellerie
¼ Tasse gehackte grüne Paprika
⅓ Tasse gehackte Zwiebeln
⅔ Tasse ungekochten Reis
1 Tasse gekochte Tomaten
½ Tasse Wasser
¾ TL Salz
1 Prise Pfeffer
¼ TL gemahlener Salbei

In feuerfeste Form von etwa 30 x 18 x 5 cm geben. Das Hähnchen auf den Reis legen. Mit zusätzlichem Salz, Pfeffer und Paprika bestreuen, zudecken und 1 Stunde backen oder bis das Hähnchen gar ist.

Hühnertopf mit Ananas

Zeitsparend
Reicht für 6 Personen

Entbeinen und häuten:

2 bis 3 Hühnerbrüste (Knochen und Haut für eine Brühe abkochen und ein andermal verwenden)

Jede Brusthälfte in 10-12 Streifen schneiden.
Zusammengeben:

1 in halbe Ringe geschnittene Zwiebel
1 Tasse diagonal geschnittenen Sellerie
1 in Streifen geschnittene grüne Paprika
2 Tassen abgegossene Ananaswürfel (Saft aufbewahren)

In einer Schüssel mischen:

den Ananassaft
2 TL Stärkemehl
½ TL Zimt
1 ½ TL Sojasoße

In einer großen Pfanne erhitzen:

2 EL Margarine oder Öl

Die Fleischstreifen auf großer Hitze dünsten. Mit Salz bestreuen und 3 Minuten ständig rühren. Zwiebeln, Sellerie und grüne Paprika zugeben und weitere 2 Minuten bei ständigem Rühren weiterkochen. Ananas zugeben, danach die Saftmischung. Rühren und aufkochen. Die Hitze verringern und nur so lange weiterkochen, bis es glasig wird. Auf heißem Reis servieren.

Hühner-Pilau I

Die Einsenderin schreibt: Meine Großmutter brachte dieses Rezept mit, als sie zusammen mit anderen Mennoniten aus Russland in die USA kam. Sie hielten sich unterwegs einige Zeit in der Türkei auf und lernten dort Pilau zuzubereiten.
Reicht für 8-10 Personen

Gar kochen:
1 Suppenhuhn in Stücken
5 bis 6 Tassen Wasser
Salz und Pfeffer
Die Hühnerstücke herausnehmen und das Fett der Brühe abschöpfen.
In einem großen Kochtopf mischen:
4 Tassen Brühe
2 Tassen Reis
¼ Tasse fein geschnittene Karotten
½ Tasse Rosinen
1 bis 2 TL Salz
1 Prise Pfeffer
Aufkochen, kurz rühren, zudecken, und, ohne zu rühren, bei niedriger Hitze kochen, bis der Reis nahezu gar ist. Die Hühnerstücke obenauf legen und fertig kochen.

Alternativ-Vorschlag:

Für ein pikanteres Pilau Zwiebeln, Knoblauch und Curry zugeben.

Hühner-Pilau II

Reicht für 8 Personen

In einem großen Topf mischen:
1 1500-2000-g-Huhn in Stücken
2 l Wasser
1 Knoblauchzehe
1 TL Salz
In einer kleinen Pfanne dünsten:
3 EL Öl
2 geschnittene Zwiebeln
Zum Huhn geben und zum Kochen bringen. Zudecken und 20 Minuten köcheln.
Hinzugeben:
2 ½ Tassen Naturreis
Zudecken und 40 Minuten köcheln, oder bis Huhn und Reis gar sind. Das Huhn auf eine Platte bringen. In den Reis einrühren:
1 ½ Tassen Rosinen
1 ½ EL Currypulver
1 TL Salz
1 EL Honig
2 EL Zitronensaft
Den Reis um das Huhn häufen und garnieren mit:
½ Tasse geschnittene Mandeln (nach Belieben)
¼ Tasse gehackte Petersilie

Huhn- oder Putenlaib

Reicht für 6 Personen
160 °C (vorheizen)
1 Stunde

In einer großen Schüssel mischen:

1 Tasse Hühnerbrühe
2 leicht geschlagene Eier
1 Tasse weiche Brotkrumen
2 EL Hühnerfett oder Margarine
3 Tassen fein gehacktes, gekochtes Huhn oder Pute
½ Tasse fein gehackten Sellerie
3 EL fein gehackte Zwiebel
2 TL zerriebene Salbeiblätter
1 TL Salz
¼ TL Pfeffer

Sorgfältig vermischen und in eine gefettete Backform geben. Etwa 1 Stunde backen.

Hähnchenflügel »Hawaii«

Manchmal kann man Hähnchenflügel billig pfundweise kaufen - oder man sammelt sie eine Zeitlang im Gefrierfach.
Reicht für 5-6 Personen
175 °C
45 Minuten

Die Spitzen abschneiden von:

1 kg Hähnchenflügel

Die Spitzen in 1 ½ Tassen gesalzenem Wasser kochen, damit es eine Brühe ergibt. Für die Soße (s.u.) aufbewahren. Den Rest der Flügel halbieren. Nebeneinander in eine flache Auflaufform legen.
In einem Kochtopf mischen:

½ Tasse Sojasoße
1 zerdrückte Knoblauchzehe
½ Tasse fein gehackte Frühlingszwiebeln oder 1 Zwiebel
¼ Tasse Zucker
1 TL Senfkörner, gemahlen
1 TL gemahlener Ingwer
50 g Margarine
¼ Tasse Wasser

Aufkochen und abkühlen lassen. Über die Hähnchenflügel gießen. Kühlen und mehrere Stunden marinieren lassen. Die Stücke wenden und mit der Soße in den 175 °C heißen Ofen schieben.
Unbedeckt 45 Minuten backen, die Stücke nach 30 Minuten wenden. Reis kochen. Die Hähnchenflügel auf der Reisplatte wie Radspeichen anordnen. Mit Petersilie garnieren.
Von der restlichen Soße das Fett abschöpfen, dann mit 1 Tasse Hühnerbrühe kurz aufkochen. Andicken mit:

2 TL Stärke
2 EL Wasser

Als Soße servieren.

Oyako Domburi

(Japanisches Eltern-Kinder-Gericht)
In diesem japanischen Standard-Essen stellt das Hähnchen die Eltern dar und die Eier die Kinder. Mit gesalzenen Pickles und grünem Tee servieren.
Reicht für 4 Personen

Für 4 Personen Reis kochen (s. S. 101). In kleine Happen schneiden:

250 g rohes Hähnchenfleisch ohne Knochen oder Hähnchenreste

In einer Schüssel schlagen:

5 Eier

Die Hähnchenstücke mit Mehl bestäuben, in die geschlagenen Eier tauchen und von beiden Seiten in heißem Öl braun braten. In einem Kochtopf mischen:

1 Tasse Wasser
3 getrocknete Pilze (chinesische)

10 Minuten köcheln, die Pilze herausnehmen und fein schneiden. Überschüssiges Öl aus der Pfanne gießen.
In die Pfanne geben:

Pilze und Flüssigkeit
¼ Tasse Zucker
⅓ Tasse japanische Sojasoße

15 Minuten köcheln.
Hinzugeben:

2 diagonal geschnittene Schalotten oder
1 in Ringe geschnittene Zwiebel

Weitere 10 Minuten köcheln.
Hinzugeben:

2 Tassen gehackten frischen Spinat

Während der Spinat noch schön grün ist, den Rest der geschlagenen Eier in die Pfanne geben und zudecken. Kurz kochen, bis die Eier stocken. Auf einzelne Reisportionen in Essschalen geben und mit gehackter Petersilie bestreuen.

Hähnchen indisch

Reicht für 6 Personen
175 °C (vorheizen)
1 Stunde

In einer großen Pfanne erhitzen:

2 EL Margarine
2 EL Pflanzenöl

Mit Mehl bestäuben und braun braten:

1 1500-g-Hähnchen in Stücken

Aus der Pfanne nehmen und in eine feuerfeste Form legen. Im restlichen Fett goldbraun dünsten:

2 mittlere, gehackte Zwiebeln

Mischen, zu den Zwiebeln geben und gut unterrühren:

3 EL Mehl
2 EL Currypulver
1 TL gemahlenen Ingwer
2 TL Salz

Mischen und zur Zwiebel-Mischung geben:

⅓ Tasse Honig
¼ Tasse Sojasoße
3 Tassen Hühnerbrühe oder Bouillon

Auf starker Hitze kochen, umrühren, bis die Soße dickt. Die Soße über das Hähnchen gießen und bedeckt 1 Stunde backen.

Alternativ-Vorschläge:

- Vor der Soße 3-4 Tassen (gekochte) Kichererbsen zugeben.
- Mit Reis servieren

Hühnerfrikassee

Zeitsparend
Reicht für 6 Personen

In einer Pfanne oder einem schweren Kochtopf erhitzen:
50 g Margarine oder von abgekühlter Hühnerbrühe abgeschöpftes Fett
Hinzugeben und gar dünsten:
1 gehackte Zwiebel
½ gehackte grüne Paprika (nach Belieben)
Hinzugeben, umrühren und kochen, bis es sämig wird:
¼ Tasse Mehl
Hinzugeben:
2 Tassen Hühnerbrühe
1 Tasse Milch
Salz und Pfeffer nach Geschmack
Kochen, ständig rühren, bis es glatt und dick wird.
Hinzugeben:
2 bis 3 Tassen gewürfeltes gekochtes Hühnerfleisch
1 EL gehackte Petersilie
Nach dem Aufkochen abschmecken mit:
1 Glas Weißwein
etwas Zitronensaft
Mit Reis, Nudeln oder Kartoffelbrei oder mit einem der folgenden Gerichte servieren:
Konfetti-Reis-Würfel (S. 103)
Maisbrotfüllung (S. 176)
Pastetenteig-Crackergebäck (S. 177)

Alternativ-Vorschlag:

1 Tasse gekochte oder gefrorene Erbsen zugeben.

Hühnerfrikassee mit Maisbrotfüllung

Der Prüfer bezeichnete es als »die beste Füllung, die ich je gekostet habe«. Backen Sie aber Maisbrot nicht speziell für dieses Gericht, sondern gleich für mehrere: Servieren Sie die fleischigen Hühnerstücke am Montag, am Dienstag gebackene Bohnen mit warmem Maisbrot, und das folgende Rezept als krönenden Abschluss am Mittwoch.
Reicht für 6 Personen
160 °C
40 Minuten

In einem Kochtopf mischen:
etwa 1 kg Hühnerklein und knochige Hühnerteile
1 l Wasser
Gewürze nach Geschmack
1 Stunde kochen, bis das Fleisch gar ist. Die Hühnerteile herausnehmen und das Fleisch von den Knochen lösen. Fleisch und Brühe getrennt beiseitestellen.

Füllung:
In einer großen Schüssel mischen:
4 Tassen zerbröseltes Maisbrot
1 ¾ Tassen Croutons (s. S. 64)
In einer Pfanne schmelzen:
50 g Margarine
Hinzugeben:
4 Stängel Sellerie in Scheiben
1 große, gehackte Zwiebel
⅓ Tasse gehackte Walnüsse (nach Belieben)
1 TL Selleriekörner
¼ Tasse gehackte Petersilie (nach Belieben)
2 TL Geflügelgewürz
Salz und Pfeffer
Gar dünsten und zu der Brotmischung geben.
In einer Pfanne bräunen:
100 g Schweinewurst
Zur Brotmischung zusammen mit 1 Tasse der aufbewahrten Hühnerbrühe geben.

Mischen und in eine gefettete Auflaufform geben. Das Fett der Wurst darübertröpfeln. Bei 160 °C etwa 40 Minuten backen. Die aufbewahrte Brühe und das Fleisch für Frikassee benützen. Das Frikassee mit der Füllung servieren.

Hühnerfrikassee mit Pastetenteig-Crackern

Dünne, knusprige Cracker geben Hühnerfrikassee eine besondere Note.
Reicht für 6-8 Personen
190 °C
10 Minuten

In einer großen Schüssel mischen:
3 Tassen Mehl
½ TL Salz
Hineinschneiden:
90 g Bratfett oder Margarine
Hinzugeben:
2 leicht geschlagene Eier
¼ Tasse Milch
Leicht mit der Gabel verrühren und zu einer Kugel formen. Den Teig in 3 Stücke teilen. Alle 3 etwas dünner als 1 cm ausrollen. Den ausgerollten Teig auf gefettete Backbleche legen und in 1,5-3 cm große Quadrate schneiden. Bei 190 °C 10 Minuten backen oder bis die Cracker hellbraun sind.
Hühnerfrikassee leicht mit Safran würzen. Die Cracker in eine Schüssel geben und das Frikassee darübergeben oder aber kleine Schüsseln als Einzelportionen anrichten. Mit Petersilie garnieren. Die Cracker kann man in einer gut schließenden Dose aufbewahren und im Voraus machen.

Curry-Fleisch Grundrezept

Siehe auch Seite 110 Gemüse-Curry und Beilagen
Ergibt 8 Portionen

In tiefem Bratentopf dünsten:

2 EL Fett, Öl oder Bratenfett
2 fein gehackte Zwiebeln
1 bis 2 fein geschnittene Knoblauchzehen

In einer kleinen Schale mischen:

2 EL Zitronensaft oder Essig
2 bis 4 TL Currypulver

Die Curry-Mischung in die gedünsteten Zwiebeln rühren und 1-2 Minuten leicht anbraten. Dies ergibt ein relativ mildes Curry. Wenn gewünscht, mit zusätzlichen Gewürzen (siehe Alternativ-Vorschlag 1) ergänzen.

Eine der folgenden Fleischarten hinzugeben:

1 1500-g-Brathähnchen, in 12-15 kleinere Stücke geschnitten
1 kg Rindfleisch, in ca. 2,5-cm-Würfel geschnitten
1 kg Hammelfleisch, in ca. 2,5-cm-Würfel geschnitten
1 kg Fisch (in Stücke geschnitten, Gräten entfernt)
3 Tassen irgendwelcher Fleischreste
1 kg Fleischbällchen

Kurz anbraten und umrühren, damit das Fleisch mit den Gewürzen bedeckt wird.

Hinzugeben:

1 Tasse Tomatensaft oder -soße
1 TL Salz
1 bis 2 Tassen Fleischbrühe oder Wasser

Zum Kochen bringen, die Hitze verringern, zudecken und bei Rind und Hammel 2-3 Stunden köcheln, 1 ½ Stunden bei Hähnchen, 20 Minuten bei Fisch oder gekochtem Fleisch. Falls nötig, während des Kochens weitere Flüssigkeit zugeben. Kurz vor dem Servieren gegebenenfalls mit Mehl leicht andicken. Mit heißem gedämpftem Reis servieren und, wenn gewünscht, mit folgenden Beilagen in extra Schüsselchen:

Gemüse-Salat
Tomaten-Chutney (S. 111)
Erdnüsse
Sonnenblumenkerne
Kokosnuss
gehackte Zwiebeln, Schalotten
Tomaten, grüne Paprika
Ananasstücke
Apfelscheiben
Rosinen
Bananenscheiben (mit Zitronensaft beträufelt, damit sie nicht dunkel werden)
gehackte, hart gekochte Eier

Alternativ-Vorschläge:

- Idealerweise sollte das Currypulver schon am Anfang in die Pfanne gegeben und angebraten werden, ehe das Fleisch dazukommt. Wenn man es später zugibt, schmeckt es milder. Man kann dann nachwürzen. Nach einiger Zeit wird man erfahrener. Curry ist ja eine Gewürzmischung, u.a. aus Kardamom, Nelken, Zimt, Koriander, Gelbwurz (Kurkuma), Ingwer, Kümmel und Cayenne-Pfeffer. Man kann mit diesen Gewürzen (allein oder zusammen mit Currypulver) abschmecken.
- 20 Minuten vor dem Servieren 2 mittlere, gewürfelte Kartoffeln zugeben.
- Eier-Curry: Brühe bzw. Wasser durch Tomatensoße ersetzen, 8-10 Eier hart kochen, halbieren und damit das Fleisch ersetzen. Aufkochen und servieren.
- Curry-Fleisch im Voraus anfertigen und erst vor dem Servieren aufwärmen. Lässt sich gut einfrieren.

Gebackener Fisch

Zeitsparend
Reicht für 6 Personen
175 °C (vorheizen)
35 Minuten

In eine gefettete, feuerfeste Form geben:
750 g Fischfilet, geschnitten in Portionen
Bestreuen mit:
¼ TL Salz
1 Prise Pfeffer
1 EL Zitronensaft
1 ¼ Tassen helle Soße (s. S. 138) zubereiten und 2 TL gemahlene Senfkörner dazugeben.
Die Soße über den Fisch gießen. Bestreuen mit:
⅓ Tasse gebutterte Brotkrumen
1 EL geschnittene Petersilie
35 Minuten backen.

Alternativ-Vorschläge:

- ½ Tasse geriebenen Käse in die helle Soße geben.
- Zeitsparend. Einfaches, kalorienarmes Fischgericht: Einfach den gereinigten oder filetierten Fisch in die gefettete Form geben. Mit Zitronensaft und Gewürzen beträufeln. Bei 175 °C etwa 25 Minuten backen (bei 500 g Fisch) oder 35-40 Minuten (bei 1 kg Fisch). Schlanke dürfen zerlassene Margarine beigeben.

Fisch-Küchlein

Reicht für 6-8 Personen

In einer Schüssel vermischen:
2 Tassen zerkleinerten, gekochten und gesalzenen Kabeljau oder Makrelen aus der Dose (die Hälfte der Flüssigkeit mitbenutzen)
2 Tassen Kartoffelbrei
⅛ TL Pfeffer
1 geschlagenes Ei
1 gehackte Zwiebel (nach Belieben)
Alle Zutaten zusammen zerdrücken. Nach Geschmack salzen. Zu Küchlein formen und in wenig heißem Fett ausbacken. Schmeckt gut mit Tomaten- oder Käsesoße.

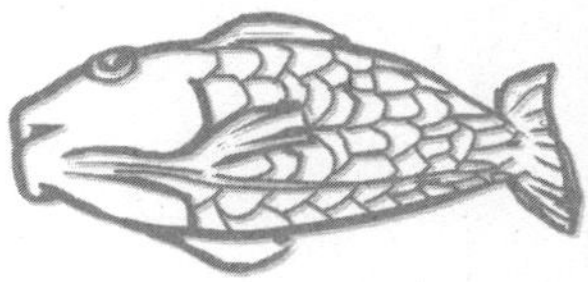

Überbackene Makrelen

Reicht für 8 Personen
190 °C (vorheizen)
40 Minuten

In eine feuerfeste Form abwechselnd Schichten legen aus:

500 g Makrelen, in kleinen Stücken
2 Tassen Brot- oder Semmelbrösel

In einer Schüssel mischen:

2 geschlagene Eier
2 Tassen heiße Milch
1 TL Salz
Prise Pfeffer
Geflügelgewürz
50 g zerlassene Butter

Über den Inhalt der Form gießen. Mit Petersilie oder Paprika bestreuen. 40 Minuten backen.

Feine Schollen-Rouladen

Reicht für 8 Personen
175 °C
20 Minuten/15-20 Minuten

Kochen und abgießen:

625 g frische oder gefrorene Brokkoli

Die Brokkoli legen auf:

8 Schollen-Filets (1 kg)

Die Röhre auf 175 °C aufheizen. Filets aufrollen und mit Zahnstocher befestigen. In eine feuerfeste Form geben. 20 Minuten backen.

Mischen:

1 ¼ Tassen helle Soße mit Sellerie (s. S. 138)
¼ Tasse Mayonnaise
1 EL Zitronensaft

Über den Fisch gießen und die Soße überall verteilen. Weitere 15-20 Minuten backen. Die Rouladen auf eine Platte legen, die Soße umrühren und darübergießen.

Chinesischer Fisch mit Gemüse

Reicht für 6 Personen

Säubern und entgräten:

1 Fisch von ca. 1000 g

Quer zum Gewebe in Scheiben schneiden. Abtrocknen und leicht in Stärkemehl wenden.

2-3 EL Öl in der Pfanne erhitzen und den Fisch schnell auf beiden Seiten bräunen.

Während der Fisch bräunt, vorbereiten:

3 Tassen geschnittenes Gemüse (Sellerie, Kohl, Karotten in dünnen Scheiben, Zwiebeln, Pilze)

Fein schneiden:

1 Knoblauch-Zehe

2 Scheiben frische Ingwer-Wurzel (kann wegfallen)

2 Schalotten

In einer Schüssel mischen:

1 Tasse Brühe

2 EL Sojasoße

1 EL Sherry (nach Belieben)

1 ½ TL braunen Zucker

½ TL Salz

2 TL Stärkemehl

Den Fisch aus der Pfanne nehmen, 1 EL Öl in der Pfanne erhitzen. Die geschnittenen Gemüse hineingeben und etwa 1 Minute unter ständigem Rühren anbraten. Die Flüssigkeit zugeben und aufkochen. Den Fisch wieder in die Pfanne geben. Bedeckt köcheln, bis der Fisch gar ist und die Gemüse zartknusprig sind. Mit heißem Reis servieren.

Alternativ-Vorschläge:

- Gefrorene Filets verwenden.
- Süß-sauer: 2 EL Essig in die Soße geben und die Zuckermenge auf 3 EL erhöhen.

Fisch-Topf San Francisco

Zeitsparend
Reicht für 5-6 Personen

Im Römertopf oder in der Bratpfanne dünsten:

1 EL Öl

1 gehackte Knoblauchzehe

½ Tasse gehackte Zwiebeln

⅓ Tasse gehackte, grüne Paprika

Hinzugeben:

¼ Tasse geschnittene Pilze (nach Belieben)

2 Tassen gekochte Tomaten

¾ Tasse Tomatenmark

1 Tasse Hühnerbrühe

1 EL Zitronensaft

1 kleines Lorbeerblatt

½ TL getrockneten Oregano

1 TL Zucker

¾ TL Salz

⅛ TL Pfeffer

Unbedeckt 20 Minuten kochen.

Hinzugeben:

500 bis 750 g Heilbutt oder andere Fische wie Kabeljau, Rotbarsch oder Schellfisch, in große Stücke geschnitten

10-15 Minuten kochen oder bis der Fisch leicht zerfällt. Mit Reis oder Spaghetti servieren.

Sandwich mit Thunfisch-Soufflé

Thunfisch, Eier, Milch und Käse ergeben eine sehr eiweißreiche Mahlzeit. Man kann dann für den Rest des Tages auf Fleisch verzichten.
Zeitsparend – kann im Voraus zubereitet werden
Reicht für 4 Personen
190 °C
45 Minuten

In eine große Backform legen:
4 Scheiben mit Mayonnaise bestrichenes Brot
In einer Schüssel mischen:
200 g Thunfisch (Dose) in Stücken
¼ Tasse gehackten Sellerie
¼ Tasse gehackte Zwiebel
1 TL Salz
½ TL Paprika
Die Thunfisch-Mischung auf die Brotscheiben streichen.
Hinzugeben:
4 Scheiben Schweizer Käse
Bedecken mit:
4 Scheiben Brot
In einer Schüssel mischen:
3 Eier
1 ½ Tassen Milch
Über die Sandwiches gießen. 2-12 Stunden in den Kühlschrank stellen. Bei 190 °C etwa 45 Minuten backen.

Falscher Hummer

Zeitsparend
Reicht für 3-4 Personen

In einem Kochtopf aufkochen:
2 Tassen Wasser
1 TL Essig
1 TL Fischgewürz
Hinzugeben:
500 g Schellfisch oder anderen weißfleischigen Fisch in großen Stücken
Die Hitze verringern, zudecken, etwa 10 Minuten köcheln oder so lange, bis der Fisch gar ist. In mundgerechte Stücke schneiden. Mit zerlassener (wenn gewünscht, mit Zitronensaft gemischter) Margarine servieren.

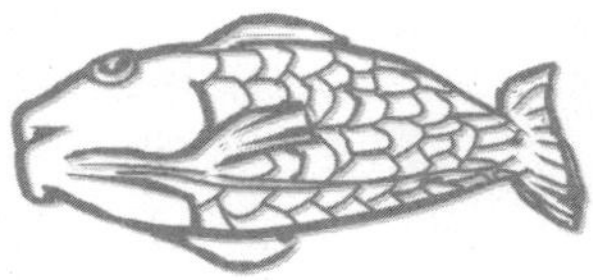

Arme-Leute-Hummer Thermidor

Reicht für 4 Personen
220 °C (vorheizen)
6-10 Minuten

Dünsten:
2 EL gehackte Zwiebeln
½ Tasse geschnittene Pilze (nach Belieben)
2 EL Margarine
Hineinrühren:
2 EL Mehl
½ TL Salz
1 Prise Pfeffer
1 Prise Paprika
Kochen, bis es blasig wird, dann ablöschen mit:
½ Tasse Milch
½ Tasse Hühnerbrühe
½ TL Worcestershire-Soße
Kochen und umrühren, bis es dickt.
Hinzugeben:
1 Eigelb
1 EL Sherry oder 2 EL Weißwein (nach Belieben)
Hinzugeben:
2 Tassen gekochte Fischstücke (Heilbutt, Barsch, Scholle o. ä.)
In eine flache feuerfeste Form legen oder in Portionenschalen.
Bestreuen mit:
gebutterten Brotkrumen und/oder geriebenem Käse
6-10 Minuten backen.

Bacalaitos

Bacalaitos werden in Puerto Rico an Imbissbuden, am Strand und an Sportplätzen verkauft.
Reicht für 4-6 Personen

Entgräten und in kleine Stücke schneiden:
250 g Kabeljau
Bei gesalzenem Fisch gut waschen und einweichen, um das überschüssige Salz zu entfernen.
In einer Schüssel mischen:
2 Tassen Mehl
½ TL Backpulver
½ TL Salz (weglassen, wenn der Fisch gesalzen war)
Hinzugeben:
den geschnittenen Fisch
2 Knoblauchzehen, geschnitten, oder ¼ TL Knoblauchpulver
weißen Pfeffer nach Geschmack
1 ½ Tassen kaltes Wasser
10-15 Minuten stehen lassen. Fritieröl auf 135 °C erhitzen. Teelöffelweise die Mischung hineingeben. Ein- oder zweimal wenden, bis sie goldbraun sind. Heiß servieren.

Muschel-Soufflé

Reicht für 6 Personen
175 °C (vorheizen)
40-45 Minuten

In einer Schüssel mischen:

1 Tasse Milch
1 ¼ Tassen zerbröselte Kekse (ungesüßte Cracker), Zwieback oder Weißbrot

5 Minuten ziehen lassen.
Hinzugeben:

50 g zerlassene Margarine
250-g-Dose Muscheln, gewaschen und abgetropft
2 EL fein gehackte Zwiebeln
4 EL fein gehackte grüne Paprika
¼ TL Salz
1 Prise Pfeffer
1 Schuss Worcestershire-Soße
2 gut geschlagene Eier

In eine gut gefettete, feuerfeste Form geben und 40-45 Minuten backen, bis es luftig und goldbraun ist. Sofort servieren.

Pia-Pia

(Indonesische gebratene Garnelen)
Dieses Gericht ist nur in Gegenden sparsam, in denen Garnelen billig auf Märkten usw. angeboten werden.
Reicht für 4 Personen

Mischen:

1 Tasse Mehl
1 geschlagenes Ei
½ Tasse frische oder konservierte Sojabohnensprossen
¼ Tasse gehackten Sellerie
¼Tasse fein gehackte Zwiebeln
1 zerdrückte Knoblauchzehe
½ TL Salz
Pfeffer nach Geschmack
2 EL Wasser
½ Tasse kleine Garnelen

In einer kleinen, tiefen Bratpfanne erhitzen:

2 Tassen Öl

Die Masse esslöffelweise in das heiße Öl drücken und niederhalten, bis das Klößchen eine runde Form behält. Wenden und goldbraun braten. Man kann mehrere Klößchen gleichzeitig braten. Mit Reis und einer Mischung aus süßer Sojasoße und scharfen Peperoni zum Eintauchen servieren.

Reste verwerten

1. Die Geflügelhaut mit verwenden, wenn gekochtes Hühnerfleisch für Kroketten oder Brotaufstrich durch den Fleischwolf gelassen wird.

2. Geflügelfett in einem Behälter im Kühlschrank aufbewahren. Wenn genug angesammelt ist, auslassen und wieder in den Kühlschrank stellen. Zum Braten benützen (oder sofort auslassen, wenn Geflügel gekocht wird).

3. Fett von Huhn und Schwein oder Speck zum Brotbacken verwenden.

4. Überschüssiges Fett vom Fleisch abschneiden, fein schneiden, in einer Pfanne auslassen und als Bratfett benützen.

5. Als Brotaufstrich: Ein oder zwei gekochte Hühnerlebern mit gehackten hartgekochten Eiern und ein wenig Mayonnaise vermengen.

6. Alle Knochen und Fleischreste aufbewahren, um daraus Suppenbrühe zu kochen (siehe Suppen).

7. Schinkenreste klein schneiden, einfrieren und zu Suppen, Salaten und Auflauf-Gerichten verwenden.

8. Ein Stück restliches Roastbeef mit etwas Wasser besprühen. Sorgfältig in Folie wickeln und eine Stunde bei 120-150 °C backen. Schmeckt wie frisch zubereitetes Roastbeef.

9. Rezepte mit Reste-Verwertung:

Rind und anderes Fleisch:
Gebratener Vietnam-Reis (S. 105)
Kays Japanischer Reis (S. 107)
Gebackener Mandarin-Reis (S. 109)
Einfaches Curry (S. 111)
Gartenauflauf (S. 114)
Empanadas (S. 131)
Fleisch-Kartoffel-Quiche (S. 148)
Burger Grundrezept (S. 157)
Westafrikanischer Erdnusstopf (S. 163)
Zucchini-Pfanne (S. 230)

Hähnchen und Pute:
Hähnchen-Käse-Auflauf (S. 119)
Puten-Apfel-Auflauf (S. 118)
Hähnchen-Soufflé (Variation) (S. 145)
Hühnertopf mit Ananas (S. 172)
Hühnerfleisch-Auflauf (S. 118)
Hühnerfrikassee (S. 176)
Sommernachtssalat (S. 247)
Chinesischer Hühner-Gurken-Salat (S. 257)

Schinken-Gerichte:
Großer Calico-Topf (S. 79)
Einfacher Linsen-Eintopf (S. 86)
Neufundländisches Abendessen (S. 192
Quiche Lorraine (S. 147)
Fleisch-Kartoffel-Quiche (S. 148)
Bohnensuppe (S. 200)
Schwarze Bohnen-Suppe (S. 201)
Schinken-Topf (S. 208)
Jäger-Eintopf (S. 208)
Sommernachtssalat (S. 247)

10. Suppen und Eintöpfe

Der Abschnitt »Resteverwertung« passt bei diesem Kapitel besser an den Anfang als ans Ende. Suppen machen heißt: allerlei Reste sammeln, die Küchenregale und den Kühlschrank kontrollieren und den Garten durchsuchen. Ein Rest Suppe ist kein Problem. Er kann bei der nächsten Mahlzeit den Suppenliebhabern angeboten oder in der Thermosflasche jemandem mitgegeben werden. Die meisten Suppen lassen sich leicht einfrieren, und viele verbessern ihr Aroma beim Aufwärmen. Beim Zusammenstellen dieses Buches erhielten wir viele, zu viele gute Ratschläge für Suppen, als dass wir sie alle hätten abdrucken können. Nach den Briefen zu urteilen, stehen auch heute viele Köchinnen am Suppentopf, um köstliche, Herz und Magen erwärmende Mahlzeiten zu kochen, die Fleisch sparen und Getreide, Hülsenfrüchte und Gemüse in schmackhafter Form auf den Tisch bringen. Die verschiedensten Dinge wandern in den Topf. Eine Einsenderin schreibt uns:

Was man mit Knochen und Sonstigem machen kann

»Ich sammle alle Knochen von Geflügel und Fleisch in meinem Gefriergerät, bis ich genug für meinen größten Topf habe. Meine Methode ist folgende: Die größten Knochen (mit einem umwickelten Hammer) zertrümmern, damit das Mark frei wird. Die Knochen knapp mit Wasser bedecken und eine Viertel Tasse Essig und 2 TL Salz pro 2 l Wasser dazugeben, um das Kalzium aus den Knochen zu lösen. Decken Sie den Topf zu und lassen Sie alles 3 bis 4 Stunden köcheln oder 30 Minuten im Dampfdrucktopf kochen (ich besitze einen Holzherd, daher arbeite ich lieber nach der langsamen Methode). Dazu gebe ich Suppengemüse oder Gemüsereste (auch Abgeschältes von Gemüse), 4 Pfefferkörner, ein zerkrümeltes Lorbeerblatt. Dann streiche ich die Brühe durch ein Sieb, lasse sie über Nacht abkühlen und das Fett fest werden. (Die Knochen und das Suppengemüse überlasse ich dem Hund.) Dann schöpfe ich das Fett ab und nehme diese Brühe als Grundlage für köstliche Suppen.«

Eine ähnliche Methode wurde respektlos in einem Zeitungsausschnitt »Abfallsuppe« genannt, aber das Ergebnis übertrifft jede Dosensuppe. Man kann einen Topf zum ständigen Suppentopf bestimmen und ihn halb mit Wasser füllen. Stellen Sie ihn in den Kühlschrank, aber nehmen Sie ihn jeden Abend heraus, um auf dem Herd eine Stunde lang zu kochen, während Sie das Essen anrichten und die Küche wieder in Ordnung bringen. Alle Knochen von den Tellern (langes Kochen tötet die Keime ab), gewaschene Gemüseschalen, Gemüsesaft, restliche Salate (die Essigsoße abgießen), Bratenfett und andere Reste wandern hinein. Wenn Sie Fleisch ohne Soße gemacht haben, geben Sie ein bisschen Wasser in die Bratpfanne, kochen den Bratensatz auf und leeren ihn in den Suppentopf. Lassen Sie den Suppentopf abkühlen, und stellen Sie ihn dann wieder in den Kühlschrank. Nach etwa einer Woche abseihen und verbrauchen. Beginnen Sie von Neuem.

Eine andere Einsenderin schreibt:

»Obgleich mich der Metzger manchmal befremdet anschaut, frage ich beim Einkaufen immer nach Knochen. Ich nehme sie mit nach Hause, lege sie in den Suppentopf mit Wasser und koche sie 3-4 Stunden. Dann filtere ich die Brühe ab und mache sie ein. Mit ihr kann ich dann jederzeit eine gute warme Suppe machen. Die Brühe wurde mir manchmal schlecht, ehe ich sie ganz verbraucht hatte. Nun nehme ich die frische Brühe und friere sie im Eiswürfelbehälter ein und verwahre die Würfel in Plastikbeuteln im Tiefkühlfach. Ein Würfel ergibt etwa ¼ Tasse. So ist es leicht, die benötigte Menge für ein bestimmtes Rezept herauszunehmen.«

Wiederverwertung der Reste

Einige Leute lassen die Reste in der hintersten Ecke ihres Kühlschrankes in einzelnen Plastikdosen verkommen. Hier ein besserer Vorschlag: Ich habe einen großen Plastikbehälter im Gefrierfach unseres Kühlschrankes. Dahinein wandern Reste von Gemüse, Nudeln, Brühe, Fleisch – alles, was für eine Gemüsesuppe gut sein könnte. Wenn der Behälter voll ist, gebe ich Wasser dazu, vielleicht noch etwas Brühe und Gewürze und koche alles zusammen. Auf diese Art kamen wir zu einigen köstlichen Suppen. Da jede etwas anders wird, erleben wir viele Überraschungen. Einige Vorteile: Wir essen dadurch selten Reste und müssen kaum Lebensmittel wegwerfen, die zu lang im Kühlschrank gestanden haben.

Getreide, Hülsenfrüchte und Gemüse aus dem Vorrat

Man hat also Brühe und Reste gesammelt. Nun braucht die Suppe noch ein Bindemittel und den richtigen Schliff. Stellen Sie eine Reihe Gläser auf Ihr Küchenbord mit Reis, Gerste, getrockneten Erbsen, Linsen und Bohnen (Bohnen müssen vor dem Kochen eingeweicht werden). Kochen Sie eine Handvoll davon im Topf mit, während Sie Gemüse und Kräuter richten. Oder machen Sie eine Suppe ganz auf der Basis einer Hülsenfrucht. Bohnen- oder Linsensuppe zusammen mit Vollkornbrot versorgt Sie mit hochwertigem Eiweiß (Eiweißkombination, s. S. 28).

Mixer sind eine große Hilfe bei der Suppenzubereitung. Jeder Gemüserest, mit ein bisschen Milch gemixt, schafft die Grundlage für eine Cremesuppe. Geben Sie einfach etwas Milch dazu, Gewürze, und die Suppe ist fertig. Die gemixten Gemüse binden normalerweise die Suppe genug. Wenn dies nicht ausreicht, geben Sie noch etwas Helle-Soßen-Mischung (S. 139) dazu. Der gleiche Trick kann bei Auflaufresten angewendet werden. Mixen Sie eine Tasse der restlichen Hähnchen-Nudel-Mischung, und schon haben Sie eine gute Hühnersuppe. Gemixte Makkaroni und Käse ergeben eine milde Käsesuppe, restliche weiße oder braune Bohnen eine Bohnensuppe.

Der kleine Kräutergarten hinter dem Haus

Meine Mutter pflanzte Petersilie draußen rund um den Wasserhahn. Regen und Tropfen vom Hahn gaben den Pflanzen ein frisches Grün während der dürren Sommer in Kansas. Aber die meisten Kräuter wachsen auch sehr gut in trockenen, mageren Böden. Zur Petersilie setzen Sie etwas Schnittlauch, etwas Dill, und – wenn Sie Platz haben – noch etwas, was der langweiligsten Suppe einen feinen Geschmack gibt, zum Beispiel Liebstöckel. Trocknen Sie Kräuter für den Winter. Viele der Pflanzen gedeihen auch in Blumentöpfen auf dem Fensterbrett, wenn Sie draußen keinen Platz haben.

Trocknen Sie Sellerieblätter in einem mit einem Tuch ausgelegten Korb an einem warmen Ort in der Küche. Wenn sie trocken sind, werden sie in ein Glas zerkrümelt und für Suppen bereitgehalten.

Und eine letzte Idee, die in modernen Haushalten vielleicht nicht mehr zu verwirklichen ist. Sie ist aber ein Zeichen da-

für, dass ein guter Essensduft auch unsere Seele nährt:
Im Winter ist es sehr hilfreich, einen Ofen im Esszimmer zu haben, auf dem die Suppe den ganzen Vormittag köcheln kann. Es duftet gut und lässt den Raum tatsächlich ein wenig wärmer erscheinen, als er ist.

Benutzung der Rezepte

Auf Seite 75 finden Sie eine schnelle Methode für das Einweichen von Bohnen und andere Informationen. Vorgekochte, gefrorene oder eingemachte Bohnen können ebenfalls in Bohnensuppenrezepten verwendet werden. Immer wenn ein Rezept Brühe verlangt, nehmen Sie selbstgemachte Brühe oder Suppenfond oder ersatzweise 1 Tasse Wasser mit 1 Würfel Bouillon (1 TL Bouillon) für jede Tasse Brühe. Käufliche Dosenbrühe ist teuer und verpackungsaufwendig.

Tomatencremesuppe

Zeitsparend
Reicht für 3-4 Personen

Dünsten:
2 EL Margarine
2 EL gehackte Zwiebeln
Hineinrühren:
3 EL Mehl
2 TL Zucker
1 TL Salz
⅛ TL Pfeffer
je 1 Prise Knoblauchsalz, Basilikum, Oregano, Thymian
Vom Feuer nehmen. Nach und nach hineinrühren:
2 Tassen Tomatensaft
Zum Kochen bringen, ständig umrühren. 1 Minute kochen. Die heiße Tomatenmischung einrühren in:
2 Tassen kalte Milch (Verfeinerung: etwas süße oder saure Sahne oder 1 EL Butter)
Bis kurz vor den Siedepunkt erhitzen und servieren.

Alternativ-Vorschlag:

Die Suppe mit Klößchen nahrhafter machen:
Mischen:
2 geschlagene Eier
2 EL Wasser
1 TL Salz
Mit Mehl zu einem dicken Teig schlagen.
Den Teig teelöffelweise in die kochende Suppe geben. Dabei den Löffel stets vorher in die Suppe tauchen. Vom Feuer nehmen und bis zum Servieren bedeckt halten.

Karfreitags-Gemüsesuppe

Zeitsparend
Reicht für 4-5 Personen

In einem Topf erhitzen:
3 EL Pflanzenöl
Hinzugeben:
3 geschnittene, mittlere Karotten
2 geschnittene, mittlere Zwiebeln
1 oder 2 geschnittene Stängel Sellerie
1 bis 2 Tassen geraspelten Kohl
¼ TL Salz
Etwa 15 Minuten auf mittlerer Hitze kochen, gelegentlich umrühren.
Hinzugeben:
4 Tassen Hühnerbrühe
2 Tassen frische oder gefrorene grüne Brechbohnen
¼ bis ½ TL Kümmelkörner
Zum Kochen bringen. Die Hitze verringern, zudecken und 15 Minuten köcheln oder bis die Gemüse gar sind. Gewürfelt in die Suppenteller bzw. die Terrine geben:
125 g Käse
Mit dem Schöpflöffel die heiße Suppe direkt auf den Käse gießen, sodass er langsam schmilzt.
Anrichten mit:
¼ Tasse gehackter Petersilie

Gazpacho

Reicht für 4 Personen

In einer Schale mischen:
1 Tasse geschälte, fein gehackte Tomaten
½ Tasse fein gehackte grüne Paprika
½ Tasse gehackten Sellerie
½ Tasse gehackte Salatgurke
¼ Tasse gehackte Zwiebeln
2 TL geschnittene Petersilie
1 TL geschnittenen Schnittlauch
1 kleine Knoblauchzehe (zerdrückt)
3 EL Weinessig
2 EL Salatöl
1 TL Salz
¼ TL frisch gemahlenen Pfeffer
½ TL Worcestershire-Soße
3 Tassen Tomatensaft
Kühlen. Als Appetitanreger oder als kalte Suppe servieren.

Alternativ-Vorschlag:

Tomatensaft weglassen.

Minestrone

Reicht für 8 Personen

Über Nacht oder nach Schnellmethode einweichen:

250 g kleine weiße Bohnen

Zudecken und 1 ½ Stunden kochen. Abgießen, die Brühe aufbewahren.
In eine große Pfanne geben:

250 g gewürfeltes Salzfleisch oder anderes Schweinefleisch

Zudecken und im eigenen Fett braten, bis es gebräunt ist. Etwas Fett abgießen.
Hinzugeben:

1 gehackte Zwiebel
2 fein geschnittene Knoblauchzehen

Dünsten, bis es gar ist.
Hinzufügen:

10 Tassen Brühe (Einweichbrühe, durch Wasser ergänzt)
4 Würfel Rindsbouillon
2 fein geschnittene Möhren
2 gehackte Stängel Sellerie
¼ fein gehobelter Kohl
2 geschälte und geschnittene Tomaten (oder ¾ Tassen gekochte Tomaten)
Salz und Pfeffer

Bedecken, zum Kochen bringen, die Hitze verringern und die Suppe 1 ½ Stunden köcheln.
Hinzugeben:

2 Tassen gefrorene Erbsen oder Schnittbohnen
½ Tasse Hörnchennudeln

Weitere 20 Minuten köcheln. Kurz vor dem Servieren einrühren:

3 EL gehackte Petersilie

Heiß servieren, mit Parmesan bestreuen.

Schnelle Minestrone

Zeitsparend
Reicht für 6 Personen

In einem Kochtopf zusammenrühren:

3 Tassen kochendes Wasser
1 Beutel Tomatensuppe oder eine ähnliche Päckchensuppe

Hinzugeben:

1 mittlere gehackte Zwiebel
2 Tassen gekochte rote Bohnen (Kidney)
2 Tassen gekochten oder gefrorenen Mais
1 Tasse passierte Tomaten
1 TL Salz
⅛ TL Pfeffer

10 Minuten kochen.
Hinzugeben:

¼ Tasse gehackte Petersilie

Alternativ-Vorschlag:

Heiße Fleischbrühe mit Gemüse und Kräutern kann das Wasser und Suppenpäckchen ersetzen.

Gemüse-Rindfleisch-Suppe

Reicht für 8-10 Personen

In einem großen Topf mischen:

1 bis 1 ½ kg Rindsknochen
3 l Wasser oder Brühe
1 ½ TL Salz
¼ TL Pfeffer
1 Lorbeerblatt

Zudecken und 2-3 Stunden köcheln oder im Schnellkochtopf ½ Stunde. Die Knochen herausnehmen und überschüssiges Fett abschöpfen. Das Fleisch abschaben, hacken und beiseitestellen.

Hinzugeben:

½ Tasse Gerste oder Graupen

Etwa ½ Stunde weiterkochen.

Hinzugeben:

1 Tasse geschnittene Karotten
1 Tasse geschnittene Kartoffeln
1 Tasse Erbsen oder grüne Bohnen
1 Tasse geschnittenen Sellerie mit Blättern
½ Tasse gehackte Zwiebeln
2 Tassen geraspelten Kohl
2 Tassen gekochte Tomaten
Kräuter und Gewürze nach Geschmack
das gehackte Fleisch

Kochen, bis die Gemüse zart sind. Man kann jeden Gemüserest mit verwenden.

Alternativ-Vorschläge:

Chilisoße oder -pulver nach Geschmack verwenden.

½ Tasse saure Sahne kurz vor dem Servieren einrühren.

Gemüse-Eintopf

Zeitsparend
Reicht für 6 Personen

In einem Topf mischen:

½ Tasse ungekochten Reis
3 Würfel Hühnerbrühe
5 Tassen Wasser
½ Tasse gewürfelte Möhren
1 Tasse gewürfelte Kartoffeln
1 geschnittene Zwiebel
½ Tasse fein geschnittenen Sellerie
1 Tasse Tomaten (frisch oder aus Dose)
2 TL Salz
⅛ TL Pfeffer

Zum Kochen bringen und 45 Minuten köcheln. Wenn alles gar ist, zugeben:

1 Tasse Milch (oder Rahm)

Bis knapp unter den Siedepunkt erhitzen und sofort servieren.

Neufundländisches warmes Abendessen

In Neufundland reicht man nach diesem warmen Abendessen Brot oder Toast mit Marmelade und Tee als Dessert.
Reicht für 4-6 Personen

In einem Suppentopf zum Kochen bringen:

500 bis 1000 g Schinkenknochen oder Haxen
1 mittlere Zwiebel, in grobe Stücke geschnitten

Wasser, bis alles bedeckt ist.
Köcheln, bis das Fleisch gar ist. Das Fleisch von den Knochen nehmen und zurück in die Brühe geben. Die Brühe abschmecken und nötigenfalls Salz zugeben. Die Gemüsesorten in große Stücke schneiden und in dieser Reihenfolge zugeben:

3 bis 4 Möhren
3bis 4 weiße Rüben
3 bis 4 Kartoffeln
4 bis 6 kleine, ganze Zwiebeln (nach Belieben)
1 Kohlkopf, in große Stücke geschnitten

Zudecken und kochen, bis das Gemüse gar ist. Aus dem Topf in tiefe Teller servieren.

Deutsche Kartoffelsuppe

Zeitsparend
Reicht für 4-6 Personen

In einem Kochtopf mischen:

4 geschälte und gewürfelte, mittlere Kartoffeln
1 geschnittene Zwiebel
1 TL Salz
1 Prise Pfeffer
3 ½ Tassen Wasser

Kochen, bis die Kartoffeln gar sind.
In einem anderen Kochtopf erhitzen:

1 EL Butter
1 EL Mehl

Unter Umrühren bräunen.
Hinzugeben:

3 Tassen Kochbrühe der Kartoffeln

Kochen und rühren, bis es sämig wird. Die Kartoffeln und Zwiebeln zugeben und erhitzen. Mit Petersilie bestreuen.

Goldene Kartoffelsuppe

Zeitsparend
Reicht für 4 Personen

Langsam in einem Kochtopf dünsten und gelb werden lassen:

2 EL Öl oder Bratfett
⅓ Tasse fein geschnittene Zwiebeln

Hineinrühren:

1 EL Mehl
1 TL Salz
1 Prise Pfeffer

Hinzugeben:

1 Tasse Wasser

Unter ständigem Rühren 2 Minuten kochen.

Hinzugeben:

1 Tasse (oder mehr) restlichen Kartoffelbrei
2 ½ Tassen Milch
½ Tasse geriebenen Käse

Langsam erhitzen, bis der Käse schmilzt. Nicht kochen. Mit Petersilie oder gerösteten Brotwürfeln anrichten.

Kartoffelcremesuppe mit Käse

Reicht für 6 Personen

In einem großen Topf dünsten:

2 EL Butter oder Margarine
½ Tasse fein gehackte Zwiebeln

Hinzugeben und köcheln, bis die Gemüse gar sind:

500 g gehobelte Karotten
500 g gehobelte Kartoffeln
6 Tassen Hühnerbrühe
½ TL getrockneten Thymian
1 Lorbeerblatt
⅛ TL Tabasco-Soße (oder mehr nach Geschmack)
½ TL Worcestershire-Soße
½ TL Zucker
Salz und Pfeffer nach Geschmack

Hinzugeben und bis zum Schmelzen umrühren:

1 bis 2 Tassen geriebenen Käse (Chester)
1 ½ Tassen Milch (oder teilweise Sahne)

Das Lorbeerblatt herausfischen. Heiß, bestreut mit gehackter Petersilie, servieren.

Blumenkohlcremesuppe

Reicht für 6-8 Personen

In gesalzenem Wasser gar kochen:

1 mittleren geschnittenen Blumenkohl

In einem großen Kochtopf dünsten:

4 EL Butter oder Margarine
¼ Tasse gehackte Zwiebeln

Hineingeben:

¼ Tasse Mehl

Hinzugeben:

3 Tassen Hühnerbrühe
2 Tassen Milch
1 TL Worcestershire-Soße
den Blumenkohl und etwas Kochwasser

Kochen, bis die Mischung leicht dickt.
Hinzugeben:

1 Tasse geriebenen Käse

Umrühren, bis der Käse schmilzt, und mit Kräutern bestreut servieren.

Alternativ-Vorschlag:

2-3 mittlere Zucchini können den Blumenkohl gut ersetzen. Eventuell nach dem Kochen im Mixer pürieren.

Französische Zwiebelsuppe

Reicht für 6 Personen

In eine Pfanne geben:

50 g Margarine
3 Tassen in dünne Ringe geschnittene Zwiebeln

Zudecken und etwa 15 Minuten dünsten.
Hineinrühren:

1 ½ TL Salz
2 EL Mehl

Hinzugeben:

4 Tassen Fleisch- oder Gemüsebrühe

Zum Kochen bringen. Die Hitze verringern und 1 Stunde köcheln.

Alternativ-Vorschläge:

- Französische Weißbrotscheiben im Ofen bei niedriger Hitze toasten, bis sie trocken und knusprig sind. Eine Scheibe in jede Suppentasse legen, mit geriebenem Käse bestreuen und die Suppe daraufschöpfen.
- Die Suppe in eine Auflaufform gießen, mit getoastetem französischem Weißbrot bedecken, reichlich mit Schweizer Käse bestreuen, zuletzt mit etwas Parmesankäse. Im Ofen bei 220 °C 10 Minuten überbacken. In der Form auf den Tisch bringen.

Lauchsuppe à la Buzz & Don

Zeitsparend
Reicht für 6 Personen

Zum Kochen bringen:
3 l Wasser mit 4 Hühnerbrühwürfeln oder 3 l Hühnerbrühe
Klein schneiden und hinzufügen:
750 g frischen Lauch samt den grünen Blättern
750 g Kartoffeln
750 g Möhren
1 Stängel Sellerie
1-2 Stunden köcheln oder bis die Gemüse gar sind.
Hinzufügen:
½ TL Bohnenkraut
½ TL Majoran
1 Prise Rosmarin
Salz nach Geschmack
Eine weitere halbe Stunde köcheln. Im Mixer pürieren, durch den Wolf drehen oder durch ein feines Sieb streichen.
Vor dem Servieren nochmals erhitzen und mit 1 EL gehackter Petersilie servieren.

Spinatsuppe

Reicht für 6-8 Personen

In einer tiefen Pfanne anbraten:
4 Scheiben durchwachsenen Speck
Die Scheiben herausnehmen, abtropfen und beiseitelegen.
In das Speckfett geben:
2 große Lauchstängel, fein geschnitten (oder Frühlingszwiebeln)
6 mittlere, ungeschälte und gewürfelte Kartoffeln
1 TL Salz
3 Tassen kochendes Wasser
Zudecken und 15 Minuten köcheln. In einem anderen Kochtopf zerlassen:
2 EL Butter
Hineinrühren:
3 EL Mehl
1 TL Gemüsebrühepulver
Hinzugeben:
3 Tassen Milch
Kochen und rühren, bis es dickt. Dann zu dem gekochten Gemüse geben und erhitzen.
Hinzugeben:
1 ½ Tassen fein gehackten Spinat
5 Minuten köcheln. Mit je 1 Prise Pfeffer und Muskat und den zerbröselten Speckscheiben bestreuen.

Russischer Borschtsch

Riesige Töpfe mit Hammel-Borschtsch gab es traditionell bei Mennoniten-Hochzeiten in Russland. Dabei ist auf die richtige Kräuterzusammenstellung zu achten.
Reicht für 8-10 Personen

In einen großen Topf geben:

1 kg Hammelnacken oder Lammknochen
2 l Wasser
2 TL Salz
1 EL Essig

2-3 Stunden köcheln oder ¾ Stunde im Schnellkochtopf. Die Knochen herausnehmen und beiseitestellen. Den Topf an einen kühlen Ort stellen, damit das Fett hart wird. Das Fett abschöpfen. In den Suppentopf geben:

6 Tassen der Hammelbrühe

Hinzugeben:

1 große gehackte Zwiebel
1 l fein gehackten Kohl
5 Tassen gewürfelte Kartoffeln
1 Tasse passierte Tomaten oder
2 Tassen gekochte Tomaten
2 Stängel Petersilie oder Petersilienwurzel

In einem Beutel oder Tee-Ei beigeben:

5 Pfefferkörner
3 Stängel Dill
1 trockene rote Paprikaschote
1 Lorbeerblatt

Den Gewürzbeutel in die Suppe geben. Köcheln, bis die Gemüse gar sind. Das Fleisch von den Knochen schneiden und in die Suppe geben. Einige weitere Minuten köcheln, damit das Aroma durchzieht. Vor dem Servieren den Gewürzbeutel herausnehmen und die Suppe mit Salz und Pfeffer abschmecken.

Alternativ-Vorschläge:

- Rind- oder Hühnerfleisch verwenden.
- Rote Beete oder junge Blätter der roten Beete zugeben.
- 1 Tasse süße oder saure Sahne vor dem Servieren dazugeben.

Schneller Rote-Beete-Borschtsch

Zeitsparend
Reicht für 4 Personen

In einem Kochtopf mischen:

1 Tasse fein gehackten Kohl
1 fein gehackte Zwiebel
2 Tassen Wasser

10 Minuten kochen.
Zugeben:

2 Tassen Brühe
2 mittlere, gekochte und gehackte Rote Beete
½ Tasse Rote-Beete-Saft
½ TL Salz
1 Prise Pfeffer
2 EL Zitronensaft

Zum Kochen bringen. In Suppentassen gießen und auf jede Portion geben:

2 EL geschlagene saure Sahne

Mit geröstetem Roggenbrot servieren.

Alternativ-Vorschläge:

- Dem Kohl gewürfelte Möhren zugeben.
- Tomaten dazugeben.

Kürbissuppe

Zeitsparend
Reicht für 6 Personen

In einem großen Bratentopf zerlassen:

2 EL Margarine

Hinzugeben:

¼ Tasse gehackte grüne Paprika
1 kleine, fein gehackte Zwiebel

Gar dünsten, doch nicht bräunen.
Hineinrühren:

1 EL Mehl
1 TL Salz

Hinzugeben:

2 Tassen Hühner- oder Fleischbrühe
2 Tassen pürierten Kürbis
2 Tassen Milch
⅛ TL Thymian
¼ TL Muskat
1 TL gehackte Petersilie

Kochen und ständig rühren, bis es dickt.
Mit 1 TL gehackter Petersilie servieren

Alternativ-Vorschlag:

1 Tasse gekochte Tomaten zugeben.

Käse-Mais-Eintopf

Zeitsparend
Reicht für 4 Personen

In einem Kochtopf mischen:
- **½ Tasse Wasser**
- **2 Tassen gewürfelte Kartoffeln**
- **1 Tasse geschnittene Möhren**
- **1 Tasse gehackten Sellerie**
- **1 TL Salz**
- **¼ TL Pfeffer**

Zudecken und 10 Minuten köcheln.
Zugeben:
- **2 Tassen Mais (püriert)**

5 Minuten köcheln.
Zugeben:
- **1 ½ Tassen Milch**
- **⅔ Tassen geriebenen Käse**

Rühren, bis der Käse schmilzt und der Eintopf durch und durch heiß ist. Nicht kochen.

Schnelle Mais-Suppe

Zeitsparend
Reicht für 4 Personen

In einem Mixer pürieren:
- **2 Tassen Mais (ganze Körner aus der Dose)**
- **1 Tasse Milch**

In einen Kochtopf schütten.
Zugeben:
- **2 Tassen Milch**
- **½ TL Salz**
- **Pfeffer**
- **Sellerie- und Zwiebelsalz nach Geschmack**

Durchkochen. Der pürierte Mais dient als Bindemittel.

Alternativ-Vorschlag:

Jeder gekochte Gemüserest kann den Mais ersetzen.

Mais-Bohnen-Eintopf

Reicht für 6-8 Personen

In einem großen Suppentopf dünsten:
- **¼ Tasse Öl**
- **2 Tassen geschnittene Zwiebeln**
- **2 fein geschnittene Knoblauchzehen**

Hinzugeben:
- **3 Tassen Mais (frisch, gefroren oder aus der Dose)**
- **4 Tassen Brühe**
- **¼ TL Muskat**

Die Mischung zum Kochen bringen. Köcheln, bis der Mais gar ist.
In einem Mixer pürieren:
- **1 weitere Tasse Mais**

Zur Suppe geben:
- **den pürierten Mais**
- **½ Tasse Sahne oder Kondensmilch**
- **1 ½ Tassen gekochte rote Bohnen**
- **½ TL Salz**

Die Suppe knapp zum Kochen bringen, die Hitze verringern und einige Minuten köcheln lassen.

Alternativ-Vorschlag:

Um eine dickere Suppe zu erhalten, 1-2 gekochte Kartoffeln verwenden.

Grüne Bohnensuppe

Die Einsenderin serviert diese Suppe mit dem traditionellen Rollkuchen (gesalzene Variante S. 199) als ein sommerliches Lieblings-Abendessen.
Zeitsparend
Reicht für 6 Personen

In einem Kochtopf goldbraun dünsten:
3 EL Butter
1 geschnittene große Zwiebel
Hinzugeben:
6 Tassen Wasser oder Brühe
1 Tasse gehobelte Möhren
1 Tasse gewürfelte Kartoffeln
4 Tassen geschnittene, frische oder gefrorene grüne Bohnen
1 Bündel frisches Bohnenkraut (zusammengebunden zum leichteren Herausnehmen)
Kochen, bis die Gemüse gar sind, die Kräuter herausnehmen.
Hinzugeben:
½ Tasse Sahne oder Kondensmilch
Salz, Pfeffer und frische gehackte Petersilie
Erhitzen und auf Teller verteilen. Über jede Portion streuen:
gewürfelte hart gekochte Eier

Rote Bohnensuppe

Reicht für 6 Personen

In einem großen Kochtopf mischen:
500 g trockene rote Bohnen
2 l Wasser
Über Nacht oder nach Schnellmethode einweichen.
Hinzugeben:
1 Tasse geschnittenen Sellerie
2 Tassen geschnittene Möhren
½ Tasse gehackte Zwiebeln
1 EL Worcestershire-Soße
1 EL Salz
1 Lorbeerblatt
⅛ TL gemahlene Nelken
Bei starker Hitze zum Kochen bringen. Die Hitze verringern und 1 ½ Stunden unter häufigem Rühren köcheln.

Grüne Bohnen-Schinken-Suppe

Reicht für 6-8 Personen

In einem 6-Liter-Kochtopf mischen:

1 kg fleischige Schinkenknochen[8] (Schälrippchen)
2 l Wasser

1 ½ Stunden kochen. Das Fleisch von den Knochen entfernen und in große Stücke schneiden. In die Brühe geben; dazu kommen:

4 Tassen grüne Bohnen (geschnitten)
3 Tassen gewürfelte Kartoffeln
2 geschnittene mittelgroße Zwiebeln
4 Stängelchen Bohnenkraut (gehackt) oder 1 TL getrocknetes Bohnenkraut
1 TL Salz
¼ TL Pfeffer

Zum Kochen bringen; Hitze verringern und 20 Minuten bedeckt köcheln, bis die Gemüse gar sind. Überschüssiges Fett abschöpfen. Kurz vor dem Servieren hineinrühren:

1 Tasse Milch oder Sahne
¼ Tasse gehackte Petersilie

Bohnensuppe

Mit Maisbrot servieren, damit das pflanzliche Eiweiß der Hülsenfrüchte ergänzt wird. Reicht für 8 Personen

Über Nacht oder mit Schnellmethode einweichen:

2 Tassen kleine weiße Bohnen
2 l Wasser

Hinzugeben:

1 Schinkenknochen[9], Schälrippchen oder einige Schweinshaxen
1 gehackte Zwiebel
3 Stängel Sellerie mit Blättern, gehackt
3 geschnittene Möhren
1 l Tomatensaft oder gekochte Tomaten
Salz und Pfeffer nach Geschmack.

2 Stunden köcheln oder auch länger, bis die Bohnen gar sind. Wenn notwendig, weitere Flüssigkeit zugeben. Das Fleisch von den Knochen schaben, hacken und wieder in die Suppe geben.

8/9 Schinkenknochen ist eine Schweineschulter mit Bein, die behandelt wurde wie gekochter Schinken.

Arme-Leute-Suppe

Reicht für 8 Personen

In einen großen Topf geben:

1 Tasse kleine weiße oder rote Bohnen
3 l Wasser

Über Nacht oder schnell einweichen.
Die Bohnen 45 Minuten köcheln.
Hinzugeben:

2 Tassen Tomatensaft oder gekochte Tomaten
1 Tasse geschnittenen Sellerie
1 gewürfelte Möhre
1 gewürfelte Kartoffel
¼ Tasse ungekochten Reis
⅓ Tasse gehackte Zwiebel
1 Würfel Rindsbouillon
1 EL Salz
¼ TL Pfeffer
1 Prise Basilikum

In einer Pfanne bräunen:

250 g Rinderhack

Die Suppe zum Kochen bringen, Fleisch zugeben, zudecken und 1 Stunde köcheln.

Schwarze Bohnensuppe

Reicht für 8 Personen

Über Nacht oder nach Schnellmethode einweichen:

500 g trockene schwarze Bohnen, mit Wasser bedeckt

Abtropfen und Wasser zugeben, sodass 6 Tassen Flüssigkeit entstehen.
Hinzugeben:

1 Tasse gehackte Zwiebeln
1 Tasse gehackte grüne Paprika
1 geschnittene Knoblauchzehe
1 geräucherten Schinkenknochen[10] (oder Schälrippchen)
2 Lorbeerblätter
2 TL Salz
¼ TL Pfeffer

Zudecken und 2-3 Stunden köcheln oder so lange, bis die Bohnen zu zerfallen beginnen. Bei Bedarf noch Wasser zugeben. Den Schinkenknochen herausnehmen, das Fleisch abmachen, kleinschneiden und wieder in die Suppe geben.
Hinzufügen:

¼ Tasse Weinessig oder 2 EL Obstessig

Die Suppe in Suppentassen mit gekochtem Reis schöpfen und mit gehackter Petersilie bestreuen. Zitronenscheiben, hart gekochte, gehackte Eier und gehackte Zwiebeln beigeben.

10 Siehe Fußnote 8/9

Schnelle Sojasuppe

Zeitsparend, wenn vorgekochte Bohnen verwendet werden
Reicht für 4 Personen

Hinzugeben und kurz dünsten:

1 gehackte Zwiebel
1 bis 2 zerdrückte Knoblauchzehen
2 gehackte Selleriestängel

Hinzugeben:

1 l gekochte Tomaten oder Tomatensaft
1 Tasse Wasser, Gemüsebrühe oder Einweichbrühe von Bohnen
2 Tassen gekochte Sojabohnen
1 ½ TL Chilipulver
1 TL Salz
½ TL Pfeffer
½ TL Basilikum
weitere Kräuter und Gewürze nach Geschmack

Zum Kochen bringen, die Hitze verringern, zudecken und 15-30 Minuten köcheln, damit das Aroma durchzieht. In einem großen Bratentopf anbraten:

3 Scheiben fein geschnittenes Rauchfleisch bzw. durchwachsenen Speck

Fett abgießen bis auf ca. 2 EL.

Alternativ-Vorschläge:

- Jede Art gekochter Bohnen kann die Sojabohnen ersetzen.
- Langsam gekochte Suppe: Das Rezept verdoppeln. 500 g eingeweichte, ungekochte Sojabohnen verwenden. 3 Stunden köcheln. Wenn notwendig, weitere Flüssigkeit zugeben. Den gedünsteten Speck ½ Stunde vor dem Servieren zugeben.

Würziger Getreide-Bohnen-Eintopf

Reicht für 8-10 Personen

In einem großen Topf erhitzen:

2 EL Olivenöl oder ein anderes Öl

Hinzugeben und dünsten:

1 Tasse gehackte Zwiebeln
2 Tassen gehacktes Gemüse (Möhren, Sellerie, Pilze)

Hinzugeben:

1 Tasse gekochte Sojabohnen
1 Tasse gekochte Tomaten
2 bis 3 Pfefferkörner
1 Prise Cayennepfeffer
je 1 TL Basilikum, Estragon, Oregano, Selleriekörner, Bohnenkraut
je 1 Prise Thymian, Rosmarin, Majoran, Salbei
2 EL Sojasoße
½ Tasse braunen Reis
⅓ Tasse Weizenschrot
6 bis 8 Tassen Gemüsebrühe

Die Suppe zum Kochen bringen. Die Hitze verringern und 1-2 Stunden köcheln oder bis das Gemüse gar ist (im Dampfdrucktopf 10-15 Minuten).

Graupensuppe mit Kohl

Reicht für 6 Personen

In einem Topf mischen:

¼ Tasse Graupen
4 Tassen Fleisch- oder Gemüsebrühe

2 Stunden zugedeckt köcheln.
In einer Pfanne dünsten:

3 EL Öl
2 mittlere, gehackte Zwiebeln
3 bis 4 Tassen fein gehackten Grünkohl oder anderen Kohl
¼ Tasse gehackte Petersilie

Garen, doch nicht bräunen.
Eine helle Soße herstellen aus:

4 EL Pflanzenöl
4 EL Mehl
4 Tassen Milch
4 Würfel Hühnerbrühe
½ TL Selleriesalz

Die helle Soße zu der Graupenbrühe geben. Die gedünsteten Zwiebeln und den Kohl hineinrühren. Abschmecken. Bestreuen mit:

Schinken- oder Speckstücken oder gerösteten Brotwürfeln
¼ Tasse gehackter Petersilie

Grundrezept Linsensuppe

Zeitsparend
Reicht für 6 Personen

In einen Topf geben:

250 g Linsen
6 Tassen Wasser

30 Minuten kochen oder bis die Linsen gar sind.
Hinzugeben:

2 geschnittene Möhren
½ Tasse geschnittene Frühlingszwiebeln
1 zerdrückte Knoblauchzehe
1 ½ Tassen Tomatensaft
½Tasse geschnittene Petersilie
1 EL Margarine
1 ½ TL Salz
1 Prise Pfeffer
½ TL Oregano

Zum Kochen bringen, die Hitze verringern, köcheln, bis die Möhren gar sind. Abschmecken und servieren.

Alternativ-Vorschläge:

- Schinken- oder Rauchfleischwürfel zugeben.
- 1 EL Weinessig kurz vor dem Servieren hineinrühren.
- Die doppelte Menge zubereiten und die Hälfte abkühlen lassen und einfrieren.

Herzhafte Linsen-Wurst-Suppe

Reicht für 8 Personen

In einem 5-Liter-Topf bräunen:

500 g in Stücke geschnittene Schweinswurst

Die Wurst herausnehmen und bis auf ¼ Tasse alles Fett abgießen.

Hinzugeben:

2 mittlere gehackte Zwiebeln
1 geschnittene Knoblauchzehe
4 mittlere Pastinaken, geschnitten (können auch wegfallen)

5 Minuten kochen oder bis Zwiebeln und Knoblauch gar sind.

Hinzugeben:

2 Tassen Linsen
1 EL Salz
½ TL Majoran
2 Tassen gekochte Tomaten oder Tomatensaft
2 l Wasser
die gebratene Wurst

30 Minuten köcheln oder bis alles gar ist.

In Scheiben schneiden:

1 Laib Brot

Zum Servieren eine Scheibe Brot in jede Suppentasse legen und die Suppe daraufschöpfen. Tabasco-Soße dazu reichen.

Orientalische Linsensuppe

Zeitsparend
Reicht für 4-6 Personen

In einen Kochtopf geben:

1 Tasse Linsen
4 Tassen Wasser
½ TL Kümmel

Die Linsen weichkochen (30-45 Minuten), nötigenfalls Wasser zugeben.

In einem Bratentopf erhitzen:

1 EL Olivenöl

Hinzugeben und gelb dünsten:

1 gehackte Zwiebel
1 geschnittene Knoblauchzehe

Hineinrühren:

1 EL Mehl

Wenige Minuten kochen. Dann der Linsenmischung beigeben, die Suppe zum Kochen bringen und gelegentlich umrühren. Nachdem die Suppe gekocht hat, vom Feuer nehmen und hineinrühren:

2 EL Zitronensaft
Salz und Pfeffer nach Geschmack

Erbsencremesuppe

Zeitsparend
Reicht für 4 Personen

In einem Mixer zusammen verquirlen, bis es sämig ist:

1 ½ Tassen aufgetaute grüne Erbsen
2 Hühnerbrühwürfel
1 dünne Zwiebelscheibe
2 EL Mehl
3 Tassen Milch
1 Prise Pfeffer
1 Prise Muskatnuss

In einen Kochtopf schütten und langsam unter ständigem Rühren erhitzen. Weitere Milch oder Sahne kann hinzugefügt werden.

Alternativ-Vorschlag:

Gekochte Gemüsereste können die gefrorenen Erbsen ersetzen.

Scharfe Erbsensuppe

Reicht für 6 Personen

In einen großen Kochtopf geben:

5 Tassen Hühnerbrühe oder Bouillon
5 Tassen Wasser
500 g getrocknete halbe Erbsen (oder Linsen)

Zum Kochen bringen, vom Feuer nehmen, zudecken und 1 Stunde stehen lassen (diesen Vorgang nicht ausführen, wenn Linsen verwendet werden). Wieder aufheizen und auf schwacher Hitze etwa 45 Minuten köcheln. In einem Bratentopf bei mittlerer Hitze dünsten:

2 EL Butter oder Margarine
½ Tasse gehackte Zwiebeln
1 fein gehackte Knoblauchzehe
1 EL Currypulver
1 TL gemahlener Koriander
1 TL Salz
¼ TL Paprika

Etwa 7 Minuten unter Umrühren anbraten. Die Gewürzmischung in die Erbsen rühren, zudecken und auf schwacher Hitze etwa 20 Minuten kochen. Leicht abkühlen lassen. Immer 2 Tassen der Suppe in einem bedeckten Mixer pürieren, dabei gelegentlich den Deckel etwas heben und den Dampf entweichen lassen. Wiederholen, bis alles püriert ist.
Hineinrühren:

½ Tasse Sahne oder Milch

Auf Serviertemperatur erhitzen. Wenn die Suppe zu dick wird, mit etwas Wasser oder Milch verdünnen.

Scharfes Hühner-Gombo[11]

Für beide Einsender ist Gombo ein bevorzugtes Gästeessen. »Man kann es auch einfach mit Hühnerklein zubereiten«, schreiben sie.
Reicht für 8 Personen

In einem großen schweren Topf dünsten:
¼ Tasse Öl oder 50 g Margarine
2 geschnittene Zwiebeln
2 geschnittene Knoblauchzehen
1 gewürfelte grüne Paprikaschote

Hineinrühren:
2 EL Mehl
Auf leichter Hitze kochen und rühren, bis die Gemüse gar sind.
Hinzugeben:
2 ½ Tassen gekochte Tomaten
2 Tassen gekochte Okra oder 1 ½ Tassen gefrorene ganze Okra
⅔ Tassen Tomatenmark
3 Tassen Brühe
1 ½ EL Salz
¼ TL Pfeffer
1 ½ EL Worcestershire-Soße
⅛ TL gemahlene Nelken
½ TL Chilipulver
1 Prise trockenes Basilikum
1 Lorbeerblatt
1 Stunde köcheln. Gekochten Reis vorbereiten (s. S. 101)
Hacken und beiseitestellen:
⅓ Tasse Petersilie
Zum Gombo geben:
2 bis 3 Tassen gekochtes und gewürfeltes Hühnerfleisch
Kurz köcheln. Zum Servieren den gekochten Reis in die Mitte der Suppentassen geben, mit Petersilie bestreuen. Das Gombo darüberschöpfen.

Alternativ-Vorschlag:

Man kann Okra weglassen. Statt Huhn gekochte Muscheln verwenden.

Hühnernudelsuppe, vietnamesische Art

Die Einsenderin lernte die Zubereitung dieser Suppe von vietnamesischen Studenten am Goshen College, Goshen, Indiana. Obgleich sie aus tropischen Breitengraden stammt, ist diese pfefferige Suppe auch gut zum Aufwärmen an kalten Abenden. Diese Suppe als einzige Speise zubereiten und zwei Schalen davon essen.
Reicht für 6-8 Personen

In einem großen Topf garen:
1 Huhn oder 2-3 Pfund knochige Huhnteile
2 ½ l Wasser
½ TL Glutamat
1 bis 2 zerdrückte Knoblauchzehen
Salz und Pfeffer
Das Huhn aus der Brühe nehmen, häuten und entbeinen. Das Fleisch wieder in die Brühe geben und weiterköcheln. Extra gar kochen:
750 g Suppennudeln
Abgießen.
Zum Servieren einzelne Suppentassen mit Nudeln füllen. Die Brühe mit Hühnerfleisch auf die Tassen verteilen. Über jede Tasse streuen:
1 bis 2 EL gehackte Schalotten
Jede Person kann nach Geschmack zugeben:
gehackte rote Paprika oder Tabasco
Sojasoße
frisch gemahlenen schwarzen Pfeffer
Mit Stäbchen und chinesischen Suppenlöffeln essen.

---

11 Gombo ist ein Gericht mit der tropischen Pflanze Okra, deren reife Samen geschält und wie Erbsen verwendet werden können. Okra wächst dort, wo Tomaten im Freiland gut gedeihen. Gelegentlich auf Märkten erhältlich.

Hühnereintopf mit Pastetenteignudeln

Ein traditionelles Essen aus Pennsylvania, manchmal mit Safran gewürzt.
Reicht für 6-8 Personen

In einem großen Topf gar kochen:

1 großes Suppenhuhn oder Hähnchen, in Stücke geschnitten
2 bis 3 l Wasser, Salz und Pfeffer

Wenn das Huhn gar ist, die Stücke aus der Brühe nehmen, abkühlen lassen und das Fleisch von den Knochen lösen.
Gemüse vorbereiten:

2 bis 3 gewürfelte Kartoffeln
1 gehackte Zwiebel
2 gehackte Selleriestängel
¼ Tasse gehackte Petersilie

Den Pastetenteig vorbereiten: Mischen:

2 Tassen Mehl
¼ TL Salz

Hineinschneiden:

1 EL Bratfett

Hinzugeben:

¼ Tasse Wasser
1 großes, leicht geschlagenes Ei

Mischen und eine Kugel formen. In einer bedeckten Schüssel 15 Minuten stehen lassen.
Gemüse und Hühnerfleisch in die Brühe geben. Kochen, bis die Gemüse gar sind. Auf einem bemehlten Brett den Pastetenteig sehr dünn ausrollen, in etwa 3-cm-Quadrate schneiden und auch diese in die Brühe geben. 5-10 Minuten kochen und servieren.

Griechische Eiersuppe

Eine einfache, aber elegante Art einer Hühner-Reis-Suppe
Reicht für 4 Personen

Zusammen kochen:

die knochigen Teile eines Huhns
5 Tassen Wasser
1 Lorbeerblatt
1 TL Salz
1 Prise Pfeffer

Wenn das Hühnerfleisch gar ist, herausnehmen und das Fleisch von den Knochen lösen. Das Lorbeerblatt herausfischen.
In die Brühe geben und garen:

⅓ Tasse Reis

Das Fleisch wieder in die Suppe geben. Würzen, aufkochen und vom Feuer nehmen.
In einer kleinen Schüssel schaumig schlagen:

1 Ei

In das Ei rühren:

einige EL der heißen Suppe
den Saft einer halben Zitrone

Die Eiermischung in die Suppe rühren. Mit Petersilie bestreuen und sofort servieren.

Schinkeneintopf

Reicht für 6-8 Personen

In einem großen Topf mischen:

2 Tassen gelbe oder grüne halbierte Erbsen
4 Pfefferkörner
1 Schinkenknochen[12]
Salz nach Geschmack
Wasser, bis alles bedeckt ist

Zum Kochen bringen, danach 2-3 Stunden köcheln, bis die Erbsen gar sind, nötigenfalls Wasser zugeben. Den Schinkenknochen herausnehmen, das Fleisch vom Bein lösen und fein schneiden.

Zur Suppe geben:

die Schinkenstücke
6 geschnittene Möhren
1 gehackte grüne Paprikaschote
2 geschnittene Zwiebeln

Kochen, bis die Möhren weich sind (etwa 30 Minuten). Abschmecken und servieren.

Alternativ-Vorschläge:

Statt Schinkenknochen gehacktes Rauchfleisch, Salzfleisch oder Schälrippchen nehmen oder das Fleisch ganz weglassen und mit Kräutern abschmecken. Kurz vor dem Servieren einige hart gekochte, gehackte Eier zugeben. Klöße zugeben. Dazu mischen:

2 Tassen Mehl
½ TL Salz
4 TL Backpulver

Hineinrühren:

1 EL Margarine

Nach und nach beigeben:

1 Tasse Wasser

Mit einem Löffel Klöße formen und in die kochende Suppe geben. Zudecken und 15 Minuten ohne aufzudecken kochen. Klöße nur dann verwenden, wenn die Suppe ganz aufgegessen werden kann. Sie lassen sich nicht gut aufwärmen.

Jäger-Eintopf

In einem großen Topf zusammenbringen:

1 Schinkenknochen[13] **mit restlichem Fleisch**
5 Tassen Wasser

Kochen, bis das Fleisch ganz gar ist (1-2 Stunden). Den Knochen herausnehmen, das Fleisch ablösen und hacken und in die Brühe geben.

Hinzufügen:

1 Tasse frische, gefrorene oder konservierte Bohnen
1 Tasse gebrochene Spaghetti
2 Tassen konservierten, frischen oder gefrorenen Mais
1 große, gehackte Zwiebel
1 l Tomatensaft
Salz und Pfeffer nach Geschmack

20-30 Minuten köcheln, damit das Aroma gut durchzieht.

12/13 Schinkenknochen ist eine Schweineschulter mit Bein, die behandelt wurde wie ein gekochter Schinken.

Fleischbällchensuppe

Dieses Gericht (auch saure Klöße genannt) hat einen pikant-sauren Geschmack.
Reicht für 4 Personen

In einer Teigschüssel mischen:

250 g mageren Rinderhack
½ Tasse Semmel- oder Brotbrösel
½ Tasse Kondensmilch oder Vollmilch
½ TL Salz
1 Prise Pfeffer

Zu Bällchen von etwa 3 cm Durchmesser formen und beiseitestellen.
In einem 3-Liter-Topf mischen:

2 Tassen gewürfelte Kartoffeln
1 kleine, halbierte Zwiebel
7 Körner Piment
gehackte Petersilie
1 geschnittene Möhre
2 Tassen Wasser
1 TL Salz
1 Prise Pfeffer

Alles zum Kochen bringen, dann die Fleischbällchen zugeben. 6 Minuten im Dampfkochtopf oder 20-30 Minuten normal kochen.
Hinzugeben:

½ Tasse Milch oder Sahne
2 TL Essig

Wenn nötig, überschüssiges Fett vor dem Servieren abschöpfen. Mit Petersilie bestreuen.

Alternativ-Vorschläge.

- 1 Tasse frische oder gefrorene Erbsen kurz vor dem Ende der Kochzeit zugeben.
- Keine Kartoffeln in die Suppe geben, sondern ungeschälte, neue Kartoffeln getrennt als Beilage zur Suppe servieren.
- Wenn gewünscht, die Suppe leicht mit Mehl andicken.

Martin-Eintopf

Der Martin-Eintopf erhielt seinen Namen von einer Jugendgruppe, der dieses Gericht von der Einsenderin (Elizabeth Martin) oft vorgesetzt wurde. Das Gericht kann gut im Voraus zubereitet werden und hält sich gut. – Frau Martin wusste nie, ob die Gruppe pünktlich kam.

Zeitsparend
Reicht für 6-8 Personen

In einem großen Topf zum Kochen bringen:

1 ½ l Wasser

Hinzugeben:

2 ½Tassen Makkaroni

Währenddessen in einer Pfanne bräunen:

750 g Rinderhack
1 gehackte Zwiebel

Wenn es die rote Farbe verloren hat, zu den Makkaroni geben.
Hinzufügen:

1 l Tomatensaft
1 EL Salz
Pfeffer

½ Stunde köcheln.
Kurz vor dem Servieren hinzugeben:

2 Tassen gefrorene Erbsen

Einige Minuten weiterkochen und in Suppentassen servieren.

Hamburger Eintopf

Reicht für 6 Personen

In einem Bratentopf bräunen:

500 g Rinderhack

Ausgelaufenes Fett abgießen und hinzugeben:

2 Tassen Tomatensaft
½ Tasse gehackte Zwiebeln
1 Tasse gewürfelte Kartoffeln
1 Tasse gewürfelte Karotten
2 TL Salz

Zudecken und köcheln, bis die Gemüse gar sind.
Eine helle Soße bereiten:

2 EL Butter
2 EL Mehl
2 Tassen Milch

Unter die erste Mischung heben und servieren.

Alternativ-Vorschlag:

Bohnen, Sojabohnen, Mais, grüne Bohnen oder andere Gemüse zugeben. Die Flüssigkeit soweit notwendig ergänzen.

»Goldener Topf« Erdnusssuppe

Reicht für 6 Personen

In einem großen Topf mischen:

30 g getrocknete Pilze
8 Tassen Wasser

5 Minuten einweichen oder bis die Pilze gequollen sind. Die Pilze herausnehmen und beiseitestellen.
Zum Wasser geben:

3 EL Hühnerbouillon-Pulver
¼ TL getrockneten roten Chilipfeffer oder ¼ TL getrockneten, geriebenen roten Pfeffer

Zum Kochen bringen. Hineinrühren:

⅓ Tasse Gerstengraupen

Zudecken und 1 Stunde kochen, oder bis die Graupen gar sind. Den Topf vom Feuer nehmen und hineinrühren:

1 Tasse klumpige Erdnussbutter (chunky)

Mit dem Schneebesen glatt rühren. Wieder aufs Feuer setzen und weiterrühren, bis die Suppe dickt. Hineinrühren:

2 Tassen frische, oder aufgetaute, geschnittene, Brokkoli
die Pilze

3-5 Minuten köcheln.
Vom Feuer nehmen und hineingeben:

2 EL frischen Zitronensaft
2 EL gehackte Petersilie

Alternativ-Vorschlag

Die trockenen Pilze weglassen, mit dem Kochen der Graupen in Wasser und Bouillon (oder Brühe) beginnen. Frische Pilze können kurz aufgedünstet und mit dem Brokkoli beigegeben werden.

Erdnuss-Suppe

Reicht für 3-4 Personen

In einem Bratentopf dünsten:

2 EL Margarine

1 mittlere gehackte Zwiebel

Wenn die Zwiebel gelb geworden ist, hinein rühren:

1 EL Mehl

In einer kleinen Schüssel mischen:

½ Tasse klumpige Erdnussbutter (chunky)

1 Tasse heißes Wasser

Zu den Zwiebeln geben, auf schwacher Hitze kochen und rühren, bis es sämig wird.

Hinzugeben:

1 Würfel Hühnerbouillon

3 Tassen Milch

Langsam aufheizen, oft rühren, bis die Bouillon gelöst und die Suppe heiß ist. Mit Croutons servieren und mit Petersilie garnieren.

Alternativ-Vorschlag

Hühnerbrühe kann Wasser und Brühwürfel ersetzen und nach Belieben einen Teil der Milch.

11. Gemüse

Sie können für wenig Geld viele neue Erfahrungen mit Gemüse machen. Lesen Sie dazu, was ein Lehrerehepaar in Sambia (Afrika) erlebt hat:
»Es ist beeindruckend, wie viel die Sambier essen, was wir wegwerfen würden. Meist handelt es sich um Gemüse sowie Lunge und Innereien von Hühnern. Mit Innereien haben mein Mann und ich uns noch nicht angefreundet, aber wir haben gelernt, weniger Gemüse wegzuwerfen. Wir essen Rüben-, Bohnen-, Brokkoli- und Kürbisblätter. Man wäscht die Blätter, hackt sie klein und kocht sie mit Salz und einer Handvoll klein gehackter Erdnüsse. Daraus entsteht ein liebliches Gemüse in Erdnussbutter.«
Der Blumenkohl unserer Nachbarn bildete keine Köpfe aus. Da sie kein anderes Gemüse hatten, aßen sie die Blätter. Das Interessante dabei ist, dass die Blätter nach Blumenkohl schmeckten.
Ein Garten, und sei er auch noch so klein, kann entzückende und billige Speisen auf den Tisch bringen. Einer meiner Freunde ist ein kleiner Spezialist im Anbau und Ausprobieren aller möglichen Erbsen- und Bohnensorten. Als ich das Rezept aus Puerto Rico (S. 82) bekam, rief ich ihn an, um mich über die mir unbekannte Erbsensorte zu informieren. Er hatte auch noch nicht davon gehört, aber ich bemerkte Interesse in seiner Stimme. Zwei Wochen später kam er mit einem triumphierenden Grinsen zu mir. Er hatte die Kichererbsen in einem seltenen Samenkatalog gefunden und bestellt; im Herbst würden sie zum Probieren reif sein.
Kein Buch kann Auskunft darüber geben, welche Gemüse am billigsten sind, wenn man nicht selbst gärtnert. Jede Gegend hat eben ihre Besonderheiten. Sehr oft sind bei uns Kartoffeln, Karotten und Kohl die billigsten und nährstoffreichsten Gemüse. Kartoffeln besitzen wertvolle Mengen an Vitaminen und Mineralstoffen. Am meisten Nährwerte bleiben erhalten, wenn man sie in der Schale backt. Selbst gekochte Kartoffeln und Kartoffelbrei haben, obgleich sie nicht so gut wie gebackene sind, immer noch doppelt soviel Vitamine und Mineralstoffe wie ein Fertig-Kartoffelbrei zum Anrühren.
Karotten versorgen uns mit Karotin, das unser Körper zur Vitamin-A-Bildung braucht. Kohl, besonders als Rohkost, ist ein hervorragender Vitamin-C-Spender. Dagegen ist z. B. Eisbergsalat zwar schön knackig, aber relativ arm an Vitaminen. Bauen Sie im Sommer Ihren eigenen Salat an. Lassen Sie Ihre Familie im Winter Karotten und Kohl essen. Viele Vitamine für Ihr Geld bekommen Sie z. B. bei blattreichem, dunkelgrünem Kopfsalat; rohem oder gekochtem Grüngemüse wie Endivie, Spinat und Mangold; bei dunkelgelborangen Gemüse wie Karotten, Kürbis und Süßkartoffeln.
Die meisten Gemüse sollten kurz in wenig Wasser gegart werden. Dampftöpfe erhalten die Nährwerte und den Geschmack.
Eine andere Art, Gemüse schnell, schmackhaft und vitaminschonend zu verarbeiten, zeigt die chinesische Methode, bei der alles kurz in Fett angebraten wird. Schneiden Sie das rohe Gemüse in schöne, einheitliche Stücke, jede Gemüseart für sich. Wenn das Rezept eine Soße verlangt, mischen Sie die dafür notwendigen Zutaten und stellen Sie sie in einer kleinen Schüssel beiseite. Bereiten Sie alles fertig vor. Eine Pfanne erhitzen, 1-2 EL Öl dazugeben; wenn das Fett gut heiß ist, noch Knoblauch dazu (wenn er geschmacklich dazu passt), dann das Gemüse (zuerst das mit der längsten Garzeit). Mit einem Holzlöffel ständig über mittlerer Hitze rühren. Wenn das Gemüse heller wird und

ein bisschen weich, das nächste Gemüse (mit der kürzeren Garzeit) dazugeben. Wenn die Gemüse noch ein bisschen knackig sind, fügt man die Soße hinzu. Nun kocht man das Ganze noch ein wenig, bis das Gemüse etwas glasig wird. Sofort servieren.

Man kann die einzelnen Gemüsesorten auch jeweils für sich braten, wenn sie knackig-zart sind, aus der Pfanne nehmen und beiseitestellen. Zum Schluss die Soße bereiten und dann erst alle Gemüse hineingeben und mischen. Wenn keine Soße verwendet wird, würzt man beim Braten. Das Garen selbst dauert nur 3-5 Minuten. Die Erfahrung wird Ihnen zeigen, wie knackig die Gemüse noch sein sollten und welche Kombinationen möglich sind, die nicht im Kochbuch stehen.

Die attraktive Farbe und das köstliche Aroma chinesischer Gemüse sind ein Erlebnis. Halbgare, in Wasser gekochte Gemüse schmecken nicht so gut, wundervoll dagegen die in Fett gebratenen. Sie schmecken frisch und knackig und machen Salate überflüssig. Das Schneiden und Hacken kann im Voraus erledigt werden, aber wenn das Gericht erst einmal in der Pfanne ist, will es bald gegessen werden, sonst verliert es seine knackige Beschaffenheit.

Manchmal vergesse ich über dieser Arbeit andere Teile der Mahlzeit, weil es mir so viel Spaß macht, dieses Gericht zusammenzustellen. Dann erschallt ein schriller Alarmruf an meine Familie, den Tisch zu decken, weil ich den Herd nicht verlassen kann. Aber nur die letzten 5 Minuten sind hektisch, und die Belohnung ist groß. Probieren Sie gebratene, grüne Bohnen (S. 216), Zucchini (S. 229) und Brokkoli (S. 219).

Zucchini ist ein schmackhaftes, vielseitiges Gemüse, von dem immer mehr Gärtner überzeugt sind. Eine Einsenderin schreibt: »Wir fanden heraus, dass der Zucchinikürbis sehr leicht zu ziehen und sehr fruchtbar ist; er kann sich an viele Bodenbedingungen anpassen, und man kann fast den ganzen Sommer über ernten. Aber ich habe auch entdeckt, dass die meisten Leute sich nicht mit dieser Kürbisart auskennen und nicht wissen, wie man sie zubereitet.«

Viele Einsender müssen diese Gefühle geteilt haben, denn wir erhielten mehr Rezepte für Zucchini als für irgendein anderes Gemüse. Machen Sie einen Versuch mit ein paar Zucchinisamen und probieren Sie die Rezepte auf Seite 229 bis 233. Beobachten Sie die wachsenden Früchte jeden Tag; pflücken Sie sie, wenn sie 15-20 cm lang sind. Zucchini sind auch roh sehr schmackhaft und können anstelle von Gurkensalat verwendet werden.

Überbackenes Gemüse

Reicht für 6-8 Personen
175 °C (vorheizen)
20 Minuten

Vorbereiten:

750 g oder rund 4 Tassen gekochtes Gemüse (besonders gut geeignet sind geschnittene Möhren, Kohl, grüne Bohnen, Zucchini, Brokkoli, Blumenkohl, kleine Zwiebeln oder eine Kombination einiger dieser Sorten)

Miteinander vermischen:

½ Tasse zerdrückte Cornflakes
(Semmel- oder Brotbrösel)
1 EL Öl oder Margarine

Beiseitestellen (wird zum Schluss benötigt).

Über sanfter Hitze in einem Kochtopf dünsten:

3 EL Margarine
⅓ Tasse (oder auch mehr) gehackte Zwiebeln

Hineinrühren:

3 EL Mehl
1 TL Salz
⅛ TL Pfeffer

Kochen und umrühren, bis es Blasen wirft.

Hinzugeben:

1 ½ Tassen Milch

Kochen und umrühren, bis es sämig wird.

Hinzugeben:

1 Tasse (120 g) geriebenen Käse

Umrühren, bis der Käse schmilzt, vom Feuer nehmen und zugeben:

die gekochten Gemüse
1 EL getrocknete oder frische Petersilie

Die Mischung in eine flache 1 ½-Liter-Backform geben. Die Bröselmischung darüberstreuen. 20 Minuten bei 175 °C backen. 3-5 Minuten abkühlen lassen, dann servieren.

Alternativ-Vorschläge:

- Den Käse weglassen.
- Gemüsereste verwenden.
- Im Voraus zubereiten, einfrieren und aufbacken, wenn es mal schnell gehen muss.
- Mit geschnittenem Schinken als Hauptgericht servieren.
- Dieses alte Lieblingsrezept wertet jedes Gemüse auf und kann auch als Hauptgericht dienen, wenn man genügend davon zubereitet. Salate, Kartoffeln oder Brot dazu reichen.

Gekochtes Grüngemüse

Die Einsenderin schreibt: »Wir essen frisches Gemüse fast jeden Tag auf diese Art. Es ist nahrhaft und leicht verdaulich – besonders für Leute, die größere Mengen roher, kalter Salate nicht essen können.«
Zeitsparend
Reicht für 3 Personen

1 l gewaschene und fein gehackte Gemüse vorbereiten aus:

Sellerie samt Blättern
Salat
Löwenzahn
Blätter der weißen Rübe
Grünkohl
Rote-Beete-Blätter
Spinat
Kohl
Sauerkraut
Endivien

In einen Kochtopf mit Deckel geben. Wenn gewünscht, gehackte Zwiebeln zugeben.
Normalerweise reicht das vom Waschen an den Blättern hängende Wasser zum Kochen. Nur so lange kochen, bis das Gemüse zusammenfällt.
Verquirlen:

1 Tasse Milch
2 EL Mehl
1 Ei
Gewürze nach Geschmack – Salz, Pfeffer, Essig, Senf, Zucker

Über das heiße Gemüse gießen und unter Umrühren kochen, bis die Soße dickt. Sofort servieren.

Luftiger Bohnen-Käse-Auflauf

Reicht für 4 Personen
175 °C (vorheizen)
50-60 Minuten

Eine feuerfeste ½-Liter-Form einfetten. Hineinschlagen und verquirlen:

2 große oder 3 mittlere Eier

Hinzugeben und gut verrühren:

1 Tasse Milch
¼ TL Salz
½ Tasse feine Semmel- oder Brotbrösel
1 EL fein gehackte Zwiebeln
1 Tasse Käsewürfel (Chester)

Darauf legen:

1 ¼ Tassen frische, in kleine Stücke geschnittene grüne Bohnen oder eine entsprechende Menge gefrorener oder konservierter Bohnen

Darüberträufeln:

1 EL zerlassene Margarine

Unbedeckt 50-60 Minuten backen. Das Gericht kann, ausgenommen die zerlassene Margarine, im Voraus zubereitet werden.

Gebratene grüne Bohnen

Hauchdünne Scheiben lassen sich am besten von halb gefrorenem Fleisch schneiden. Man kann 125-g-Portionen Fleisch einfrieren, sodass man es für Schnellbratgerichte bereit hat, die dann in den 25 Minuten zubereitet werden können, die man zum Kochen von Reis benötigt.
Zeitsparend
Reicht für 4 Personen

In einer kleinen Schüssel mischen und beiseitestellen:

½ TL Salz
1 TL Zucker
1 TL Stärke
1 El Sojasoße
½ Tasse Wasser oder Gemüse-/ Fleischbrühe

In einer Pfanne erhitzen:

2 EL Öl

Hinzugeben:

125 g dünn geschnetzeltes Rindfleisch (billige Sorte)
2 geschnittene Knoblauchzehen
½ Tasse geschnittene Zwiebeln

Unter Rühren bei hoher Hitze anbraten, bis das Fleisch die Farbe verliert. Fleisch, Zwiebeln und Knoblauch aus der Pfanne nehmen und beiseitestellen. Wenn erforderlich, wieder etwas Öl in die Pfanne geben, erhitzen und hinzugeben:

500 g frische grüne Brechbohnen

Braten, bis die Bohnen hellgrün werden. Nun gleich die beiseitegestellte Sojasoßenmischung zugeben, kochen und rühren, bis die Soße klar wird. Zudecken und bei mittlerer Hitze kochen, bis die Bohnen knackig-zart sind. Das Fleisch wieder in die Pfanne geben, gut umrühren und vom Feuer nehmen. Sofort zusammen mit Reis servieren. Das Menü mit Salat oder einer leichten Suppe abrunden.

Alternativ-Vorschläge:

- 1 Hühnerbrust oder 125 g Schweinefleisch anstelle von Rindfleisch benutzen.
- Gefrorene Bohnen können auch verwendet werden, doch sind sie nicht so knackig-zart wie frische. Die Stärke auf 1 EL erhöhen.

Ägyptischer Tabikh

Zeitsparend

Zum Kochen vorbereiten:

grüne Bohnen
Zucchini
oder eine Gemüsemischung

Statt in Wasser in Tomatensaft kochen. Wenn gewünscht, den Saft mit Tomatenmark andicken. Gedünstete Zwiebeln und Gewürze nach Geschmack zugeben. Mit Reis servieren.

Alternativ-Vorschlag:

Kleine Fleischstücke im Tomatensaft gar kochen. Die Gemüse in den letzten 15-20 Minuten zugeben.

Gebratene Bohnensprossen

Zum Keimen (Sprossen) von Sojabohnen vgl. S. 239.
Zeitsparend
Reicht für 4 Personen

In einer Pfanne oder Kasserolle stark erhitzen:

2 EL Öl

Hinzugeben und unter Umrühren 2 Minuten anbraten:

500 g frische Sojabohnensprossen
2 Frühlingszwiebeln, geschnitten in 3 cm lange Stücke
1 ½ TL Salz
1 Schuss Sojasoße

Mit Reis servieren.

Gemüse-Entdeckung

Geschälte Kürbisstücke, Zwiebeln, Tomaten und Gewürze zusammen kochen. ½ Tasse zermahlene Erdnüsse (wenn sie gesalzen sind, evtl. kein weiteres Salz zum Gemüse geben) hineinrühren. Weitere 10 Minuten kochen und mit Reis servieren. Kürbisse können 6 Monate und länger gelagert werden, weshalb sie fast das ganze Jahr ein preiswertes Gemüse bilden.

Süß-saure Rote Beete

Zeitsparend
Reicht für 4-6 Personen

Fein raspeln:
1 große oder mittlere, geschälte, rohe Rote Beete
In einem Kochtopf zerlassen:
2 EL Margarine
Die geraspelten Roten Beete zugeben. Zudecken und langsam garen, gelegentlich rühren.
Hinzugeben:
Salz und Pfeffer
1 EL Essig
3 EL Zucker
2 TL Stärke, gelöst in ¼ Tasse Wasser
Kochen und rühren, bis die Soße klar wird.
Heiß servieren.

Alternativ-Vorschläge:

- 2 EL Orangensaft mit Wasser zugeben.
- Einfach nur Salz und Pfeffer zu den gedünsteten Roten Beete geben und ohne die Soße servieren.

Gemüse-Entdeckung

Rohe Möhren oder Rote Beete auf einem Reibeisen reiben. In wenig Margarine unter öfterem Umrühren kochen. Würzen und servieren.

Frischer Brokkoli mit Falscher Sauce Hollandaise

Reicht für 4-6 Personen

Anmerkung: Bei schwefelhaltigem Gemüse wie Brokkoli, Rosenkohl, Blumenkohl oder Kohl kann man durch Kochen in größeren Wassermengen die Kochzeit verringern und die Bildung unerwünschter Schwefelverbindungen mindern. Jedes dieser Gemüse kann im folgenden Rezept verwendet werden. In einem großen Kochtopf zum Kochen bringen:
Genügend Wasser, um den Brokkoli zu bedecken
2 TL Salz auf jeden l Wasser
Brokkoli waschen, Stängel in Stücke schneiden, aber nicht den Kopf zerschneiden. Brokkoli ins kochende Wasser senken. Auf großer Hitze schnell wieder zum Kochen bringen. Die Hitze verringern und unbedeckt vorsichtig weiterkochen, bis die Stängel gerade zart sind (7-10 Minuten). Sofort aus dem Wasser nehmen. In mundgerechte Stücke schneiden, auf einer ovalen Platte anrichten, mit den Stielen in der Mitte und den Blüten zum Rande hin. Die Falsche Sauce Hollandaise über die Stiele gießen.

Falsche Sauce Hollandaise
In einem Kochtopf zerlassen:
2 EL Margarine
Hineinrühren:
2 EL Mehl
1 EL Zucker
¼ TL Salz
Hineinrühren:
1 Tasse Wasser
2 EL Essig
Kochen, bis es dickt. Etwas abkühlen.
Hinzufügen:
2 geschlagene Eigelb oder 1 ganzes geschlagenes Ei
Mischen und kurz aufheizen, jedoch nicht kochen. Dann über das Gemüse geben.

Brokkoli-Sellerie Hollandaise

Eine gute Methode, um Brokkoli-Stiele annehmbar zu machen und zweitklassige Sellerie servieren zu können.
Reicht für 4-6 Personen

Waschen und vorbereiten:
500 g frischer Brokkoli
Die Blüten abschneiden und beiseitelegen. Die Stängel schräg in 1-cm-Stücke schneiden.
Ebenfalls schräg in 1-cm-Stücke schneiden:
2 bis 3 Stängel Stangensellerie
In einem großen Kochtopf zum Kochen bringen:
ca. 2 l Wasser
4 TL Salz
Sellerie- und Brokkoli-Stiele beigeben. Etwa 8 Minuten unbedeckt kochen. Die Brokkoli-Blüten beigeben. Zudecken, bis das Wasser wieder zu kochen beginnt. Aufdecken und vorsichtig 5 Minuten weiterkochen. Mit einem Teil des Gemüsewassers eine Falsche Sauce Hollandaise zubereiten (s. S. 218). Die Gemüse gut abtropfen, die Brokkoli-Blüten in einer Schüssel im Kreis anordnen. Die Brokkoli- und Sellerie-Stiele in die Soße geben. Sorgfältig mischen und in die Mitte der Platte gießen.

Gebratene Brokkoli

Zeitsparend
Reicht für 4-5 Personen

Mischen und beiseitestellen:
½ Tasse Hühnerbrühe
1 TL Stärke
2 EL Sojasoße
1 TL Zucker
In einer Bratenpfanne erhitzen:
3 EL Öl
Hinzugeben:
½ mittlere, geschnittene Zwiebel
Goldbraun dünsten.
Hinzugeben:
500 g Brokkoli, in kleine Stücke geschnitten
Unter Rühren 3 Minuten braten. Die Soßenzutaten beigeben. 1 Minute braten und rühren, bis die Soße klar wird.

Alternativ-Vorschlag:

Kann auch für klein geschnittenen Blumenkohl oder eine Kombination aus Brokkoli und Blumenkohl (schöner Farbkontrast) verwendet werden.

Gemüse-Entdeckung

Getrennt kochen: Eiernudeln, Brokkoli, Käsesoße. Die Nudeln im Kreis auf einer Platte anordnen. Den Brokkoli in die Mitte legen und die Käsesoße darübergießen. Ergibt eine beliebte, eiweißreiche Hauptmahlzeit.

Brokkoli-Auflauf

Reicht für 6-8 Personen
160 °C (vorheizen)
45 Minuten

In einem Kochtopf erhitzen und durch Rühren gut mischen:

2 Tassen Milch
1 Tasse (120 g) geriebenen scharfen Käse

In einer Mixer-Schüssel schlagen:

4 Eier

Die heiße Mischung nach und nach in die Eier einrühren.
Hinzugeben:

2 ½Tassen mit Kräutern gewürzte Croutons (s. S. 64)
2 Tassen aufgetauten, gehackten Brokkoli
¼ TL Salz

Gut mischen. In eine gefettete 1½-Liter-Auflaufform umgießen. 45 Minuten backen.

Kraut-Pfanne

(Gedünstetes Kraut)
Zeitsparend
Reicht für 4 Personen

In einer großen Pfanne erhitzen:

2 EL Butter oder Margarine

Hinzugeben:

⅔ Tasse gehackte Zwiebeln
1 geschnittene Knoblauchzehe

Unter Umrühren kurz anbraten.
Hinzugeben:

3 bis 4 Tassen fein geschnittenes Kraut (Kohl)
½ Tasse grob geriebene Möhren

5 Minuten bei mittlerer Hitze unter Rühren anbraten, bis das Gemüse knusprigzart ist.
Hinzufügen:

⅛ TL Paprika
1 TL Salz
1 Prise frisch gemahlenen Pfeffer
2 TL Sojasoße (nach Belieben)

Rühren, bis alles gut gemischt ist, und sofort servieren.

Alternativ-Vorschläge:

- Indonesisch: Wenn das Gemüse knusprig zart ist, gut würzen und 2 geschlagene Eier darübergießen. Einige weitere Minuten auf sanfter Hitze kochen und dabei nur so lange rühren, bis die Eier fest werden. Als Hauptmahlzeit mit Reis servieren.
- Vietnamesisch: Reichlich mit gehackten, gerösteten Erdnüssen bestreuen, mit Reis servieren und Sojasoße dazugeben. Fleischstreifen können zusammen mit den Zwiebeln zugegeben werden.

Taiwanesisch gebratener Kohl

Zeitsparend
Reicht für 4 Personen

Zusammen in einem Kochtopf oder in einer Pfanne bräunen:

4 Rauchfleischscheiben oder 250 g Wurst (geschnitten)
½ mittlere, gehackte Zwiebel

Etwas Fett abgießen und zugeben:

½ mittleren, grob geschnittenen Kohl

Auf sanfter Hitze unter Umrühren braten, bis der Kohl gar ist.
Hinzugeben:

1 EL Sojasoße

Mit Reis servieren und zusätzliche Sojasoße beigeben.

Sahniger Kohl

Zeitsparend
Reicht für 6 Personen

7 Minuten, nur bis die Zutaten knackig-zart sind, kochen:

6 Tassen gehobelten Kohl
¼ Tasse gehackte Zwiebeln
⅓ Tasse Wasser
⅛ TL Salz

Abgießen. Hinzugeben und, solange es heiß ist, vermischen:

100 g gewürfelten Streichkäse
½ TL Selleriesamen
2 EL Butter oder Margarine
Paprika

Gemüse-Entdeckung

Grünkohl und Mangold kann man auch über die ersten Fröste hinaus im Garten stehen lassen. Sie sind daher ein gutes Vitamin-A-haltiges Gemüse für den Winteranfang.

Preußischer Kohl

Zeitsparend
Reicht für 3 Personen

Vorbereiten:

1 l fein geschnittenen frischen Grünkohl

Mit kaltem Wasser bedecken und zum Kochen bringen. Nach 2 Minuten Kochzeit das Wasser abschütten.

Hinzugeben:

1 Tasse frisches Wasser
½ TL Salz
1 Prise Pfeffer
¼ Tasse Hafermehl
eine der folgenden Fleischarten für das Aroma: Schweinefleisch, Schinken, Rauchfleisch (klein geschnitten)
2 EL Margarine

Etwa 10 Minuten köcheln.

Alternativ-Vorschlag:

Man kann auch andere grüne Blattgemüse verwenden, wie Mangold, Rote-Beete-Blätter oder Spinat. Das Vorkochen des Grünkohls führt zu etwas Vitaminverlust, nimmt aber die Bitterstoffe. Bei anderen Gemüsen dürfte es überflüssig sein.

Mit Ingwer glasierte Möhren

Reicht für 4 Personen

In wenig Wasser kochen:

8 kleine Möhren

Wenn sie nahezu gar sind, gut abtropfen (die Flüssigkeit für eine Suppe aufbewahren).

In einer Bratenpfanne erhitzen:

1 ½ El Margarine
¼ TL gemahlenen Ingwer
1 EL Honig oder Zucker

Die Möhren zugeben und gut umrühren, damit sie von allen Seiten von der Soße bedeckt werden. Auf sanfter Hitze kochen, bis sie glasiert sind, dazu öfter wenden.

Alternativ-Vorschlag:

Den Ingwer weglassen, dafür 1 EL Senf zugeben. Mit gehacktem Schnittlauch, gehackter Pfefferminze oder Petersilie bestreuen.

Möhren-Käse-Auflauf

Man kann abgetropfte Möhren leicht zu einem Brei verrühren, wenn man sie in einem Mixer mit Eiern und Milch verquirlt.
Reicht für 8 Personen
175 °C (vorheizen)
30 Minuten

In einer Schüssel mischen:

3 Tassen gekochte, zerdrückte Möhren (etwa 750 g)
3 geschlagene Eier
2 Tassen Milch
1 ⅓ Tassen geriebenen Cheddarkäse (Chester)
1 ⅓ Tassen Semmelbrösel (davon ¼ Tasse zum Bestreuen aufbewahren)
2 bis 3 EL Butter (weich)
1 ⅓ TL Salz
1 Prise Pfeffer
1 EL gehackte Petersilie

Gut mischen. In eine gefettete Auflaufform geben und mit den aufbewahrten Bröseln bestreuen. 30 Minuten backen oder bis ein eingestochenes Messer trocken wieder herausgezogen werden kann.

Schwarzwurzel-Möhren-Topf

Reicht für 6 Personen
175 °C (vorheizen)
35-40 Minuten

Mischen:

3 Tassen gekochte und zerdrückte Möhren und Schwarzwurzeln
1 Tasse Semmelbrösel
2 Tassen Milch
2 EL geriebene Zwiebeln
3 EL zerlassene Margarine
3 leicht geschlagene Eier
Salz und Pfeffer

In einer Auflaufform 35-40 Minuten backen.

Alternativ-Vorschlag:

Man kann auch nur Möhren oder nur Schwarzwurzeln nehmen, aber die Mischung schmeckt köstlich.

Auberginen-Pfanne

Zeitsparend
Reicht für 4 Personen

In einer Pfanne erhitzen:
2 EL Margarine
Hinzugeben:
2 Tassen gewürfelte, ungeschälte Auberginen
1 Tasse fein geschnittene Schalotten samt den grünen Teilen
1 große grüne Paprika, in dünne Streifen geschnitten
1 gewürfelte große Tomate
¼ Tasse Wasser
½ TL Salz
1 TL gemahlenen Piment
1 TL Zucker (nach Belieben)
Gut vermischen. Zugedeckt köcheln, bis die Auberginen gar sind (etwa 20 Minuten). Falls nötig, weiteres Wasser zugeben.

Alternativ-Vorschlag:

Die frischen Tomaten und das Wasser durch ½-1 Tasse Tomatensoße ersetzen.

Goldener Auberginen-Auflauf

Reicht für 4-6 Personen
175 °C (vorheizen)
45 Minuten

In einer Schüssel mischen:
8 bis 10 zerbröselte Zwieback
2 EL zerlassene Margarine
¼ davon herausnehmen und zum Bestreuen aufbewahren.
Zu den verbliebenen Bröseln geben:
3 Tassen gewürfelte Auberginen (ca. 2-cm-Würfel)
½ Tasse geriebenen, scharfen Käse
¼ Tasse gehackten Sellerie
½ TL Salz
¼ TL Pfeffer
1 Tasse Kondensmilch
In eine gefettete Auflaufform geben. Mit den aufbewahrten Krumen bestreuen. 45 Minuten backen.

Neue Kartoffeln mit Erbsen und Schinken

Reicht für 4-6 Personen

Schaben und in kochendem Salzwasser kochen, bis sie halb gar sind:

8 bis 12 kleine, ganze, neue Kartoffeln

Hinzugeben:

3 bis 4 grüne, gehackte Zwiebeln
2 Tassen frische Erbsen

Weiterkochen, bis die Gemüse gar sind; abgießen, die Brühe auffangen.
Eine helle Soße machen mit:

2 EL Margarine
2 EL Mehl
1 ½ Tassen Gemüsebrühe und Milch
Salz und Pfeffer

Die Soße über die Gemüse geben.
Hinzufügen:

1 bis 2 Tassen gewürfelten Schinken
½ Tasse geriebenen Käse

Aufkochen und servieren.

Gemüse-Entdeckung

Geben Sie zu sahnigen Erbsen (oder zu jedem anderen sahnigen Gemüse) Käse und servieren Sie es auf Toast. An gekochte Rote Beete getrocknete Mandarinenschalen geben.

Gegrillte Kartoffeln und Möhren

Reicht für 7-8 Personen
190 °C (vorheizen)
1 ¼ Stunden/15 Minuten

In einer Schüssel mischen:

4 Tassen in dünne Scheiben geschnittene Kartoffeln (evtl. nur gut waschen und ungeschält lassen, besonders bei neuen Kartoffeln)
1 Tasse schräg in Scheiben geschnittene Möhren
½ Tasse gehackten Sellerie
½ Tasse gehackte Zwiebeln
½ Tasse (ca. 60 g) geriebenen scharfen Käse

Zu den Gemüsen geben und schütteln, bis sie ganz bedeckt sind:

3 EL Mehl
1 TL Salz
1 Prise Pfeffer

In eine feuerfeste Form geben. In einer Schale vermischen:

⅓ Tasse Ketchup
⅛ bis ¼ TL Cayennepfeffer (Variation)
1 TL Worcestershire-Soße
½ TL Knoblauchsalz
2 Tassen Milch

Über die Gemüse gießen. Zudecken und 1 ¼ Stunden backen.
Umrühren und aufgedeckt weitere 15 Minuten backen. Mit Petersilie garnieren.

Kartoffelbrei-Auflauf

Reicht für 6-8 Personen
200 °C (vorheizen)
20 Minuten

Kochen und zerdrücken:

3 bis 4 große Kartoffeln

Hinzufügen:

⅓ Tasse saure Sahne oder Joghurt
1 TL Salz
1 Prise Pfeffer
½ TL Zucker
50 g Margarine

Nur eben so viel Milch zugeben, dass es ein guter Brei wird, und luftig schlagen.
Hinzugeben:

⅛ TL Dillsamen
2 TL gehackten Schnittlauch
1 Tasse gekochten Spinat, gut abgetropft und gehackt

In eine gefettete Auflaufform geben und bestreuen mit:

½ Tasse geriebenem Schweizer oder Chesterkäse

20 Minuten backen. Kann 1 oder 2 Tage im Voraus gerichtet und eingefroren werden. Oder man bereitet die doppelte Menge zu und friert die Hälfte davon für später ein.

Goldener Kartoffel-Auflauf

Aus den Resten dieses Auflaufs kann man hervorragende Kartoffelküchlein backen.
Reicht für 8 Personen
175 °C
25 Minuten

Zusammen in gesalzenem Wasser garen:

1 kg geschälte Kartoffeln (etwa 6 mittlere)
2 Tassen fein geschnittene Möhren

Wenn sie gar sind, die Röhre auf 175 °C aufheizen. Die Kartoffeln und Möhren abgießen, die Flüssigkeit[14] auffangen. Bei geringer Geschwindigkeit zu einem Brei mixen. Genügend von der Kochbrühe und etwas Milch zugeben, sodass es die Festigkeit von Kartoffelbrei erhält. Schlagen, bis die Masse luftig wird.
Hineinrühren:

1 EL Margarine
Salz und Pfeffer nach Geschmack

In eine gefettete 2-Liter-Auflaufform bringen. Wenn gewünscht, mit Margarinestückchen bestreuen. 25 Minuten backen.

Alternativ-Vorschlag:

Für Hauptgerichte 1 Tasse geriebenen Käse vor dem Backen unterrühren.

14 Kartoffel- und Gemüsewasser nie wegschütten. Es enthält wertvolle Mineralstoffe

Kartoffelauflauf

Der Kartoffelauflauf ist eine gute Möglichkeit, ein schmackhaftes Kartoffelgericht im Voraus zuzubereiten.
Reicht für 4-6 Personen
175 °C (vorheizen)
1 Stunde

In einer Pfanne dünsten:
50 g Margarine
1 Tasse gehackten Sellerie
1 Tasse gehackte Zwiebel
Schälen und in Salzwasser kochen:
4 mittelgroße Kartoffeln

Wenn sie gar sind, zu Brei zerdrücken.
Unter die Kartoffeln mischen:
1 leicht geschlagenes Ei
2 Scheiben zerbröckeltes Brot
gedünstete Zwiebeln und Sellerie
Mit Salz und Pfeffer nach Geschmack würzen. In eine gefettete Backform füllen. 1 Stunde backen. Die erste halbe Stunde bedeckt, den Rest der Zeit unbedeckt backen.

Schupfnudeln

Ein traditionelles Gericht, für das man gut restlichen Kartoffelbrei verwenden kann.
Reicht für 6 Personen

In einer Schüssel zusammenbringen:
2 Tassen Kartoffelbrei
1 geschlagenes Ei
¾ Tasse Mehl
1 TL Salz
Einen festen Teig daraus formen. Auf einem leicht gemehlten Brett Teigstücke zu langen Streifen von ½ cm Stärke ausrollen und in ca. 3 cm lange Stücke schneiden. In einer Pfanne Fett erhitzen (etwa 1 cm hoch) und knusprig goldbraun braten. Heiß servieren.

Alternativ-Vorschlag (Schwäbisches Original):

Die Streifen etwa 2 cm dick ausrollen, in 1 cm lange Stücke schneiden und aus diesen Stücken kleine Nudeln rollen, die an den Enden dünner als in der Mitte sind. Portionsweise in kochendes Wasser schütten und kurz aufkochen, mit dem Schaumlöffel herausnehmen und abtropfen lassen. In der Pfanne mit wenig Fett goldgelb anbraten. Mit Salaten oder mit Apfelmus servieren.

Pommes frites

(Rezept des MCC Brüssel)
Reicht für 4 Personen

Schaben, jedoch nicht schälen:

4 bis 6 mittlere Kartoffeln

Der Länge nach in schmale Stifte (¾ cm x 3-4 cm) schneiden. Eine tiefe Fritteuse halb mit Öl oder Schmalz füllen (Schmalz wird wegen des Aromas bevorzugt). Auf 190 °C erhitzen. Den Drahtkorb ¼ hoch mit Kartoffelstreifen füllen und in das heiße Fett tauchen. Wenn das Fett überschäumt, den Korb einige Male herausnehmen. Während des Bratens vorsichtig mit einer langen Gabel umrühren, damit die Streifen nicht zusammenkleben. 5 Minuten braten oder bis die Pommes gelb sind und mit der Gabel gebogen werden können, ohne dass sie brechen. Aus dem Schmalz bzw. Öl nehmen, abtropfen lassen und auf saugfähiges Papier legen. Mit allen Kartoffelstreifen so verfahren.

Nun alle Pommes zusammenschütten. Den Korb zur Hälfte füllen. Noch einmal 5 Minuten frittieren oder bis die Pommes goldbraun, innen etwas weich und außen knusprig sind. Herausnehmen, abtropfen lassen, auf Saugpapier legen. Wenden, damit alles überschüssige Fett aufgegesogen wird. Mit allen Pommes so verfahren. Leicht salzen, heiß servieren.

Kartoffelpuffer

Reicht für 4 Personen

In einer Schüssel mischen:

2 ½ Tassen geriebene rohe Kartoffeln (etwa 3 mittlere)
1 TL Salz
1 Prise Pfeffer
2 Eier
2 EL Mehl
1 EL fein gehackte Zwiebeln

Löffelweise den Teig in eine leicht mit Öl gefettete, heiße Pfanne geben. Auf beiden Seiten braun braten. Schmeckt gut mit Sirup, Apfelmus, Ketchup oder Käsesoße.

Alternativ-Vorschlag:

1 Tasse gehacktes Puten- oder Hühnerfleisch oder Schinken beigeben. Schmeckt gut mit Preiselbeeren.

Spinat-Laib

Reicht für 4-6 Personen
175 °C (vorheizen)
35-40 Minuten

Kurz kochen und gut abtropfen:
2 Tassen gefrorenen, gehackten Spinat oder 1 voll gehäuften 2-Liter-Topf frischen Spinat
Eine helle Soße zubereiten:
2 EL Margarine
3 EL Mehl
⅛ TL Pfeffer
1 TL Salz
1 Tasse Milch
Mischen:
Spinat
weiße Soße
2 leicht geschlagene Eier
In eine gebutterte feuerfeste Form geben. 35-40 Minuten backen oder bis ein eingestochenes Messer sauber herauskommt.

Alternativ-Vorschläge:

- Für die helle Soße eine gehackte Zwiebel dünsten.
- ¾ Tassen geriebenen Käse zur hellen Soße geben.

Gebratene Zucchini

Zeitsparend
Reicht für 4 Personen

In einer großen Pfanne bei mittlerer Hitze heiß werden lassen:
3 EL Salatöl
Hinzugeben:
500 g Zucchini in ca. 7 cm langen Streifen
1 Tasse grob gehackte Zwiebeln
Unbedeckt kochen lassen. Dabei ständig rühren, bis das Gemüse knackig-zart ist (ca. 5-8 Minuten).
Hineinrühren:
2 EL Sesam
1 EL Sojasoße
½ TL Salz
1 Prise Pfeffer

Alternativ-Vorschlag:

Zucchini und Zwiebeln in Scheiben bzw. Ringe schneiden.

Italienische Zucchini-Pfanne

Zeitsparend
Reicht für 4 Personen

Schräg in Scheiben von ca. 1 cm Stärke schneiden:
8 ungeschälte kleine Zucchini
In der Pfanne erhitzen:
2 EL Butter oder Margarine
Hinzugeben und 5 Minuten dünsten:
½ gehackte Zwiebel
die geschnittenen Zucchini
Hinzugeben:
2 Tassen Tomatensoße oder gekochte Tomaten
2 EL geriebenen Parmesankäse (nach Belieben)
1 TL Salz
½ TL Thymian
½ TL Oregano
½ TL Basilikum
1 Prise Pfeffer
Bedecken und köcheln, bis die Gemüse knackig-zart sind.

Zucchini-Pfanne

Die Einsenderin schreibt: »Mein Mann hasst Zucchini, aber dieses Gericht mag er. Er wusste nicht, was er aß, bis ich es ihm erzählte.«
Zeitsparend
Reicht für 4-5 Personen

In einer Pfanne in wenig heißem Fett dünsten:
4 Tassen fein in Scheiben geschnittene Zucchini
1 geschnittene Zwiebel
Hinzugeben:
2 Tassen Tomaten aus der Dose samt Saft
¾ Tassen Pilze aus der Dose, gut abgetropft (nach Belieben)
Salz, Pfeffer und Oregano nach Geschmack
Würfel von gekochtem Hühnerfleisch, Rindfleisch, Schinken oder angebräuntes Rinderhack
Köcheln, bis es durch und durch heiß ist. In Suppenschalen servieren und mit Parmesankäse bestreuen.

Alternativ-Vorschläge:

- Frische, geschnittene Pilze verwenden und mit den Zucchini dünsten.
- Im Sommer frische Tomaten verwenden und Tomatensaft als Brühe zugeben.
- Fleisch weglassen und nur Gemüse servieren.
- Zusammen mit Nudeln oder Reis essen.

Zucchini-Omelette

Zeitsparend
Reicht für 4-5 Personen
175 °C (vorheizen)
25-30 Minuten

In einer Pfanne erhitzen:
2 EL Margarine
Vorsichtig 5-7 Minuten dünsten:
1 fein geschnittene mittlere Zwiebel
1 geschnittene Knoblauchzehe
1 kg grob geriebene Zucchini
Hinzugeben:
1 ½ TL Salz
¼ TL Pfeffer
Den Brei in eine Backform gießen.
Währenddessen mischen:
2 Eier
½ Tasse Milch
3 EL Mehl
½ Tasse geriebenen Parmesankäse oder anderen Käse
Über den Brei gießen. 25-30 Minuten backen oder bis es fest wird.

Alternativ-Vorschlag:

2 geschlagene Eier und Gewürze direkt zu den gedünsteten Zucchini geben. Kochen und umrühren, bis die Eier fest werden.

Zucchini und Eier

Zeitsparend
Reicht für 3 Personen

Vorbereiten:
4 kleine, ungeschälte Zucchini
Jede Frucht halbieren und die Hälften in 4 Streifen schneiden.
In einer Pfanne erhitzen:
2 EL Margarine
2 EL Öl
Die Früchte mit Mehl bestäuben und braun braten. Mit Salz und Pfeffer bestreuen. Die Zucchini flach in die Pfanne legen.
Mischen und darübergießen:
2 leicht geschlagene Eier
1 EL Milch
Langsam kochen, bis die Eier fest werden.
Bestreuen mit:
geriebenem Parmesankäse

Alternativ-Vorschlag:

Eine Zwiebel mit den Zucchini dünsten und mit Knoblauchsalz, Petersilie und Oregano würzen.

Zucchini-Eier Fu-Yung

Reicht für 4 Personen

Raspeln:
4 mittlere, ungeschälte Zucchini
Hineingeben:
3 geschlagene Eier
¼ Tasse Mehl oder ½ Tasse Weizenkeime
¼ TL Knoblauchpulver (nach Belieben)
1 TL Salz
1 geriebene Zwiebel
Zu Klößchen formen.
Esslöffelweise in einer Pfanne mit heißem Öl ausbacken, bis die Klößchen goldbraun sind. Dabei einmal wenden. Auf eine Platte legen und mit folgender Soße begießen:
In einem Topf mischen:
1 Tasse Hühnerbrühe
2 EL Sojasoße
1 EL Stärkemehl
Sanft kochen und umrühren, bis sie dickt. Mit Reis servieren.

Alternativ-Vorschläge:

- Frische Bohnensprossen zusammen mit den Zucchini beigeben.
- Das Gericht auf italienische Art zubereiten: Tomatensoße und Käse darübergeben. Mit Spaghetti servieren.

Mais-Zucchini-Auflauf

Reicht für 6 Personen
175 °C (vorheizen)
40 Minuten

In 2,5 cm dicke Scheiben schneiden:
3 bis 4 mittlere, ungeschälte Zucchini (oder andere Sommerkürbisse)
In wenig gesalzenem Wasser garen. Abgießen und mit der Gabel zerdrücken.
Dünsten:
1 EL Margarine
1 kleine gehackte Zwiebel
Mischen:
die zerdrückten Zucchini
die gedünsteten Zwiebeln
2 Tassen frischen, gekochten oder gefrorenen Mais
1 Tasse gehobelten Schweizer Käse
½ TL Salz
2 geschlagene Eier
In eine gefettete 1-Liter-Auflaufform füllen.
Mischen und darüber streuen:
¼ Tasse Brotbrösel
2 EL geriebenen Parmesankäse
1 EL zerlassene Margarine
Die Kasserolle auf ein Backblech stellen, 40 Minuten backen. Vor dem Servieren 5-10 Minuten stehen lassen.

Gemüse-Entdeckung

Man kann Backröhrengerichte mit Gemüsen und Desserts so planen, dass sie bei gleicher Temperatur und Zeit in die Röhre geschoben werden können. Gefrorene Gemüse in kleinen Stücken in einer gut bedeckten feuerfesten Form bei 175 °C 40-45 Minuten backen, bei größeren Stücken 50-60 Minuten.

Gebackene italienische Zucchini

Reicht für 6 Personen
175 °C (aufheizen)
45 Minuten/10 Minuten

In eine feuerfeste Form füllen (dabei auf jede Schicht Gewürze geben):

2 mittlere oder 3-4 kleine ungeschälte Zucchini in Scheiben von 1 cm Stärke
1 geschnittene Zwiebel
1 geschnittene Tomate
1 TL Oregano
½ TL Basilikum
Salz und Pfeffer

Darüber gießen, dass die Gemüse eben bedeckt sind:

1 bis 2 Tassen passierte Tomaten

Zudecken und 45 Minuten backen.
Aufdecken und bestreuen mit:

1 Tasse gewürfeltem, gebuttertem Brot oder ½ Tasse Brotbrösel
½ Tasse geriebenem Käse

Weitere 10 Minuten unbedeckt backen.

Alternativ-Vorschlag

Aufgetaute Zucchini nehmen; dann statt 45 Minuten 60 Minuten backen.

Spinatgefüllte Tomaten

Reicht für 6 Personen
190 °C (aufheizen)
20 Minuten

Zum Füllen vorbereiten:

6 feste, große Tomaten

Die Deckel abschneiden und die Tomaten aushöhlen. Das Innere der Tomaten zu einer Tomatensuppe oder -soße verwenden.
Mischen:

2 Tassen gekochten Spinat
1 EL zerlassene Butter
½ TL Salz
½ geschnittene Zwiebel

In die Tomaten füllen und diese in eine gefettete feuerfeste Form setzen. Rund 20 Minuten backen. Mit zerdrückten harten Eiern als Hauptgericht servieren.

Braune Tomatensoße

Zeitsparend
Reicht für 3 Personen

Schälen und in Scheiben schneiden:
2 bis 3 feste, reife Tomaten
In einer Pfanne erhitzen:
2 EL Margarine oder Backfett
Die Tomatenscheiben in Mehl wälzen und auf beiden Seiten kurz anbraten. Die Hitze verringern.
In die Pfanne geben:
2 EL Zucker
1 TL Salz
1 Tasse Wasser
30 Minuten köcheln, gelegentlich rühren und die Tomatenstücke zerdrücken. Mit Kartoffeln, Reis oder Nudeln servieren.

Gebratene Kürbisblüten

Kürbisblüten sind in vielen Teilen der Welt eine Delikatesse, wenn es genug Fruchtansätze gibt, um eine reichliche Ernte zu ermöglichen.
Die Hopi-, Pueblo- und Zuhi-Indianer schätzen die knusprige, leichte Beschaffenheit.
Reicht für 6 Personen

Sorgfältig waschen und abtropfen:
12 große Kürbisblüten (pflücken, wenn die Knospen eben am Öffnen sind)
Einen Teig bereiten aus:
2 geschlagenen Eiern
1 Tasse Mehl (⅓ Sojamehl oder auch mehr verwenden)
1 Tasse Wasser
1 TL Salz
¼ TL Cayennepfeffer
½ TL Kurkuma
In einer Pfanne erhitzen:
½ bis 1 Tasse Öl
Die Blüten in den Teig tauchen, sodass sie ganz damit überzogen sind, und dann in dem heißen Fett (190 °C) goldbraun anbraten (weniger als 1 Minute pro Stück). Auf saugfähigem Papier das Fett abtropfen lassen. Warm servieren.

Alternativ-Vorschlag:

Holunderblüten können in derselben Weise verwendet werden.

Gemüse-Entdeckung

Den schlanken »Hals« eines Schlangenkürbisses in 2,5-cm-Scheiben schneiden. Mit Mehl pudern und langsam in wenig Fett auf beiden Seiten anbraten. Salzen und pfeffern. Die Scheiben auf eine Platte geben und eine Soße zubereiten, indem man ein bisschen Milch oder Sahne in die Pfanne gibt und kurz aufkocht.

Gado-Gado

(Indonesische Gemüseplatte)

Die Gemüse können 1-2 Stunden im Voraus gekocht werden und brauchen nicht warm gehalten zu werden. In Indonesien wird das Gericht mit Zimmertemperatur serviert.

Reicht für 8 Personen

Gemüse: Jedes Gemüse nur dämpfen oder kochen, bis es eben knackig-zart ist.

½ kleinen, geschnittenen Kohlkopf
250 g frische, geschnittene grüne Bohnen
1 kleiner Blumenkohl, in einzelne Röschen zerlegt
1 Dose oder 2 Tassen frische Bohnensprossen (gekeimte Bohnen)
4 in Streifen geschnittene Möhren

(Andere Gemüse können hinzugefügt werden oder andere ersetzen.)

Gemüse abgießen, die Brühe für die Erdnuss-Soße aufbewahren.

Schälen und vierteln:

4 hart gekochte Eier

In Scheiben schneiden:

2 Salatgurken
6 bis 10 Rettiche

Erdnuss-Soße:

In einem Cromargantopf dünsten:

3 EL Öl
½ Tasse fein gehackte Zwiebeln
2 geschnittene Knoblauchzehen

Braten, bis die Zwiebeln weich und glasig sind, jedoch nicht braun.

Hinzufügen:

3 ½ Tassen heißes Wasser oder Gemüsebrühe
180 g Erdnussbutter
2 TL frische, scharfe, gehackte Peperoni oder Tabascosoße
2 Lorbeerblätter
1 TL fein geriebene Ingwer-Wurzel
2 TL Zitronensaft
die geriebene Schale einer Zitrone (wenn unbehandelt)
1 TL Salz

Die Hitze verringern und 15 Minuten köcheln. Abschmecken und beiseitestellen.

Die Gemüse schön auf einer großen Platte anrichten und eine Schüssel Erdnuss-Soße in die Mitte stellen. Die Platte mit Eiern, Rettichen und Gurken garnieren. Mit heißem Reis servieren.

Mahsi

(ein nahöstliches Gericht mit gefüllten Gemüsen)

Das Mahsi-Rezept wurde aus Ländern rund um das Mittelmeer besonders wegen der Weinblätter eingesandt.

Reicht für 6 Personen
160 °C (vorheizen)
1 ½ Stunden

Verschiedenes Gemüse zum Füllen vorbereiten:

Tomaten, große Paprika, Zucchini, Auberginen

Deckel abschneiden und aufbewahren. Das Innere aushöhlen und das Tomatenfleisch aufbewahren.

Gemüseblätter (Kohl- oder grüne Weinblätter) 3 Minuten vorkochen. Blätter verwenden, die nicht zäh sind. Sie müssen etwa 10 cm lang sein, damit sie sich gut füllen lassen.

Die Füllung vorbereiten:
In einer Pfanne bräunen:

250 bis 500 g Rinder-, Schweine- oder Lammhack
1 große, fein gehackte Zwiebel
3 fein geschnittene Knoblauchzehen (nach Belieben)

Hinzufügen:

½ Tasse geschnittene Petersilie
1 Tasse ungekochten Reis
3 EL Margarine oder Olivenöl
1 TL Salz
Prise Pfeffer
2 Tassen Tomatensoße und das aufbewahrte Tomatenfleisch
frisch gehackte Minze und/oder Dill nach Geschmack

Abschmecken und in die ausgehöhlten Gemüsesorten füllen. Nur zu ⅔ füllen und die Deckel wieder aufsetzen. Für die gefüllten Blätter: 1 EL auf jedes Blatt geben. Locker einrollen, damit der Reis aufgehen kann. Die Seiten einschlagen und mit Zahnstochern befestigen. Die Gemüse in eine feuerfeste Form legen und 1 cm hoch Wasser einfüllen. 1 ½ Stunden backen.

Alternativ-Vorschläge:

- Wenn das Gericht auf dem Herd gekocht werden soll, die gefüllten Früchte und Blätter in eine gut gefettete Pfanne legen, 2 Tassen Wasser oder dünnen Tomatensaft und 2 EL Zitronensaft einfüllen. Mit einem locker sitzenden Deckel zudecken. Zum Kochen bringen, die Hitze verringern und köcheln. 1 Stunde kochen oder bis der Reis gar ist.
- Fleisch weglassen, stattdessen mehr Reis und Tomatensoße nehmen.

Ratatouille

Zeitsparend
Reicht für 6-8 Personen

In einen großen Topf geben:

¼ Tasse Salatöl
1 mittlere, fein gehackte Zwiebel (etwa ½ Tasse)
1 zerdrückte Knoblauchzehe
1 mittlere, geschälte und gewürfelte Aubergine
2 kleine, gewürfelte Zucchini
1 Tasse fein gehackte grüne Paprika
4 geschälte und geviertelte mittlere Tomaten
2 TL Salz
¼ TL Pfeffer

Kochen und rühren, bis die Zutaten ganz erhitzt sind.

Zudecken, auf mittlerer Hitze 10 Minuten köcheln, gelegentlich rühren.

Gemüse-Topf

Das Gericht stammt aus Algerien, wo ein Überangebot an Kürbissen besteht.
Zeitsparend
Reicht für 8 Personen

In einen großen Topf geben:

1 kg geschnittene Kartoffeln
1 kg geschnittene Möhren oder 500 g gekochten und zerdrückten Kürbis
2 gehackte Zwiebeln
2 gehackte Selleriestangen
3 EL frische oder getrocknete Petersilie
2 gepresste Knoblauchzehen
Salz und Pfeffer nach Geschmack

Hinzugeben:

wenig Wasser
50 g Margarine oder anderes Fett

Langsam garen. Wenn die Gemüse nahezu gar sind, hinzugeben:

1 EL Bouillonpulver oder 3 Würfel (in ¼ Tasse heißem Wasser lösen)

In dieser Form servieren, durch die Hackmaschine drehen oder mixen, damit ein dickes Püree entsteht.

Grill-Gemüse

Holzkohlenfeuer
30 Minuten

Ein gutes Kohlenfeuer vorbereiten.
Pro Person waschen und fein schneiden:

1 Kartoffel
1 Möhre
1 Zwiebel
¼ grüne Paprika
eine kleine Handvoll frische grüne Bohnen

Hinzugeben:

einige auf 5/4 cm gewürfelte Käsestücke
Salz und Pfeffer

Einwickeln in

2 große Kohlblätter

Alles in Alufolie wickeln, glänzende Seite nach innen, und auf den Holzkohlen braten, 15 Minuten auf jeder Seite.

Reste verwerten

1. Reste von gekochten Gemüsen und Gemüsebrühe einfrieren und zur Herstellung von Suppen verwenden. Vgl. S. 186-211.
2. Gemüsereste vermixen und zu Suppen, Soßen und Eintöpfen geben.
3. Öl und Essig an gekochte grüne Bohnen, Rote Beete, Möhren, Brokkoli, Blumenkohl, Spargel geben. Im Kühlschrank einwirken lassen und mit grünem Salat oder gemischten Salaten servieren.
4. Restliche Brühe von Pickles (Essiggurken) aufkochen und über gekochte Gemüsereste gießen. Abkühlen und wie Pickles servieren.
5. Verschiedene Gemüse mit Zwiebeln, Knoblauch und Tomatensoße aufwärmen. Curry dazugeben und mit Reis servieren. Das Curry überdeckt das frühere Aroma.
6. Restlicher Mais schmeckt aufgewärmt nicht gut. Man rührt ihn am besten in Maisbrot oder Maissuppen (S. 58 und S. 198).
7. Angebranntes Gemüse in einen anderen Topf umgießen. Wenig Wasser zugeben und eine Scheibe Brot oben auflegen, die den Geschmack nach Angebranntem aufnimmt, und weiterkochen.
8. Rezepte, in denen man Gemüsereste verwenden kann:

Überbackenes Gemüse (S. 214)
Schupfnudeln (S. 227)
Mais-Käse-Auflauf (S. 122)
Mais-Zucchini-Auflauf (S. 232)
Luftiger Bohnen-Käse-Auflauf (S. 215)
Gebratener Vietnam-Reis (S. 105)
Viele Suppenrezepte

12. Salate

Gute Köche brauchen nicht viele Salatrezepte. Die besten Rezepte sind einfache Zusammenstellungen roher Gemüse mit wenig Salatsoße. Wenn man einmal weiß, wie man die Gemüse zusammenstellt, die man gerade zur Hand hat, wie man sie lagert, sodass sie frisch bleiben, und sie dann kurz vor dem Essen in einer leichten Salatsoße wendet, kann man gleich zum nächsten Kapitel übergehen.

Manche Salatrezepte lesen sich wie Nachspeisen: Sie enthalten gesüßte Früchte aus der Dose, Nüsse und Schlagsahne. Der erste sparsame Schritt wäre hier das Weglassen der Nüsse. Diese Mischungen sind nichts anderes als teure Süßigkeiten. Servieren Sie sie als Dessert, wenn überhaupt. Rohe Gemüsesalate enthalten mehr Nährwerte. Aber manche Leute machen weiterhin den Fehler, ihren Salat in Fertigsoßen zu ersäufen. Diese sind teuer und enthalten oft viel Zucker und Fett. Sie sind so stark mit Konservierungsstoffen behandelt, dass sie sich jahrelang im Kühlschrank halten. Die Glasflaschen, die dabei verschwendet werden, sind möglicherweise wertvoller als ihr Inhalt.

Selbst gemachte Soßen sind billiger. Sie schmecken besser als alles, was Sie kaufen können, wenn Sie Kräuter und Gewürze fantasievoll verwenden. Hüten Sie sich vor Salatsoßenrezepten mit viel Zucker. Sie sind überall zu finden und sie erziehen die Leute dazu, schon beim Salat einen Vorgeschmack auf die Nachspeise zu haben. Entwickeln Sie nach und nach Ihren eigenen Geschmack für Kräuter, Zitrone, Knoblauch und die natürlichen Aromen knackiger Rohkostsalate.

Rohkostsalate

1. Wenn irgend möglich, pflanzen Sie Salat. Ein doppelbettgroßes Stück mit Schalotten, Kräutern, Grün und Tomatenstöcken sorgt von Mai bis Oktober für frischen Salat direkt auf den Tisch.
2. Eisbergsalat enthält wenig Vitamine. Essen Sie anderes Grünzeug oder mischen Sie ihn mit Endivie, Kopfsalat oder rohem Spinat.
3. Die Salatblätter waschen, gut mit einem sauberen Tuch trocken tupfen und in Plastikbeuteln oder in geschlossenen Behältern in den Kühlschrank stellen. Ist noch Wasser an den Blättern, wird die Salatsoße wässrig und geschmacklos.
4. Zerpflücken Sie die Salatblätter, statt sie zu schneiden. So kann man Salat schon Stunden vor dem Essen fertig machen und mit Folie bedeckt in den Kühlschrank stellen. Zerpflückte Stücke welken und dunkeln nicht so schnell.
5. Mischen Sie etwas Öl, Weinessig, Salz, Gewürze und Kräuter zu einer Soße (s. S. 243).
6. Kurz vor dem Servieren die Soße dazugeben, durchmischen und auf den Tisch bringen. Garnieren Sie Salate mit Croutons, Scheiben hart gekochter Eier, geschnittenen Rettichen, Schalotten, gehackter Petersilie, Erdnüssen, gerösteten Sonnenblumenkernen oder roten, gekochten Bohnenkernen. Ziehen Sie selbstgemachte Salatsoßen den gekauften vor.

Das Keimen von Mungbohnen[15*] (Sojabohnen)

In Asien gehören die winzigen grünen Mungbohnen zu den Hauptnahrungsmitteln. Körbe mit schlanken, weißen Bohnensprossen gibt es auf den Gemüsemärkten von Japan bis Indonesien und eine

15 Das sind kleine grüne Bohnen (kleiner als Erbsen).

Handvoll davon kostet normalerweise nur ein paar Pfennige. Bei uns kennt man dieses nahrhafte, köstliche Lebensmittel meist nur in seiner welken, stark aromatisierten, konservierten Form; in gut sortierten Supermärkten findet man sie aber mittlerweile auch frisch.

Bohnensprossen lassen sich ohne viel Aufwand leicht zu Hause ziehen. Das Keimen ist auch eine interessante Sache für Kinder. Das Ergebnis ist schnell sichtbar und die Ernte kann nach vier Tagen eingebracht werden. Kaufen Sie Mungbohnen in einem Naturkostladen oder in chinesischen Geschäften. Mungbohnen kosten mehr als andere trockene Bohnen, aber für 1 Liter Keime brauchen Sie nur ⅓ Tasse Trockenbohnen. Sie können frische Keime in grünem Salat und in Sandwiches verwenden oder sie zu irgendeinem Gemüse nach der chinesischen Schnellbratmethode hinzugeben. Die Keime brauchen nur 1-2 Minuten in der Pfanne, nicht länger, sonst verwelken sie ganz und verlieren ihr knackiges, frisches Aroma. Siehe dazu Rezepte auf den Seiten 93, 254, 248 und 91.

Keimungsmethode

1. ⅓ Tasse über Nacht in Wasser einweichen.
2. Abtropfen und in ein Sieb mit sauberem Tuch (alte Serviette oder ein Stück eines alten Kopfkissenbezuges) geben; falten Sie die Tuchränder locker über die Bohnen und lassen Sie mehrfach lauwarmes Wasser durchlaufen.
3. Stellen Sie das Sieb in eine Schüssel, um die Tropfen aufzufangen, und stellen Sie die Schüssel mit dem Sieb an einen warmen, dunklen Ort. Eine Abstellfläche neben dem Herd oder neben der Heizung wäre ideal.
4. Lassen Sie 3-4 Tage lang dreimal täglich mehrere Liter lauwarmes Wasser durch das Sieb rinnen.
5. Die Keime sind am 4. Tag fertig zum Verzehr oder sobald sie 3 cm lang sind. Nehmen Sie sie dann aus dem Sieb und stellen Sie sie in einem bedeckten Behälter in den Kühlschrank. Das ergibt 4-5 Tassen.
6. Die grünen Schoten sind recht schmackhaft. Wenn Sie sie aber lieber abtrennen wollen, überbrausen Sie die Keime wiederholt mit kaltem Wasser; nehmen Sie sie heraus, sobald die Hülsen zu Boden sinken.

Eine andere Methode

Geben Sie 2 EL eingeweichte Bohnen in ein Ein-Liter-Einmachglas. Bedecken Sie oben das Glas mit einem durchlässigen Baumwollstoff, den Sie mit einem Einmachring oder Gummi gut befestigen. Stellen Sie das Glas an einen warmen, dunklen Ort. Dreimal am Tag mit Wasser durchspülen, dabei das Wasser wieder entfernen, sodass die Bohnen nur gut befeuchtet sind.

Alfalfa-Keime (Luzerne)

Benutzen Sie die Einmachglasmethode wie bei den Mungbohnen, aber weichen Sie nur, 2 EL unbehandelten Luzernesamen ein, und benutzen Sie nur ein Glas. In 1-2 Tagen sind die Samen gekeimt. Stellen Sie das Glas an ein sonniges Fenster, damit sich tiefgrüne, längere Keime entwickeln. Regelmäßig wässern. Bei gewünschter Länge, nach etwa 3-4 Tagen, in den Kühlschrank stellen. Zu Salaten und Sandwiches verwenden.

Gemixte Mayonnaise

Je nach den Preisen von Öl und Eiern kann dieses Rezept ebenso teuer sein wie käufliche Mayonnaise. Preise vergleichen.
Ergibt 0,5 Liter

Im Mixer verquirlen:
2 Eier
1 ½ TL Salz
1 TL Senfkörner (gemahlen)
½ TL Paprika
Mit dem Gummischaber nach unten schieben, was an den Seitenwänden hängen blieb, und zufügen:
2 EL Zitronensaft
Den Mixer einschalten, den Deckel abnehmen und sehr langsam hineinträufeln:
½ Tasse Salatöl
Hinzugeben:
2 EL Essig
Nach und nach langsam beigeben:
1 ½ Tassen Salatöl

Kalorienarmer Mayonnaise-Ersatz

Ergibt 1 Tasse

In einem geschlossenen Becher schütteln, bis es sämig ist:
¾ Tasse Magermilch
2 EL Mehl
Zucker (nach Geschmack, bis zu 3 EL)
½ TL Salz
½ TL Senfkörner (gemahlen)
In einen Topf füllen und kochen, bis es dickt, dabei ständig rühren.
Hinzugeben:
¼ Tasse Essig
Warm oder kalt als Ersatz für Mayonnaise verwenden. Kurz vor dem Anrichten gehackte Zwiebeln und nach Belieben andere Kräuter und Gewürze hineinrühren.

Gekochte Mayonnaise

Ergibt 3 Tassen

In einem Kochtopf mischen:

⅓ Tasse Mehl
Zucker (nach Geschmack bis zu ½ Tasse)
1 TL Salz

Hinzufügen:

¾ Tasse Wasser
½ Tasse Essig

Auf schwacher Hitze kochen und rühren, bis sie dickt. Vom Feuer nehmen und in ein kleines Mixgefäß oder in den Mixer schütten.

Während des Mixens zugeben:

1 geschnittene Knoblauchzehe (nach Belieben)
2 ganze Eier oder 4 Eigelb

Weiterschlagen und langsam hinzufügen:

⅔ Tasse Salatöl

Vor dem Servieren kühlen.

Salatsoßen mit Mayonnaise

Thousand Islands (Tausend Inseln)

Mischen:

1 Tasse Mayonnaise
¼ Tasse Chilisoße oder Ketchup
2 gehackte hart gekochte Eier
je 2 EL fein gehackte grüne Paprika und Zwiebeln
2 EL Pickles-Marinade (falls vorhanden)
2 TL Paprika
½ TL Salz

Grüne Göttin

Mischen:

½ Tasse Mayonnaise
¼Tasse saure Sahne oder Joghurt
2 EL Zitronensaft oder Essig
2 EL gehackten Schnittlauch
2 EL gehackte Petersilie
¼ TL Salz
frisch gemahlenen Pfeffer

Blauer Käse

Mischen:

1 Tasse Mayonnaise
¼ Tasse zerdrückten Blaukäse
2 EL Milch
1 Prise Cayennepfeffer

Honig-Zitronen-Soße

Starkes, süß-saures Aroma, jedoch nicht zu süß. Gut für gemischte Salate.
Ergibt etwa 1 Tasse

Zusammen schütteln:

2 EL Honig
¼ Tasse Zitronensaft
½ Tasse Öl
Salz, Pfeffer und Kräuter nach Geschmack

Gekochte Salatsoße

Ergibt 2 Tassen

In einem Kochtopf mischen:

¼ Tasse Mehl
2 TL Salz
2 TL Senfkörner (gemahlen)
Zucker (nach Geschmack, bis zu ¼ Tasse)
1 ½ Tassen Milch
½ Tasse milden Essig oder Zitronensaft

Auf schwacher Hitze kochen und rühren, bis es dickt.
Mindestens die Hälfte der Mischung verrühren mit:

1 geschlagenem Ei

Die Eimischung zurück in den Topf schütten und zum Kochen bringen. 1 Minute kochen, vom Feuer nehmen, hineinrühren:

1 EL Butter oder Margarine

Kühlen.

Petersiliensoße

Ergibt 2 Tassen

Im Mixer verquirlen:

½ Tasse Petersilie
⅓ Tasse Salatöl
¼ Tasse Wasser
¼ Tasse Honig
¼ Tasse Zitronensaft
2 TL Basilikum
Salz
½ Tasse gehackte Avocados (nach Belieben)

Zu grünen Salaten verwenden.

French Dressing

Die Einsenderin schreibt: »Seit ich dieses Rezept kenne, habe ich keine fertige Salatsoße mehr gekauft.«
Ergibt 1 ½ Tassen

Mischen, schlagen oder im Mixer verquirlen:

1 EL geriebene Zwiebeln
1 TL Salz
1 EL Zucker
2 EL Essig
½ Tasse Salatöl
½ Tasse Ketchup
2 EL Zitronensaft
1 TL Paprika

Im Kühlschrank frisch halten.

Öl-Essig-Soße

Die einfachste aller Salatsoßen: Man kann sie überall und jederzeit mit gleichen Teilen Essig und Öl zubereiten.
Reicht für 6-8 Portionen grünen Salat

Zusammen schütteln oder in der Salatschüssel mischen

2 EL Salatöl
2 EL Essig oder Zitronensaft oder eine Mischung von beidem
½ TL Salz
je 1 Prise frisch gemahlenen Pfeffer und Senfkörner (gemahlen)

Nach Geschmack beigeben:

zerdrückten Knoblauch
geschnittene Zwiebeln
Oregano
Basilikum
gehackte Petersilie
gehackten Schnittlauch
Mohnsamen
Selleriesamen
Ketchup
Honig
etwas Zucker

Grüner Salat, französische Art

Einfach und schnell zu jeder Mahlzeit zuzubereiten. Die Einsenderin stammt aus Frankreich und lebt jetzt in Indonesien.
Zeitsparend
Reicht für 4-6 Personen

Waschen, abtropfen und durch Schleudern in einem Geschirrtuch gut trocknen:

½ bis 1 Kopfsalat

Die Salatschüssel mit einer angeschnittenen Knoblauchzehe ausreiben.
Direkt in die Salatschüssel geben:

2 EL Salatöl
1 EL Weinessig
¼ TL Salz
1 Prise Zucker
frisch gemahlenen Pfeffer nach Geschmack
1 bis 2 EL geschnittene Petersilie
1 TL Zitronensaft (nach Belieben)

Mit dem Salatbesteck gut verrühren. Das Salatbesteck in der Schüssel kreuzen und darauf die von Hand zerrissenen Salatblätter legen. So liegen die Salatblätter nicht direkt in der Soße. Erst kurz vor dem Servieren das Besteck herausziehen und die Salatblätter mit der Soße vermischen.
Die gleiche Wirkung (dass die Blätter in der Soße nicht welken) erreicht man auch so: Die Salatsoße im Schüttelbecher vorbereiten. Die Blätter in die Schüssel legen und die Soße unmittelbar vor dem Servieren darübergießen. Gut vermischen.

Grüner Salat mit Croutons

Reicht für 6 Personen

Gelb oder hellbraun in der Backröhre oder Bratpfanne rösten (ergibt die Croutons):

1 ½ Tassen Brotwürfel mit
2 EL Öl oder Margarine

Beiseitestellen.
In die Salatschüssel geben:

2 geschnittene Knoblauchzehen
½ TL Salz
½ TL Senfkörner, gemahlen
frisch gemahlenen Pfeffer nach Geschmack
2 EL Weinessig
¼ Tasse Salatöl
1 TL Zucker

Umrühren. Die Schüssel beiseitestellen.
Erst kurz vor dem Servieren hineingeben:

5 bis 6 Tassen frisch gepflückte Blätter von Spinat, Endivie, Kopfsalat, Radicchio oder von anderen verfügbaren Salaten und die meisten der Croutons

Mischen und servieren. Einige Croutons zum Bestreuen aufbewahren und, wenn gewünscht, etwas Parmesankäse obenaufstreuen

Grüner Salat mit Erbsen und Käse

Vervollständigen Sie die Mahlzeit mit einer leichten Suppe und Vollkornbrot.
Zeitsparend; Reicht für 5-6 Personen

Bereithalten:

4 bis 6 Tassen geteilte Salatblätter (Kopfsalat, Spinat, Endivie)
1 kleine, fein geschnittene Zwiebel
2 Tassen gekochte Erbsen
125 g Streifen von Schweizer Käse
6 EL gekochte Salatsoße oder Mayonnaise
½ TL Zucker
2 Scheiben Rauchfleisch, knusprig gebraten und zerbröckelt

In eine große Salatschüssel geben: die Hälfte der grünen Blätter, Zwiebeln, Erbsen, Käse. Bestreuen mit:

1 TL Zucker

Betupfen mit:

3 EL Mayonnaise

Die Lage wiederholen. Zudecken und 2 Stunden kühlen. Kurz vor dem Servieren Rauchfleisch beigeben und mischen.

Gartensalat

Reicht für 6 Personen

In einer Salatschüssel mischen:

½ Tasse gehobelte Möhren
1 Tasse geschnittenen Blumenkohl
1 Tasse frische oder aufgetaute Erbsen oder gekochte, abgegossene Kichererbsen
1 Tasse gehackten Sellerie
3 Tassen gehackte Tomaten
1 Tasse gehackte Salatgurken
1 Tasse geschnittenen Kopfsalat
½ Tasse geröstete Sonnenblumenkerne

Mit der Honig-Zitronen-Soße anrichten (s.S. 243).

Bunter Salat

Reicht für 6-8 Personen

In einer Schale mischen:

1 Tasse fein gehackten Sellerie
1 Tasse gehackte grüne Paprika
½ Tasse geschnittene Zwiebeln oder Schalotten
2 Tassen geschnittene Tomaten
1 Tasse geschnittene Salatgurken
gehackten Schnittlauch (nach Belieben)
gehackte Petersilie (nach Belieben)
2 bis 3 EL Essig oder Zitronensaft
1 TL Zucker
½ TL Salz
1 Prise frisch gemahlenen Pfeffer

Sorgfältig verrühren und kühlen. Als Salat oder als Chutney mit Curryreis servieren.

Alternativ-Vorschläge:

- Sellerie, grüne Paprika und Gurken können weggelassen werden, wenn sie nicht erhältlich sind.
- Die letzten 4 Zutaten weglassen und die Petersiliensoße von Seite 244 verwenden.

Sommernachtssalat

Die Einsenderin empfiehlt jede beliebige der folgenden Zutaten: gekochter Brokkoli, Blumenkohl, Spargel, Mais, Erbsen, grüne Bohnen und weiße Bohnenkerne.
Die Soße reicht für 6 Portionen

In einer Schüssel mischen:

verschiedene gekochte Gemüsereste
einige frische Gartengemüse, jedes für sich knackig-zart gekocht
gekochtes und gewürfeltes Hühnerfleisch oder Schinken und/oder gewürfelten Käse
pro Person 1 hartes, gewürfeltes Ei
½ Tasse gehackte Nüsse

Die Lieblingssalatsoße verwenden oder aber folgende Mischung:

¼ Tasse Mayonnaise
¼ Tasse Sahne
1 EL Essig
1 TL Salz
1 TL Zucker

Alle Zutaten leicht mit der Soße vermischen; mehrere Stunden kühlen. Den Salat auf Salatblättern servieren und mit farbigen Gemüsen garnieren.

Sojasprossen-Salat

Reicht für 6 Personen

In eine trockene Pfanne geben:

½ Tasse Sonnenblumenkerne

Etwa 3 Minuten unter Rühren auf mittlerer Hitze rösten.

In einer großen Salatschüssel mischen:

1 Tasse frische Soja- oder Alfalfasprossen
1 bis 2 Köpfe Salat
6 bis 8 Radieschen
½ geschnittene Salatgurke
die gerösteten Sonnenblumenkerne

Zur Soße verschütteln:

¼ Tasse Salatöl
2 EL Essig
⅛ TL Salz
frisch gemahlenen Pfeffer
⅛ TL Knoblauchpulver

Über den Salat gießen und mischen.

Garnieren mit:

1 bis 2 geschnittenen harten Eiern

Gurkensalat

Zeitsparend
Reicht für 4 Personen

In eine Schüssel geben:

1 große, in feine Scheiben geschnittene Salatgurke
1 bis 2 EL fein geschnittene frische Dillblätter

In einer kleinen Schüssel mischen:

2 EL Mayonnaise oder saure Sahne
1 EL Essig
2 EL Öl
1 TL Salz
1 Prise Pfeffer

Mischen und über die Gurkenscheiben gießen.

Kühlen und servieren.

Spinatsalat

Überzeugt garantiert alte und junge Spinatgegner.
Reicht für 6 Personen

In einer großen Salatschüssel mischen:

1 l gehackten frischen Spinat
½ Tasse gehackten Sellerie
1 gehackte Zwiebel oder
3 Schalotten
¾ Tassen Schweizer Käse in kleinen Würfeln
3 gehackte harte Eier

In einer kleinen Schüssel mischen:

½ Tasse Mayonnaise
2 EL Essig
½ TL Salz
½ TL Meerrettich
½ TL Tabasco oder 1 TL Cayennepfeffer

Kurz vor dem Servieren die Mayonnaisemischung über den Salat schütten und mischen.

Löwenzahnsalat

Passt gut zu Pellkartoffeln, geeigneter Nachtisch: z.B. Knusperäpfel (S. 271).
Reicht für 4-6 Personen

Den Löwenzahn sammelt man zeitig im Frühjahr, wenn die Blüten sich noch nicht geöffnet haben. Zu dieser Jahreszeit sind andere Salate meist teuer, sodass es gut ist, dieses frühe Wildgemüse zu nehmen. Man sticht die Rosetten mit einem scharfen Messer aus und schneidet die älteren, äußeren Blätter ab (beim Sammeln vorher beobachten, ob und wie die Wiese vom Bauer gedüngt oder behandelt wurde). Sorgfältig waschen, abtropfen lassen und in eine Salatschüssel legen. Weiter wie folgt verfahren:

Hart kochen:

2 Eier

Mit kaltem Wasser abschrecken und schälen.

In einer Pfanne knusprig braten:

2 Scheiben gewürfeltes Rauchfleisch (durchwachsenen Speck)

Den Schinkenspeck herausnehmen und das Fett abgießen. 2 EL Fett in der Pfanne lassen.

Mischen und in die Pfanne geben:

4 EL Mehl
1 TL Salz
Zucker (nach Geschmack 1-3 EL)
3 EL Essig
1 ½ Tassen Wasser oder Milch

Kochen und rühren, bis die Soße dickt.

Die Soße gießen über:

4 Tassen gehackten Löwenzahn

Leicht rühren, damit alle Blätter bedeckt werden.

Mit den Eiern und den Rauchfleischstücken garnieren.

Alternativ-Vorschläge:

- Zur Salatsoße ein geschlagenes Ei geben und erst dann in die Pfanne gießen. Die Flüssigkeit auf 2 Tassen erhöhen.
- Den Löwenzahn durch andere Salate wie Endivie oder Spinat ersetzen.

Mais-Kohl-Salat

Reicht für 6 Personen

In einer Salatschüssel mischen:

4 Tassen gehobelten Kohl
½ Tasse gehackte Zwiebeln
1 bis 1½ Tassen gekochten Mais
½ Tasse gewürfelten scharfen Käse
2 EL geschnittene schwarze Oliven (nach Belieben)
2 EL gehackte Petersilie (nach Belieben)

Mischen für die Salatsoße:

⅓ Tasse gekochte Salatsoße (s. S. 243) oder Mayonnaise
2 TL Senf
¼ TL Selleriesalz

Die Soße über den Salat gießen und mischen.

Krautsalat

Dies ist eine gute Methode, Kohl haltbar zu machen, wenn im Sommer die Kohlköpfe im Garten aufbrechen und zu verderben drohen. Eine größere Menge auf einmal zubereitet und aufbewahrt, versorgt wochenlang die Küche mit einem fertigen Salat.
Zeitsparend

Fein schneiden oder hobeln:

2 große oder 3 mittlere Krautköpfe
2 Stangen Sellerie
3 bis 4 Möhren
1 Zwiebel

Reichlich mit Salz bestreuen, beiseitestellen und inzwischen die Salatsoße zubereiten. Vor dem Anrichten gut auspressen.

Soße:
In einem Kochtopf mischen:

1 Tasse Zucker
1 TL Salz
1 Tasse Essig
⅛ TL Pfeffer
1 bis 2 TL Selleriesamen

Zum Kochen bringen. Vom Feuer nehmen. Wenn sie ausgekühlt ist, über das Kraut gießen. Gut vermischen. Kann in großen Mengen zubereitet und in verschlossenen Behältern im Kühl- oder Tiefkühlschrank mehrere Monate aufbewahrt werden.

Feiner Krautsalat

Reicht für 10 Personen

Etwa 1 ½ Stunden vor dem Servieren oder früh am Tag 4-5 äußere Blätter lösen (und beiseitelegen) von:

1 mittlerem Krautkopf

Das restliche Kraut hobeln, sodass es 8 Tassen ergibt.

In einer großen Schüssel mischen:

das gehobelte Kraut
fein geschnittene grüne Paprika
⅔ Tasse geschnittenen Sellerie
⅔ Tasse fein gehobelte Karotten
½ Tasse gehobelte Rettiche
2 EL geschnittene Zwiebeln

Zur Soße mischen:

1 Tasse Mayonnaise oder gekochte Salatsoße
2 EL Milch
2 EL Essig oder Zitronensaft
1 TL Zucker
¾ TL Salz
¼ TL Paprika
¼ TL Pfeffer

Gut mischen. Über die Gemüse geben und untermischen. Zudecken und kühlen. Zum Servieren den Salat auf den großen beiseitegelegten Außenblättern anrichten.

Blumenkohlsalat

Reicht für 6 Personen

In eine Schüssel geben:

2 Tassen geschnittenen rohen Blumenkohl
½ Tasse geschnittene Schalotten (Zwiebeln)
1 geschnittene Möhre
¼ Tasse Salatöl
1 ½ EL Zitronensaft
1 ½ EL Weinessig
1 TL Salz
½ TL Zucker
1 Prise Pfeffer

Gut mischen. Vor dem Servieren kühlen.

Alternativ-Vorschlag:

¼ Tasse geschnittene schwarze Oliven zugeben.

Apfel-Rote-Beete-Salat

Reicht für 6 Personen

Mischen:

2 Tassen gehackte und gewürfelte Rote Beete
2 Tassen gewürfelte rohe Äpfel
2 harte gewürfelte Eier

Hinzugeben:

½ Tasse gekochte Salatsoße oder Mayonnaise
¼ Tasse Nüsse

Leicht vermischen. Auf Salatblättern servieren und mit gehackten Nüssen und Petersilie garnieren.

Grüne-Bohnen- und Sprossen-Salat

Reicht für 6 Personen

Knackig-zart garen:

3 Tassen frische grüne Brechbohnen

Abgießen und kühlen. Hinzugeben:

1 bis 2 Tassen frische Sojasprossen
⅓ Tasse geschnittene Frühlingszwiebeln
½ Tasse fein geschnittenen Sellerie
1 geschnittene, milde rote Paprika

Mischen. Getrennt vermischen:

¼ Tasse Pflanzenöl
2 EL Essig
Salz, Zucker, Pfeffer und Kräuter nach Geschmack

Über die Gemüse gießen und 1-2 Stunden kühlen. Auf Salatblättern anrichten und mit Tomatenvierteln garnieren.

Grüne-Bohnen-Salat

Reicht für 6-8 Personen

In einer Salatschüssel mischen:

3 Tassen gekochte, in 3-cm-Stücke geschnittene grüne Bohnen
4 gehackte, harte Eier
1 geschnittene, mittlere Zwiebel
1 großen geschnittenen Dillzweig

Mischen und darübergießen:

2 EL Essig
1 TL Salz
⅔ Tassen Mayonnaise oder gekochte Salatsoße

Sorgfältig rühren, kühlen und servieren

Drei-Bohnen-Salat

Reicht für 10-12 Personen

Je 2 Tassen von drei verschiedenen gekochten Bohnensorten verwenden. Verschiedene Farben wählen.
Möglich sind z.B.:

geschnittene grüne Bohnen
geschnittene gelbe Wachsbohnen
Sojabohnen
Rote Bohnen (Kidneybohnen)
Weiße Bohnen
Kichererbsen

In einer großen Schüssel mischen mit:

1 fein gehackte mittlere Zwiebel
1 gehackte mittlere grüne Paprika

Mischen und darüber gießen:

½ Tasse Salatöl
½ Tasse Essig
½ Tasse Zucker
1 TL Salz
¼ TL Pfeffer

Vor dem Servieren kühlen. Wird schmackhafter, wenn die Marinade über Nacht oder länger einziehen kann.

Spezial-Sojabohnen-Salat

Reicht für 5 Personen

In einer Salatschüssel mischen:

½ Kopfsalat in mundgerechten Stücken
1 ½ Tassen gekochte, abgetropfte Sojabohnen
1 frische, geschälte und gewürfelte Orange
2 EL gehackte Zwiebeln oder Schalotten

In einem Schüttelbecher mixen:

¼ Tasse Öl
1 EL Zitronensaft
1 EL Essig
¼ TL gemahlene Senfkörner
1 EL Honig
1 EL Orangensaft
½ TL Zucker
¼ TL Salz
½ TL Paprika

Die Soße über die Salatzutaten gießen und leicht untermischen.

Alternativ-Vorschlag:

Die Soße schon einen Tag vorher zubereiten und über die gekochten Sojabohnen gießen. Über Nacht einziehen lassen. Dann die anderen Zutaten beigeben und mischen.

Sojabohnensalat

Reicht für 4 Personen

In einer Schale mischen:

1 ½ Tassen gekochte und abgetropfte Sojabohnen
½ Tasse gewürfelten Sellerie
½ Tasse gewürfelte Möhren
1 TL geschnittene Zwiebeln
½ Tasse gewürfelten Käse
2 gewürfelte harte Eier
1 ¼ Tasse gehackte süß-saure Pickles

Bedecken und gut kühlen.
Langsam miteinander verrühren:

½ Tasse French Dressing (S. 244)
1 EL Mayonnaise

Über den Salat gießen, mischen und mindestens eine Stunde kühlen.

Tabouleh

(Naher Osten)
Reicht für 6-8 Personen

1 ¼ Tassen grobes Weizenschrot
begießen mit 4 Tassen kochendem Wasser. 2 Stunden stehen lassen, abgießen.
Mischen mit:
1 Tasse gekochte abgetropfte Kichererbsen
1 ¼ Tassen geschnittener Petersilie
½ Tasse geschnittener Minze
¾ Tasse geschnittenen Schalotten oder Zwiebeln
3 geschnittenen Tomaten
¾ Tasse Zitronensaft
⅓ Tasse Olivenöl (oder ein anderes)
1 TL Salz
Mindestens 1 Stunde kühlen. Auf Salatblättern servieren.

Salat Niçoise

Ein herrlicher Sommersalat. Mit knusperigem frischem Brot im Freien servieren.
Reicht für 5-6 Personen

Im Voraus zubereiten und gesondert in Behältern kühlen:
3 Tassen Kartoffelsalat (ohne Eier)
3 Tassen frische grüne Bohnen, genau 5 Minuten gekocht und abgetropft
3 bis 4 geviertelte Tomaten
1 Kopfsalat, gewaschen, in Blätter zerlegt und abgetropft
3 harte, geschälte und geviertelte Eier
1 Tasse Öl-Essig-Soße (s. S. 244)
2 bis 3 EL geschnittene, frische Kräuter wie Schnittlauch, Petersilie und Dill
Ebenso kühlen:
1 200-250-g-Dose Thunfisch
Kurz vor dem Servieren:
Die grünen Bohnen und Tomaten mit je 2 EL der Salatsoße würzen.
In der Salatschüssel die Salatblätter mit 2 EL der Salatsoße mischen und dann die Blätter auf dem Boden und an den Wänden der Schüssel anordnen.
Den Kartoffelsalat auf den Kopfsalat in der Schüssel legen. Die anderen Salate in schöner Kombination auf dem Kartoffelsalat anordnen. Die restliche Salatsoße darübergießen, mit Kräutern bestreuen und sofort servieren.

Israelisches Abendessen

Zeitsparend

In einer Schüssel auf den Tisch stellen:

Salatgurken
Tomaten
Zwiebeln
Grüne Paprika
harte Eier

Für jede Person:

1 Salatschale
1 Abfallschale
1 scharfes Messer

Jeder schält und schneidet sich seinen Salat selbst und gibt etwas Zwiebel, Paprika und Ei darüber. Ein wenig Salatöl, Salz und Pfeffer (stehen auf dem Tisch) hinzufügen und das Ganze verrühren. Mit selbst gebackenem Brot und Butter essen. Als Getränk empfiehlt sich heißer Tee. Es können auch Quark oder Joghurt gereicht werden.

Taco-Salat

Reicht für 6 Personen

Zusammen in einer Pfanne bräunen:

500 g Rinderhack
1 gehackte Zwiebel

Vom Feuer nehmen und hineinrühren:

2 Tassen gekochte, abgetropfte rote Bohnen (Kidneybohnen)
1 TL Salz
½ TL Pfeffer

In eine große Salatschüssel geben:

die Blätter von 1 Kopfsalat
2 gehackte große Tomaten
3 bis 4 knusprig gebackene und in Stücke gebrochene Tortillas
die Fleisch-Bohnen Mischung

Gut vermischen. Mit der Chili-Tomatensoße von Seite 129 servieren.

Alternativ-Vorschläge:

- Fleisch weglassen. Rohe gehackte Zwiebeln und 1-2 Tassen geriebenen Käse zugeben.
- Die Zutaten getrennt auf den Tisch stellen, sodass jeder seinen eigenen Salat zubereiten kann.

Großer Hähnchen-Salat

Reicht für 12 Personen

In einer großen Schüssel mischen:

4 Tassen gekochtes, geschnittenes Hühnerfleisch
4 Tassen geriebene Möhren
4 Tassen fein gehackten Sellerie
1 gehackte mittlere Zwiebel

Mischen mit:

3 Tassen Salatsoße oder Mayonnaise

Kühlen und servieren.

Chinesischer Hühner-Gurken-Salat

Passt gut in ein chinesisches Menü neben Suppe, Gemüse mit Fleisch und Reis.
Zeitsparend
Reicht für 4-6 Personen

Klein schneiden:

1 Tasse gekochtes Huhn

Schälen:

2 Salatgurken

Der Länge nach halbieren, Kerne entfernen, in Streifen schneiden.
Die Gurkenstreifen auf einer Platte anordnen und das Hühnerfleisch darauflegen. Bedecken und bis zum Servieren kühlen.
Mischen und über das Hühnerfleisch gießen:

½ TL gemahlene Senfkörner
½ TL Salz
2 EL Essig

Kopfsalat und Tomaten mit Rindfleisch

Zeitsparend
Reicht für 4-6 Personen

Zusammenrühren und beiseitestellen:
125 g hauchdünn geschnittenes Rindfleisch (Filet oder Lende)
½ geriebene mittlere Zwiebel
2 zerdrückte Knoblauchzehen
¼ TL Salz
1 Prise Pfeffer
½ TL Zucker
¼ TL Glutamat
Auf einer Platte anordnen:
die Blätter von 1 Kopfsalat
2 Tomaten in Scheiben
1 Salatgurke in Scheiben
Die Tomaten- und Gurkenscheiben auf die Salatblätter legen und in der Mitte Platz für das Fleisch lassen.
In einer Schüssel die Salatsoße mischen und beiseitestellen:
½ gehackte Zwiebel
3 EL Essig
3 EL Öl
½ TL Salz
1 Prise Pfeffer
½ TL Zucker
Auf großer Hitze in einer Pfanne erhitzen:
1 EL Öl
Das marinierte Fleisch hineingeben und sehr schnell unter Umrühren anbraten, bis das Fleisch die rote Farbe verliert (1 Minute). Das Fleisch in die Mitte der Platte legen. Die Pfanne mit 1 Tasse Wasser ablöschen und dies zur Salatsoße geben. Umrühren und über Fleisch und Gemüse gießen. Mit Reis servieren.

Kraut-Schweinefleisch-Salat

Vietnamesische Köche schneiden schöne Krautsalate ohne einen Hobel. Sie lösen die Blätter vom Krautkopf, legen jeweils einige davon aufeinander und rollen sie fest zusammen.
Die Rolle legen sie auf ein Brett und schneiden mit einem sehr scharfen Messer feine Streifen. Das geht überraschend schnell und ergibt einen Salat, der sich sehr von dem gehobelten unterscheidet.
Reicht für 4 Personen

In einer großen Schüssel vermischen:
½ Krautkopf (geschnitten wie oben beschrieben)
2 geriebene Möhren
Hinzugeben:
125 bis 250 g gekochtes und fein geschnittenes Schweinefleisch
einige frische, geschnittene Dillstengel und Minze (gehackt)
Gut mischen.
In einer kleinen Schüssel mischen:
1 EL Sojasoße
1 TL Zucker
3 bis 4 EL Essig
2 TL Zitronensaft
Über den Salat gießen und gut untermischen.
Kurz vor dem Servieren bestreuen mit:
¾ Tasse gerösteten, gesalzenen und gehackten Erdnüsse
Mit heißem Reis oder zu Suppe oder Eintopf essen.

Thunfisch-Salat als Hauptgericht

Reicht für 6-8 Personen

Nach Packungsanweisung kochen und abtropfen lassen:

250 g Nudeln, Spaghetti oder Makkaroni

Abkühlen lassen.
In einer großen Schüssel mischen:

die gekochten Teigwaren
1 Viertelliterdose Thunfisch
1 Tasse gehackten Sellerie
½ Tasse fein gehackte Schalotten oder Zwiebeln mit den grünen Röhren
½ Tasse süß-saure Pickles
3 gehackte harte Eier
½ Tasse Mayonnaise
2 EL Picklesbrühe
1 EL Senf
½ TL Salz
1 Prise Pfeffer

Kühlen und auf Salatblättern servieren. Mit Paprika bestreuen.

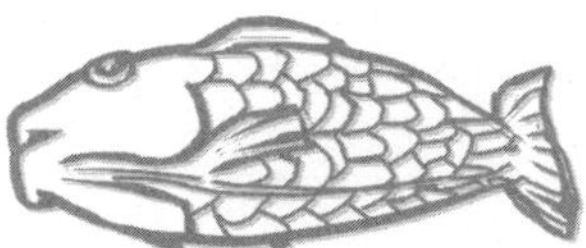

Dillzwiebeln

Ergibt 2 Tassen

In eine Schale geben:

6 weiße Zwiebeln, in feine Ringe geschnitten

In einem Kochtopf mischen und erhitzen:

½ Tasse Zucker
2 TL Salz
¾ TL Dillsamen
½ Tasse weißen Essig
¼ Tasse Wasser

Die Mischung brodelnd aufkochen. Vom Feuer nehmen und über die Zwiebeln gießen. Abkühlen lassen und danach im Kühlschrank aufbewahren.

Möhren mit Dill

Folgendes Gericht als Ersatz, wenn die Pickles einmal ausgegangen sind,
Ergibt 2 Tassen

In wenig Salzwasser nur knapp garen:

6 bis 8 in Streifen geschnittene Möhren

Die Möhren abtropfen. Übergießen mit:

restlicher Brühe von 1 l Dill-Pickles

Bis kurz vor den Siedepunkt erhitzen. Kühlen. Hält sich im Kühlschrank mehrere Wochen.

13. Nachspeisen, Kuchen und süße Snacks

Während einer Reise in Indien warfen wir Bananenschalen aus dem Fenster des Busses. Wir brauchten uns keine Gedanken darüber zu machen, dass wir dadurch etwa die Straße verschmutzen könnten, denn sofort würde eine Ziege oder eine Kuh kommen und die Schale mit einem Bissen verschlingen.

Einmal sahen wir, wie zwei kleine Kinder Bananenschalen verwerteten. Das etwa achtjährige Mädchen trug einen zerrissenen Sari, der vierjährige Bruder war mit einem übergroßen Hemd bekleidet. Sie waren keine Bettler, warteten aber auf Bananenschalen, weil sie mich vom Obststand kommen sahen. Als die vier Schalen im Staub der Straße landeten, stürzten sich die Kinder darauf.

Das Mädchen wischte den Schmutz von den Schalen und gab sie alle ihrem kleinen Bruder, zog ein schmutziges Stück Tuch aus den Falten ihres Saris und breitete es vorsichtig am Straßenrand aus. Sie und der Junge setzten sich.

Sehr sorgfältig zog das Mädchen den weichen Teil der Bananenschalen von der äußeren Hülle ab und legte ihn auf das Tuch. Die äußere zähe Haut warf sie beiseite. Die Hälfte gab sie ihrem Bruder. Sie begannen zu essen.

Wer sagt, dass hungernde Menschen wie Tiere essen, wenn sie etwas bekommen, der hat nie dieses indische Mädchen gesehen, wie es seinem Bruder die Bananenschalen servierte.

Einige Frauen schreiben:

»Um uns mit weniger zu begnügen, sparen wir am meisten an den Nachspeisen – bei uns gibt es nur gelegentlich welche.«

»Ich verwende weniger Zucker in meinen Plätzchen und Keksen, als in den Rezepten steht. Ich verringere die Menge um ein Viertel bis zur Hälfte. Meine Kinder bemerken dies gar nicht, die Plätzchen bleiben nicht länger liegen als sonst.«

»Ich verwende in allen Eiscremes, Keksen, Schokoladengebäck, Puddings und Pasteten-Rezepten ⅓ weniger Zucker, und es ist noch nichts deshalb misslungen.«

Zucker war noch niemals gut für uns. Diese Tatsache, so scheint es, wird immer dann wieder entdeckt, wenn die Zuckerpreise steigen. Wir kennen seit Langem die Rolle, die Zucker bei Zahnschäden, Diabetes und Fettleibigkeit spielt. Untersuchungen ergaben zudem, dass übermäßiger Zuckerkonsum zu vorzeitiger Arteriosklerose führen kann. Die Nordamerikaner essen seit 1930 pro Person 100 und mehr Pfund Zucker pro Jahr, mit Ausnahme der frühen 40er-Jahre, weil er während des Zweiten Weltkrieges rationiert war. 1880 wurden pro Jahr nur 30 Pfund verbraucht. In Deutschland ist der Zuckerverbrauch bei 34,2 Kilogramm pro Kopf und Jahr (Stand: 2008) angelangt. Dies entspricht 32 Stück Würfelzucker pro Tag.

Natürlich essen wir den Zucker nicht löffelweise. Er ist versteckt in Konfitüre, Schokolade, Eis, Getränken, Früchtejoghurt, Backwaren und Babynahrung. So merken wir gar nicht, wie viel Zucker wir zu uns nehmen.

Wenn die Zuckerpreise steigen, ist dies im Grunde gut für uns. Wer sich beklagt, klagt an der falschen Stelle. Im Sinne einer gesunden Ernährung kann Zucker nicht teuer genug sein. Erst dann wird wohl allgemein weniger verbraucht werden. Die Hersteller veröffentlichen nur sehr ungern, wie viel Zucker ihre Produkte enthalten. Viel Land, das heute zur Zuckergewinnung benutzt wird, sollte anders bebaut werden, um eiweiß-, vitamin- und mineralstoffreichere Produkte zu erzeugen. Weniger Zucker zu essen ist ein Weg, die Weltnahrungsreserven zu schonen.

Nach allgemeinem Verständnis ist eine Nachspeise ein Nahrungsmittel, das Zucker enthält. Aber ehe wir zu den Dessertrezepten kommen, sollten wir uns daran erinnern, dass nicht alle Mahlzeiten einen süßen Abschluss brauchen. Die Vorstellung »kein Essen ohne Nachtisch« ist bei uns fest verankert, aber nicht in den meisten anderen Völkern. In vielen Ländern wird Zucker nur zu Feierlichkeiten verwendet, nicht um jedes alltägliche Essen zu beschließen. Eine Einsenderin aus Japan schreibt uns: »Wir essen normalerweise frische Früchte nach dem Abendessen. Ungefähr einmal in der Woche gibt es einen Nachtisch – wenn wir Gäste haben oder zu sonst einer besonderen Gelegenheit.« Eine andere Stimme: »Ich liebe inzwischen eine ganz andere Art zu kochen und bin auch so weit gekommen, dass ich ein Gästeessen ohne Dessert anbiete.«

Früchte mit ihrer natürlichen Süße sind eine ideale Nachspeise. Die Leute halten dagegen, dass Obst sehr teuer ist. Dies trifft für gewisse Jahreszeiten und Gegenden zu. In den Erntezeiten jedoch ist es günstig. Man kann für das gleiche Geld kaum einen Kuchen backen oder Eiscreme kaufen. Jede Nachspeise mit Gelatine oder Schlagsahne ist teuer. Rechnen Sie erst einmal die Kosten Ihres Dessertrezeptes zusammen, bevor Sie behaupten, dass frisches Obst nicht erschwinglich sei.

Was ist ein sparsames Dessert?

Ich habe irgendwo gelesen, sparsames Kochen sei nahrhaftes Kochen. Deshalb sind frische Früchte oder ein Dessert mit Milch und Eiern sehr sparsam, da sie uns mit den meisten Nährwerten versorgen.

Die Frage ist: Was gibt uns diese Nahrung? Wenn die Nachspeise nur weitere Kalorien enthält, dann sollte man lieber altmodisch sein und jeden zu einer weiteren Scheibe Brot auffordern. Das ist billiger und nahrhafter.

Verwenden Sie Milch- und Eiernachspeisen als guten Abschluss einer eiweißarmen Mahlzeit. Eine Gemüsesuppe auf der Grundlage von ein oder zwei Knochen besitzt z.B. wirklich nicht viel Eiweiß. Runden Sie sie dann mit einem Käsekuchen ab; das ist ein reichhaltiger Nachtisch mit einem hohen vollständig verwertbaren Eiweißgehalt, der gut zu einem leichten Essen passt. Aber Sie benötigen keinen Käsekuchen nach einem Roastbeef mit Bratensoße, Kartoffeln und Gemüse.

Puddings und Fruchttorten eignen sich gut, um leichte Mittag- und Abendessen abzurunden. Joghurt mit Obst ergibt ein nahrhaftes und doch kalorienarmes Dessert. Selbst gemachter Joghurt ist auch sehr preiswert.

Fertigbackmischungen?

Es gibt heute sehr viele Fertigbackmischungen und Fertigdesserts zu kaufen. Preislich sind sie manchmal akzeptabel, manchmal nicht. In der Regel sind selbstgemachte Nachspeisen sowohl billiger als auch nahrhafter und gesünder als Fertigmischungen. Halten Sie sich an das Einfache, Selbstgemachte.

Wir essen zu Hause relativ selten Kuchen. Mit einiger Geduld hat mein Mann mich davon überzeugt, dass Kuchen aus Fertigmischungen »künstlich« schmeckt und überhaupt ziemlich wertlos ist. Wenn wir Kuchen essen, dann ist es selbst gebackener – schön saftig, mit Äpfeln, Datteln, Nüssen, Haferflocken, Möhren, Kokosnuss und anderem, das echten Geschmack und nicht nur Süße bietet.

Honig, Maissirup und Melasse

Honig ist das einzige natürliche Süßmittel, das nicht mit Chemikalien behandelt ist. Er ist sehr kalorienreich, aber er verursacht nicht die meisten anderen schädlichen Wirkungen des raffinierten Zuckers. Doch Honig ist leider zu teuer, um ein Ersatz bei

hohem Zuckerverbrauch zu sein – es sei denn, man hält selbst Bienen.
Es ist sparsamer, seinen gesamten Zuckerkonsum zu verringern. Halten Sie sich einen kleinen Honigvorrat zum mäßigen Süßen von Frühstücksbrei und Nachspeisen, die nur kleine Mengen Süßmittel erfordern. Zum Kuchenbacken ist Honig meist sehr teuer, und das Ergebnis ist – sofern man nicht ein Spezialrezept zur Hand hat – nicht immer erfolgreich. Maissirup und Melasse besitzen nicht die gleiche Süßkraft wie Honig. Maissirup ist vom Nährwert her kaum besser als Zucker. Dunkle Melasse (Rübensirup) verfügt über verwertbare Mengen von Eisen und Kalzium. Oft ist Melasse teurer als Zucker, auch wenn eigentlich der umgekehrte Fall zutreffen sollte, da Melasse weniger verarbeitet ist.

Mehr durch weniger Zucker

Verwenden Sie weniger Zucker, und Sie werden die feine Süße anderer Lebensmittel wahrnehmen. Beim letzten Weihnachtsfest entdeckte ich, dass die Füllungen meiner Dattelriegel keinen zusätzlichen Zucker brauchen – das Aroma ist ohne ihn viel besser. Eingemachte und gefrorene Früchte brauchen etwas Zucker zum Gelieren und zur Konservierung, aber verringern Sie die Menge und genießen Sie das saure Fruchtaroma. Kaufen Sie auch Obstkonserven ungezuckert.
Die Rezepte in diesem Kapitel sind nicht sehr süß. Viele bekamen wir schon mit verringerten Zuckermengen, andere kürzten wir weiter. Aber unsere Testpersonen gaben ihnen weiter gute Noten. Typische Kommentare waren zum Beispiel: »Das Rezept erfordert ¾ Tasse Zucker. Ich machte es zum zweiten Mal nur mit ⅔ Tasse Zucker, und es wurde auch schnell gegessen. Eine halbe Tasse würde reichen.« Bei Zucker gilt die Regel »mehr durch weniger«. Trauen Sie sich ruhig, die Zuckermenge in den Rezepten noch weiter zu reduzieren!

Joghurt selbermachen

Joghurt besteht aus Milch, die durch bestimmte säuernde, sich vermehrende Bakterien puddingähnlich gerinnt. Joghurt wird aus süßer, nicht aus saurer Milch gemacht. Aber er hat einen charakteristischen sauren Geschmack, der gut mit der natürlichen Süße von Früchten harmonisiert. Eine Joghurtenthusiastin, die 4 Liter Joghurt auf einmal für ihre 4-Personen-Familie ansetzt, schreibt: »Joghurt ist etwas, an das man sich gewöhnen muss. Wenn man aber einmal den Geschmack entdeckt hat, wird man nicht mehr ohne ihn auskommen wollen.« Joghurt ist etwas für Leute, die es sauer mögen.
Joghurt ist ein Milchdessert ohne das zusätzliche Fett, den Zucker und die Kalorien, die man z.B. bei Eiscreme findet. Im Wesentlichen enthält er die gleichen Kalorien, Eiweiße, Mineralstoffe und andere Nährwerte wie die Milch. Er kann aus Voll- oder Magermilch gemacht werden. Joghurtbakterien unterstützen die Verdauung und geben ein gutes Gefühl, etwas Leichtes, Schmackhaftes und Sättigendes gegessen zu haben.
Wenn man ihn selbst macht, ist Joghurt genauso billig wie Milch, und es ist recht einfach, ihn selbst zu machen. Hier eine Methode:
Überbrühen Sie die zur Joghurtbereitung notwendigen Gegenstände mit kochendem Wasser.
Bereiten Sie die Milch vor: Beginnen Sie mit 1 Liter, verwenden Sie frische oder pasteurisierte-homogenisierte (H)-Milch. Frische Milch sollte bis 85°C erhitzt werden. Verwenden Sie ein Thermometer und beobachten Sie sorgfältig, damit die Milch nicht überkocht. Kühlen Sie dann die Milch auf 43 °C ab.
Ansatz. Kaufen Sie einen Becher Natur-Joghurt. Rühren Sie ¼ oder ⅓ Tasse in 1 Tasse vorbereitete Milch, geben Sie dies zu der übrigen Milch und rühren sie gut durch. Oder kaufen Sie Joghurtkulturen

im Naturkostladen und richten Sie sich nach den Angaben. Gießen Sie die Milch in mit kochendem Wasser ausgespülte, undurchsichtige Töpfe und setzen Sie die Deckel locker auf (Milch ist lichtempfindlich).

Die Kultur sollte sich bei 43-49 °C entwickeln mit einer der folgenden Methoden:

Verwenden Sie ein Joghurtgerät.

Setzen Sie die Töpfe in eine Styroporform für Eis. Die Form mit 43 °C - 49 °C warmem Wasser füllen (bis zum Oberrand der Töpfe) und bedecken. Im Laufe der nächsten Stunden nach Bedarf Wasser nachfüllen, um die Temperatur zu halten.

Stellen Sie die Töpfe in den warmen Backofen und schalten Sie ihn aus. Das brennende Ofenlicht gibt vielleicht eben die richtige Temperatur. Mit einem Thermometer überprüfen.

Setzen Sie die Töpfe in eine Schüssel mit warmem Wasser und wickeln Sie alles in ein Handtuch.

Stellen Sie die Töpfe unter einen Kaffeewärmer neben die Heizung oder unter eine Wolldecke.

Überprüfen Sie die Beschaffenheit. Joghurt sollte nicht bewegt werden, während er sich entwickelt. Schauen Sie nach 2-3 Stunden nach und von da ab jede halbe Stunde. Normalerweise sind 3-6 Stunden notwendig, um eine fest-sahnige Konsistenz zu erhalten. Jetzt in den Kühlschrank stellen. Behalten Sie ¼ Tasse als Ansatz für die nächste Portion zurück. Joghurt hält sich gut 1-2 Wochen im Kühlschrank.

Joghurt servieren:

mit frischen, gefrorenen oder eingemachten Früchten

gemischt mit Orangen, Pampelmusen oder Ananasstücken

mit Honig oder Melasse

mit Weizenkeimen oder Müsli bestreut

als kalorienarmer Ersatz für saure Sahne in Salaten, Salatsoßen, Aufläufen oder auf gebackenen Kartoffeln

als Beigabe zu heißen, würzigen Speisen, besonders Currygerichten.

Heben Sie Früchte, Zucker und Honig immer vorsichtig unter den Joghurt. Rühren oder schlagen zerstört die lockere Struktur.

Alternative Methode:

Das folgende Rezept ist langsamer, aber einfacher. Aufwärmen auf 25 °C:

1 l Milch

Hineinrühren:

2 EL Natur Joghurt (am besten Sanojoghurt aus dem Reformhaus)

Entweder im großen Topf stehen lassen oder in kleine Portionsgläser abfüllen. Dieser Ansatz muss bei ca. 30 °C 20-24 Stunden gehalten werden. Es gibt dafür elektrische Joghurtbereiter. Sie sind aber überflüssiger Konsumkram. Man kann Joghurt in der warmen Jahreszeit einfach an einen warmen, dunklen Ort stellen. In der kalten Jahreszeit stellt man ihn in den Heizkeller oder in die Nähe der Heizung und packt ihn warm ein, z.B. mit einer Kaffeehaube, mit Wolldecken oder man stülpt eine mit Polystyrol ausgekleidete Kiste darüber. Gut geeignet ist auch eine Kochkiste.

Schneller Schokoladenpudding

Zeitsparend
Reicht für 4-6 Personen

In einem schweren Kochtopf mischen:
2 EL Zucker oder Honig
2 EL Stärkemehl
2 EL Kakao
2 Tassen Milch
Auf schwacher Hitze kochen, bis es dickt, dabei ständig rühren.
Hinzufügen:
1 TL Vanille
1 EL Margarine (kann wegfallen)
Warm oder kalt servieren.

Alternativ-Vorschlag:

Statt der Margarine 50 g Erdnussbutter verwenden.

Luftiger Vanillepudding

Zeitsparend
Reicht für 4-6 Personen

In einem schweren Topf mischen:
2 ½ Tassen Milch
Auf kleiner Flamme erhitzen.
In einer kleinen Schüssel mit dem Schneebesen zusammenrühren:
2 EL Zucker oder Honig
2 ½ EL Stärke
¼ TL Salz
2 Eigelb (Eiweiß aufbewahren)
¼ Tasse Wasser
Die Eimischung in die heiße Milch schütten und ständig rühren, bis es dickt. 2 Minuten auf sanfter Hitze kochen.
Vom Feuer nehmen und zugeben:
1 TL Vanille
1 EL Margarine (nach Belieben)
Den Pudding 10 Minuten kühlen.
Darunterheben:
2 steif geschlagene Eiweiß

Alternativ-Vorschläge:

- 5 EL Mehl anstelle der Stärke verwenden.
- Mit Früchten servieren.
- Mit Meringen servieren. Die Eiweiß dann nicht unterheben, sondern für die Meringen verwenden.
- In Schichten abwechselnd mit Zwiebackkrümeln und Bananenscheiben in eine Schüssel gießen.
- 3 EL Kakao in die Eigelbmischung rühren und den Zucker auf 3 EL erhöhen.

Großer Pudding

Reicht für 6-8 Personen
220 °C (vorheizen)
10 Minuten

Einen luftigen Vanillepudding (siehe voranstehendes Rezept) zubereiten, dabei jedoch 3 EL Stärke verwenden.
In einer Schale zu Streuseln rühren:

⅓ Tasse braunen Zucker
½ Tasse Vollweizenmehl
½ Tasse Haferflocken
½ TL Zimt
60 g Margarine

⅔ der Mischung in eine Backform von ca. 17 x 26 cm drücken. Die restlichen Streusel in eine andere Form streuen und beide 5-10 Minuten in der Röhre backen. Kühlen.
Auf die Kruste in der 17 x 26 cm Form eine der folgenden dünnen Schichten geben:

Apfelmus
geschnittene und in wenig Wasser eingeweichte Datteln
Pfirsichhälften
Bananenscheiben

Mit dem Pudding bedecken. Die restlichen Streusel darüberstreuen. Vor dem Servieren mindestens 3 Stunden kühlen.

Cremiger Reispudding

Reicht für 6 Personen

In einen Kochtopf geben:

¼ Tasse Reis
2 Tassen Milch

Unbedeckt und unter gelegentlichem Rühren 45 Minuten kochen oder bis der Reis gar ist. Zusammen schlagen:

2 Eigelb (Eiweiß aufbewahren)
2 EL Zucker
¼ TL Salz

Etwas von der Reis-Mischung in die geschlagenen Eigelb rühren; diese dann in den Topf mit der Reis-Mischung geben und 3-4 Minuten kochen, dabei ständig rühren. Vom Feuer nehmen und hinzufügen:

1 TL Vanille

Schaumig schlagen:

2 Eiweiß

Hinzufügen:

2 EL Zucker

Steif schlagen und unter den Pudding heben. Kühlen und servieren.

Alternativ-Vorschläge:

- Den Pudding in eine Backform gießen. Das steif geschlagene Eiweiß darübergießen und in der Röhre goldbraun backen.
- ½ Tasse Rosinen zusetzen.
- Orangenpudding: Die Eiweiß zusammen mit den Eigelb hineingeben. 1 TL geriebene (unbehandelte!) Orangenschale einrühren. Wenn es gekühlt ist, ½ Tasse Quark einrühren.

Reispudding

Reicht für 6 Personen
135 °C (vorheizen)
2-2 ½ Stunden

In einer gebutterten Backform mischen:

4 Tassen gekochte Milch
⅓ Tasse Reis
3 EL Zucker oder Honig
¼ TL Salz
1 Prise Muskat, Zimt oder getrocknete Orangenschale

2-2½ Stunden backen, bis der Reis gar und die Milch cremig ist. In der ersten Hälfte der Backzeit gelegentlich rühren. Der Pudding dickt beim Kühlen. Warm oder kalt servieren.

Alternativ-Vorschlag:

Eine halbe Stunde vor Ende der Backzeit ⅓ Tasse Rosinen beifügen.

Gebackene Eier-Vanillespeise

Reicht für 4 Personen
160 °C (aufheizen)
50 Minuten

Zusammen mischen:

2 ½ Tassen Milch
¼ Tasse Zucker oder Honig
1 kleine Prise Salz

Hineinrühren:

2 leicht geschlagene Eier
1 TL Vanille

Auf 4 kleine feuerfeste Formen verteilen und mit Muskat bestreuen. Die Formen in eine flache Schale mit etwa 2-3 cm heißem Wasser stellen, in die Röhre schieben und etwa 50 Minuten backen bzw. bis ein am Rand eingestochenes Messer sauber wieder herauskommt.

Alternativ-Vorschläge:

Vor dem Backen 1½-2 Tassen gekochten Reis und ½ Tasse Rosinen zugeben. Reicht dann für 6-8 Personen.

Vor dem Backen ⅔ Tasse Kokosflocken zugeben.

Gemixte Preiselbeerspeise

Wenn man gefrorene Preiselbeeren benützt, geliert die Masse schneller.
Zeitsparend
Reicht für 6 Personen

In einem kleinen Kochtopf mischen:

1 Beutel nicht aromatisierte Gelatine
1 Tasse kaltes Wasser

Bei kleiner Flamme erhitzen, bis die Gelatine sich löst. (Nicht kochen!)
In den Mixer geben:

2 Tassen Preiselbeeren
1 ungeschälte (unbehandelte) Orange, ohne Kerne und geviertelt
1 entkernter und geviertelter Apfel
80 bis 120 g Honig oder Zucker

Die gelöste Gelatine in den Mixer geben. Nur so lange mixen, bis die Orangenschalen gut gehackt sind.
Hinzugeben:

¼ Tasse Nüsse (nach Belieben)

Alternativ-Vorschläge:

Die Gelatine und das Wasser weglassen und als Kompott servieren.
Den Fleischwolf anstelle des Mixers verwenden.

Grundrezept für Fruchtgelatine[16]

Den Saft von Fruchtkonserven für diese Gelatine aufbewahren.

In einem Kochtopf mischen:

1 Tasse Saft von konservierten Früchten
1 Päckchen Gelatine (6 Blatt) oder 8 g Agar-Agar

Rühren, bis die Gelatine sich löst. Dann fast zum Kochen bringen, bis die Flüssigkeit klar wird.
Vom Feuer nehmen und beigeben:

1 Tasse kalten Fruchtsaft oder Wasser
1 EL Zitronensaft
1 EL Orangensaft oder Apfelsaft

Kühlen, bis sie fest wird.

Alternativ-Vorschläge:

- Wenn sie halb steif geworden ist, frische oder abgetropfte konservierte Früchte darunterheben.
- Wenn frische ungesüßte Früchte und säuerlicher Saft benützt werden, kann man der heißen Gelatine etwas Zucker nach Geschmack beigeben.
- Die zweite Tasse Fruchtsaft durch 1 Tasse gekühlten Joghurt ersetzen.

Wenn man Früchte mit starkem Eigengeschmack verwendet, Zitronen- und Orangensaft weglassen.

16 Agar-Agar ist ein pflanzliches Geliermittel, im Reformhaus und in Naturkostläden erhältlich.

Ananas-Orangen-Gelatine

Reicht für 6 Personen

In einem kleinen Kochtopf mischen:

1 Päckchen Gelatine, gemahlen oder 8 g Agar-Agar
1 Tasse kaltes Wasser
3 EL Honig oder Zucker

Die Mischung erwärmen, bis die Gelatine gelöst ist.
Hinzugeben:

2 EL Orangensaft
den Saft ungesüßter Ananasstücke mit Wasser auf 1 ¼ Tassen aufgefüllt

Kühlen, bis es zu gelieren beginnt.
Hineingeben:

1 Tasse Ananasstücke (abgetropft)
2 geschälte und gewürfelte Orangen
1 geschnittene Banane

Kühlen, bis sie fest ist.

Alternativ-Vorschlag:

Nach Möglichkeit einheimische Früchte verwenden.

Frucht-»Mus«

»Mus« ist eine Art Fruchtsuppe der russischen Mennoniten, die aus frischen, gefrorenen, konservierten oder getrockneten Früchten bereitet werden kann. Säuerliche Früchte sind am besten geeignet; man kann frische oder konservierte Sauerkirschen, Aprikosen, Pfirsiche, Rhabarber, Blaubeeren oder Stachelbeeren nehmen. Trockene Früchte müssen mit heißem Wasser begossen werden und über Nacht einweichen. Traditionell wird »Mus« mit gebratenem Schinken und Kartoffeln oder auch als Dessert serviert. Es ist auch zusammen mit frischem Brot und Butter eine gute Mahlzeit.
Reicht für 6 Personen

In einem schweren Topf erhitzen:

1 l Früchte im Saft
3 Tassen weiteres Wasser und/oder Milch, wenn möglich 1 Tasse Sahne verwenden
½ Tasse Honig oder Zucker

Langsam kochen, bis die Früchte weich sind.
In einer kleinen Schale mischen:

4 bis 5 EL Mehl
1 Tasse Milch oder Sahne

Zu einem glatten Teig verrühren. Einige heiße Früchte herausfischen und in den Teig rühren, danach die Mischung allmählich in die Früchte rühren. Auf schwacher Hitze weiterkochen, bis das Fruchtmus dickt. Warm oder kalt servieren. Für große Mengen ½ Tasse Mehl auf knapp 4 l Flüssigkeit nehmen.

Eier-Kürbis-Speise

Reicht für 4-6 Personen
175 °C (aufheizen)
45 Minuten

In einer tiefen Schüssel mischen:

1 ½ Tassen gekochten und abgegossenen Kürbis
⅔ Tasse braunen Zucker oder 4 EL Honig
3 geschlagene Eier
1 ½ Tassen abgekochte Milch
1 EL Stärkemehl
1 TL Zimt
2 TL Ingwerpulver
je ¼ TL gemahlene Nelken und Muskat

In eine gebutterte Backform geben und 45 Minuten backen.

Schmackhafter Möhren-Ananas-Pudding

Reicht für 6 Personen

Mischen:

1 Tasse Naturjoghurt
1 Tasse fein geschnittene Ananas
½ Tasse Ananassaft
½ ausgepresste Zitrone
1 ausgepresste Orange
1 Tasse geriebene Möhren

Auflösen und unter die Masse heben

1 Päckchen Gelatine, gemahlen oder 6 Blatt Gelatine
1 Tasse Wasser
1 gehäufter EL Zucker

In eine Form gießen und kühlen, bis es fest ist. Stürzen und auf Salatblättern anrichten.

Rhabarber-Speise

Reicht für 8 Personen

Zusammen kochen zu Rhabarber-Kompott:

3 Tassen Rhabarber (in daumendicke Stücke geschnitten)
½ Tasse Zucker
¼ TL Salz
⅓ Tasse Wasser

Eine Rote Grütze kochen:
Von ½ l Wasser 4 EL abnehmen und damit

1 Päckchen Dr. Oetker Rote Grütze (Erdbeergeschmack) mit
3 bis 4 EL (gehäuft) Zucker

anrühren.
Das übrige Wasser zum Kochen bringen, von der Kochstelle nehmen, die angerührte Mischung unter Rühren hineingeben, kurz aufkochen lassen. Das noch heiße Rhabarberkompott und die rote Grütze zusammenrühren.
Dazugeben:

½ bis 1 Tasse fein gehackten Sellerie
2 ¼ Tassen Wasser
1 EL Zitronensaft
½ Tasse gehackte Nüsse

Kühlen, bis es fest wird.

Überbackener Rhabarber

Reicht für 4 Personen
160 °C
45 Minuten

In Backform mischen:

3 Tassen gewürfeltes altes Brot
½ Tasse zerlassene Margarine
2 Tassen geschnittenen Rhabarber
1 Tasse Zucker

In jede Ecke der Backform gießen:

1 EL Wasser

Bei 160 °C etwa 45 Minuten backen.

Apfelmus-Brot-Pudding

Reicht für 8 Personen
175 °C (vorheizen)
55-60 Minuten

In einer gefetteten, quadratischen Backform von etwa 20 cm Kantenlänge anordnen:

4 Scheiben trockenes Brot

Mischen:

2 Tassen Apfelmus
½ Tasse Rosinen
3 EL braunen Zucker
½ TL gemahlenen Zimt

Über das Brot streuen.
Bedecken mit:

4 weiteren trockenen Brotscheiben

Zusammen schlagen:

2 Eier
2 Tassen Milch
4 EL braunen Zucker oder 3 EL Honig
½ TL Vanille
¼ TL Salz
1 Prise Muskat

Über das Brot gießen.
Bedecken mit:

½ Tasse Apfelmus mit Zucker und Zimt bestreuen

55-60 Minuten backen. Warm oder kalt servieren.

Knusperäpfel

Reicht für 6 Personen
190 °C (vorheizen)
35 Minuten

Mischen und in eine gefettete Auflaufform geben:

3 Tassen geschnittene Äpfel
1 EL Mehl
3 EL Zucker
1 TL Zimt
⅛ TL Salz
1 EL Wasser

Miteinander verrühren:

½ Tasse Haferflocken
¼ TL Salz
40 g Margarine
4 EL braunen Zucker

Auf die Apfelmischung streuen und 35 Minuten backen.

Alternativ-Vorschlag:

40 g Erdnussbutter zu den Haferflocken geben, dafür die Margarine auf 2 EL verringern.

Knuspriges Apfeldessert

Reicht für 6 Personen
175 °C (vorheizen)
25-30 Minuten

In eine quadratische (ca. 20 cm Kantenlänge) Backform legen:

5 geschälte Äpfel in Scheiben

Mischen:

⅓ Tasse Mehl
1 TL Zimt
5 EL braunen Zucker
1 ½ Tassen Müsli (siehe Frühstücksrezepte, S. 65)
⅓ Tasse zerlassene Margarine

Gut mischen. Über die Äpfel streuen. 25-30 Minuten backen. Warm oder kalt mit Milch servieren.

Nachtisch-Entdeckung

Bratäpfel: Großen Äpfeln das Kernhaus ausstechen, mit Rosinen, geschnittenen Mandeln oder Datteln füllen. Honig darauftröpfeln und mit Zimt bestäuben. In eine flache Form setzen, 1,5 cm hoch Wasser einfüllen und in der Röhre garen, ca. 25 Minuten. Variation: In die ausgestochenen Äpfel kann nach dem Backen Marmelade gefüllt werden.

Großmutters braune Betty

Reicht für 8 Personen
175 °C
45-50 Minuten

In eine große Schüssel geben:

8 geschnittene saure Äpfel
½ Tasse Rosinen
½ Tasse Honig
½ Tasse Apfelsaft oder Wasser
3 EL braunen Zucker
3 EL Mehl
1 TL Zimt

In eine gefettete Backform (ca. 17 x 25 cm) geben.
In einer Schale mischen:

½ Tasse feine Haferflocken
½ Tasse Weizenvollkornmehl
½ Tasse Weizenkeime
½Tasse Sonnenblumenkerne
¼ Tasse Honig
4 EL Margarine

Gut mischen. Über die Apfelmischung streuen.
45-50 Minuten bei 175 °C backen.

Nachtisch-Entdeckung

Apfelmuspudding: Kuchen-, Kleingebäckbrösel oder Zwiebackstücke mit Zucker und Zimt mischen. Schichtweise abwechselnd mit Apfelmus in eine Schale legen. Kühlen und servieren.

Überbackenes Apfelmus

Reicht für 4-6 Personen
190 °C (vorheizen)
15/30 Minuten

Miteinander mischen:
2 Tassen Apfelmus
⅓ Tasse braunen Zucker oder Honig
¼ Tasse Rosinen
½ TL Zimt
In eine Auflaufform geben. In der Röhre 15 Minuten erhitzen.
Mischen:
1 Tasse Backmischung-Grundrezept (s. S. 278)
¼ Tasse Zucker
Hineinschneiden:
3 EL gekühlte feste Margarine
Hinzugeben:
¼ Tasse gehackte Nüsse
Über die Apfelmus-Mischung streuen und backen, bis es schön braun ist.

Gebackene Jamaica-Bananen

Reicht für 4-6 Personen
175 °C (vorheizen)
25-30 Minuten

Schälen und in einer Auflaufform verteilen:
4 bis 6 längs halbierte oder in Scheiben geschnittene Bananen
In einem Kochtopf mischen:
2 EL Margarine
2 EL Zucker oder Honig
1 Tasse Orangensaft
Etwa 1 Minute kochen und rühren.
Mischen:
2 EL Stärkemehl
¼ Tasse kalten Orangensaft
Der heißen Mischung hinzufügen und kochen, bis sie glasig und dick wird.
Wenn gewünscht, beigeben:
¼ bis ½ Tasse Rosinen
Über die Bananen gießen. Mit geriebener Kokosnuss (oder Kokosflocken) bestreuen. Bei 175 °C etwa 25-30 Minuten backen. Mit Vanillesoße warm servieren.

Alternativ-Vorschlag:

Einfach gebackene Bananen: 4 Bananen in eine flache, gefettete Form legen. Darüber tröpfeln: 2 EL zerlassene Margarine, 2 EL Honig und ⅓ Tasse Orangen- oder Apfelsaft. Mit Zucker und Zimt bestreuen.
20 Minuten bei 175 °C backen. Warm servieren.

Nachtisch-Entdeckung

Bananenspezialität: Eine Banane schälen und längs halbieren. Mit Erdnussbutter bestreichen und zusammenpressen. In eine Schale legen, mit Zimt bestäuben und leicht geschlagene Sahne oder Kondensmilch darübergießen.

Geschlagene Creme

Zeitsparend
Ergibt 2 Tassen

Kurz vor dem Servieren mit einer Gabel gut zerdrücken:

1 mittlere reife Banane

Steif schlagen:

1 Eiweiß

Teelöffelweise die Banane nach und nach unter das Eiweiß heben, dabei ständig schlagen.

Hinzugeben:

1 TL Zucker

Gut durchschlagen.

Auf Früchten oder Pudding servieren.

Fruchtrollen

Reicht für 8 Personen
175° C
45 Minuten

Vorbereiten:

2-3 Tassen fein gehackte frische Früchte, z.B. Äpfel, Pfirsiche, Rhabarber usw.

Beiseite stellen.

Die Backröhre auf 175 °C aufheizen. Ein Rezept Biskuitteig (nach S. 291) bereiten.

Auf bemehltem Brett den Teig zu einem großen Rechteck ausrollen. Reichlich mit Früchten belegen. Mit Zimt bestäuben. Aufrollen und in 2,5 cm dicke Scheiben schneiden. In eine gefettete Backform (ca. 20 x 30 cm) legen.

In einem Kochtopf mischen:

4 EL Honig (oder 1 Tasse Zucker)
1 EL Mehl
1 Tasse kaltes Wasser

Zum Kochen bringen und über die Fruchtrollen gießen.

45 Minuten backen. Mit Milch warm servieren.

Fruchtstreusel (»Crumble«)

Reicht für 6 Personen
190 °C (vorheizen)
25 Minuten

In eine gefettete Auflaufform geben:
2 ½Tassen Früchte: Kirschen oder geschälte und geschnittene Äpfel oder Pfirsiche
In einer Schüssel zu Streuseln formen:
1 Tasse Mehl
1 Ei
1 Prise Salz
½ TL Zimt
5 EL Zucker
1 TL Backpulver
Über die Früchte streuen. Darauf träufeln:
¼ Tasse zerlassene Margarine
25 Minuten backen.

Bircher Müsli

Reicht für 4 Personen

Vermischen und über Nacht einweichen:
2 Tassen Joghurt
½ Tasse Rosinen
½ Tasse gehackte Nüsse
1 Tasse Haferflocken
3 EL Zucker oder Honig
2 EL Orangensaft
Am nächsten Tag hinzugeben und vermischen:
1 Tasse frisch geschnittene Pfirsiche
1 Tasse geschnittene Äpfel
2 geschnittene Bananen
½ Tasse Blaubeeren
(Je nach Jahreszeit andere Früchte nehmen.)

Gefrorene Zitronen-Creme

Reicht für 9 Personen

Steif schlagen:
1 große Dose (340 g) gut gekühlte Kondensmilch oder 2 Becher Schlagsahne (je 200 g)
Langsam beigeben:
¾ Tasse Zucker oder 5 EL Honig
Dann hinzufügen:
3 EL Zitronensaft
die geriebene Schale einer Zitrone (unbehandelt)
Weiter schlagen, bis es sehr steif ist.
Zu Bröseln zerdrücken:
12 Butterkekse
Die Hälfte der Brösel auf den Boden einer Auflaufform geben. Die Schlagsahne hineingießen. Die restlichen Brösel darüberstreuen. Gut bedecken und einfrieren bis kurz vor dem Servieren.

Nachtisch-Entdeckung

Orangen-Joghurt: Fruchtfleisch und Saft einer Orange (beides gekühlt) in einen Naturjoghurt rühren. Mit einer Orangenscheibe garnieren.

Joghurt-Chutney

Reicht für 2 Personen

Mischen:
2 Tassen gekühlten Joghurt
¾ Tasse Kokosraspeln (möglichst frische)
1 EL Zucker
Rosinen, Cashewnüsse oder Walnüsse nach Geschmack
Als Dessert oder als Beilage zu einem Currygericht servieren.

Nachtisch-Entdeckung

Indisches Joghurt-Dessert: Joghurt nach Geschmack süßen. Kühlen und Bananenstückchen hineinrühren. Mit Bananenscheiben garnieren. Nach einem Currygericht servieren.

Selbst gemachte Eiscreme

Reicht für 12 Personen

In eine 4-Liter-Gefrierschale geben:

1 dicken Vanillepudding
1 Milch
1 große Dose Kondensmilch oder
2 Becher Schlagsahne (je 200 g, steif geschlagen)
1 EL Vanille
Zucker nach Geschmack

Im Tiefkühlschrank oder in der Tiefkühltruhe fest werden lassen, dabei öfter umrühren.

Alternativ-Vorschläge:

Die Kondensmilch nach Möglichkeit durch 1 l Sahne ersetzen. Die Milch dabei auf 6 Tassen verringern.

Schokolade: Schokoladenpudding machen und ⅔ Tasse Schokoladensoße beigeben.

Früchte: 3 Tassen Milch durch 3 Tassen Früchte ersetzen, z.B. Pfirsiche, Heidelbeeren oder Ananas.

Kürbis-Eiscreme

Reicht für 10 Portionen

Aufkochen:

2 Tassen Milch

In einer Schale mischen:

4 geschlagene Eigelb oder 2 ganze Eier
½ Tasse Honig oder Zucker
⅛ TL Salz
2 Tassen gekochter und zerdrückter Kürbis
2 TL Zimt
1 TL Muskat
½ TL Piment
¼ TL Ingwer
½ TL Vanille

Zur heißen Milch geben und 4 Minuten kochen. Abkühlen.

Hinzugeben:

1 Tasse Sahne (steif geschlagen)
1 Tasse Nüsse (nach Belieben)

In eine Gefrierschale schütten und im Tiefkühlschrank oder in der Tiefkühltruhe fest werden lassen. Dabei öfter umrühren.

Obstsalatsoße

Ergibt etwa 1 ½ Tassen

Gut schlagen:

2 Eier

In einen Kochtopf gießen. Hinzugeben:

Zucker (nach Geschmack, bis zu ½ Tasse)
⅔ Tasse Ananassaft
1 ½ EL Zitronensaft

Auf schwacher Hitze kochen, dabei ständig rühren, bis es dickt. Kühlen. Über gemischtes klein geschnittenes Obst geben.

Kuchen

Backen im Schnellverfahren mit Backmischung-Grundrezept

Zeitsparend

Dreimal zusammensieben:

Ergibt

4 kg		2 kg		
20	Tassen	10	Tassen	Mehl
12	EL	6	EL	Backpulver
3	EL	1½	EL	Salz
1	EL	½	EL	Weinstein
½	Tasse	¼	Tasse	Zucker

Hineinschneiden:

720	g	360	g	Pflanzenfett

In einem verschlossenen Behälter bei Raumtemperatur aufbewahren. Zum Abmessen die Backmischung in eine Tasse schütten und mit dem Teigschaber glattstreichen.

Alternativ-Vorschläge:

- ⅓ des Mehls durch Vollkornmehl ersetzen.
- Beim großen Rezept 2, beim kleinen 1 Tasse Weizenkeime zugeben.
- Beim großen Rezept 3 Tassen, beim kleinen 1 ½ Tassen Mehl durch Sojamehl ersetzen.

Maisbrot

Reicht für 8 Portionen
200 °C (vorheizen)
20-25 Minuten

In einer Schüssel verrühren:

1 ½ Tassen Backmischung – Grundrezept
2 EL Zucker
½ TL Salz
¾ Tasse Maismehl
1 TL Chilipulver (Variation)

In einer anderen Schüssel mischen:

1 Ei
¾ Tasse Milch
1 Tasse gemixte Maiskörner

Die Flüssigkeit in die trockenen Zutaten mischen, bis alles Mehl angefeuchtet ist. In eine gefettete Backform geben und 20-25 Minuten backen.

Alternativ-Vorschläge:

- Zusätzlich ¼ Tasse gehackte grüne Paprika.
- Durch Bestreuen mit ½ Tasse geriebenem Käse und 2 EL Sesam (vor dem Backen) wird die Kruste noch knuspriger.
- ¼ Tasse Kleie zugeben.

Pfannkuchen oder Waffeln

Reicht für 4 Portionen

In einer Schüssel zusammenschlagen:

1 Tasse Milch
1 Ei

Hineinrühren:

1 ½ Tassen Backmischung – Grundrezept

In heißer Pfanne oder im Waffeleisen backen. Für luftigere Waffeln das Eigelb abtrennen und mit der Milch verschlagen. Das Eiweiß steif schlagen und kurz vor dem Backen unter den Teig heben. Für einen dünneren Teig mehr Milch nehmen.

Kekse

Ergibt 8 Stück
230 °C (vorheizen)
10 Minuten

In einer Schüssel mischen:

1 ½ Tassen Backmischung – Grundrezept
⅓ Tasse Milch

Die Milch auf einmal zugeben, 25-mal rühren, auf bemehltem Brett leicht kneten; 1 cm dick ausrollen, ausschneiden und auf ein ungefettetes Backblech setzen. 10 Minuten backen.

Alternativ-Vorschläge

- Geriebenen Käse und gehackte Kräuter zusetzen.
- Den Teig dünner machen und die Kekse mit dem Löffel auf das Blech bringen.
- Als Guss auf Aufläufen, Pasteten usw. verwenden.

Kaffeekuchen

Ergibt 6 Portionen
190 °C (vorheizen)
25 Minuten

In einer Schüssel zusammen schlagen:

⅓ Tasse Milch
1 Ei

Hinzufügen:

¼ Tasse Zucker
2 ¼ Tassen Backmischung – Grundrezept

Etwa 1 Minute rühren, bis es gut gemischt ist. In eine Backform gießen und bestreuen mit:

½ Tasse braunem Zucker
3 EL Margarine
½ TL Zimt
¼ Tasse gehackten Nüssen (Variation)

25 Minuten backen, warm servieren.

Muffins

Ergibt 12 Stück
220 °C (vorheizen)
20 Minuten

Zusammen in einer Schüssel schlagen:

1 Ei
1 Tasse Milch
2 EL Zucker

Hinzufügen:

3 Tassen Backmischung – Grundrezept

Rühren, bis die trockenen Zutaten feucht sind. In Muffin-Formen füllen und backen.

Alternativ-Vorschläge:

Abgetropfte Früchte, gehackte Nüsse oder gehackte Trockenfrüchte dazugeben.
Mit Trockenfrüchten und/oder Nüssen in einer Backform als Früchtebrot backen (40 Minuten bei 175° C).

Süßer Hefeteig

Auflösen:

40 g Presshefe in
130 g Milch

Hinzufügen:

100 g Butter oder Margarine
100 g Honig
1 Ei (oder mehr nach Wunsch)
½ TL gemahlenen Anis
4 gemahlene Schoten Kardamon
die abgeriebene Schale von 1 Zitrone

Fein mahlen und dazugeben:

500 g Weizen

Das Ganze 10 Minuten kneten oder mit der Küchenmaschine kurz und kräftig durcharbeiten. Der Teig sollte sich von der Schüssel lösen. Auf die doppelte Menge aufgehen lassen. Erst dann weiterverarbeiten.

Anmerkung:

Der Teig wird lockerer, wenn man ihn mehrmals gehen lässt und zwischendurch kurz knetet. Für süße Teige immer Weizen verwenden.

Vollkorn-Mürbeteig

Miteinander schaumig rühren:

125 g Butter oder Margarine
130 g Honig
1 bis 2 Eigelb
¼ TL gemahlenen Anis

In der Getreidemühle mahlen:

350 g Weizen

Davon 50 g Kleie absieben, sodass 300 g zum Backen übrig bleiben. (Die Kleie kann man für einen Frühstücksbrei aufbewahren.)
Das Mehl nach und nach unter die Buttermasse rühren. Den Teig 30 Minuten im Kühlschrank ruhen lassen. Erst dann weiterverarbeiten.

Großmutter Witmers Streuselkuchen

Reicht für 12-15 Personen
175 °C (vorheizen)
40 Minuten

Auf dem Backbrett mit einem breiten Messer so lange hacken, bis kleine Streusel entstehen:

4 Tassen Mehl
½ TL Salz
2 Tassen Zucker
180 g Margarine

⅔ der Streusel extra aufbewahren.
In einer anderen Schüssel mischen:

1 TL Natron
1 TL Backpulver
1 Tasse Buttermilch oder Sauermilch

Hinzugeben:

2 geschlagene Eier

Die flüssige Mischung zu den Streuseln geben, vermischen und die Masse in eine gefettete und gemehlte Backform (20 x 30 cm) geben. Die aufbewahrten Streusel darüberstreuen und 1 Prise Muskat daraufstäuben. 40 Minuten backen.

Kuchen-Entdeckung

Statt den Kuchen mit einer dicken Glasur zu überziehen, kann man die Glasur nur dünn darüberträufeln.
Vor dem Backen kann man einen Kuchen von 20 x 30 cm oder eine entsprechende Menge kleiner Kuchen mit folgender Mischung bestreuen: 2/4 Tasse fein gehackte Nüsse und 6 EL braunen Zucker. Kokosraspeln können, wenn gewünscht, dazugegeben werden.

Blechkuchen

Ein Traditionsessen bei den preußischen Mennoniten, wenn zum Sonntagskaffee Gäste kommen.
Ergibt 2 große Kuchen
190 °C
20 Minuten

Kochen und auf Handwärme abkühlen:
3 Tassen Milch
Zusammenrühren und lösen:
2 Päckchen Trockenhefe
1 Tasse warmes Wasser
In einer großen Schüssel mischen:
lauwarme Milch
die Hefemischung
270 g weiches Backfett oder Schmalz
½ Tasse Zucker
4 TL Salz
1 Ei
6 Tassen Mehl
Gut schlagen, bis der Teig glatt und glänzend wird.
Hineinrühren:
1 Tasse Rosinen, gemischt mit
¾ Tasse Mehl
Bedecken und an einem warmen Ort zur doppelten Größe aufgehen lassen. Mit dem Löffelrücken in zwei Backformen streichen. Gut mit geschmolzener Margarine bestreichen und mit Zucker bestreuen. 20 Minuten bei 190 °C backen.

Kokosnusscremekuchen

Zeitsparend
Reicht für 8 Personen
175 °C (vorheizen)
50-60 Minuten

In einen Mixer geben:
4 Eier
6 EL Margarine
½ Tasse Mehl
2 Tassen Milch
¾ Tasse Zucker oder 5 EL Honig
1 TL Vanille
Hinzugeben:
1 Tasse Kokosraspeln
Einige Sekunden mixen. In ein gefettetes und gemehltes Springblech gießen (eine 25 cm-Form oder zwei 20-cm-Springformen).
50-60 Minuten backen. Dabei entsteht eine Kruste.

Alternativ-Vorschlag:

Anstelle von Kokos verwenden: Haselnüsse, Mandeln oder geröstete, feine Haferflocken.

Carlas Schaumkuchen

Ein leichter Kuchen, fast ohne Fett
Reicht für 9-10 Personen
160 °C (vorheizen)
30-35 Minuten

In einer Schüssel gut schlagen:
2 Eier
Hinzugeben:
1 Tasse Zucker
1 TL Vanille
Gut schaumig schlagen (ca. 10 Minuten).
Getrennt davon mischen:
1 Tasse Mehl
1 TL Backpulver
¼ TL Salz
Die trockenen Zutaten von Hand unter die Eiermischung heben.
In einem kleinen Kochtopf aufkochen:
½ Tasse Milch
1 TL Margarine
Etwas abkühlen lassen und langsam in den Teig rühren. In eine gut gefettete und gemehlte Form von ca. 17 x 30 cm gießen. 30-35 Minuten backen.

Kürbiskuchen

Reicht für 6 Personen
220/190 °C (vorheizen)
10/30 Minuten

Einen selbst gemachten oder gekauften Mürbteig auswellen und in ein Springblech von ca. 22 cm legen. In einem Mixer oder einer Schale mischen:
1 Tasse gekochten, durch ein Sieb gestrichenen Kürbis
½ Tasse Zucker
1 TL Zimt
¼ TL Ingwer
¼ TL Muskat
¼ TL Nelken
1 TL Vanille
1 Tasse Milch (bei wässrigem Kürbis nur ¾ Tasse Milch)
2 Eigelb
Steif schlagen und unter die Kürbismasse heben:
2 Eiweiß
Alles in das mit Mürbeteig ausgelegte Springblech geben.
10 Minuten backen, dann die Hitze auf 190 °C verringern und rund 30 Minuten backen oder bis die Füllung fest ist.

Alltags-Früchtekuchen

3-4 Sorten getrocknete Früchte verwenden: Äpfel, Aprikosen, Feigen, Pfirsiche, Birnen, Datteln, helle oder dunkle Rosinen. Große Früchte in kleine Stücke schneiden.
2 kleine Laibe
160 °C (vorheizen)
1 Stunde

In einer Schüssel mischen:
1 Tasse Vollweizenmehl
½ Tasse braunen Zucker
1 TL Backpulver
½ TL Salz
¼ dieser Mischung vermischen mit:
2 Tassen verschiedener Früchte (s.o.)
¾ Tasse gehackte Nüsse
Beiseitestellen.
In einer großen Schüssel verrühren:
3 geschlagene Eier
¼ Tasse Honig
½ TL Vanille
2 EL konzentrierter Orangensaft
Die trockenen Zutaten dazugeben. Gut vermischen. Die Früchte und Nüsse darunterheben. In eine oder zwei gut gefettete und mit Pergamentpapier ausgelegte Backformen schöpfen. 1 Stunde oder bis die Laibe schön braun sind backen. Auf einem Gitter 10 Minuten abkühlen lassen, stürzen und das Papier entfernen.

Römischer Apfelkuchen

Reicht für 12-16 Portionen
175 °C (vorheizen)
35-40 Minuten

In einer Schüssel mischen:
1 Tasse Zucker
2 ¼ Tassen Mehl
¼ TL Salz
½ TL Backpulver
1 ½ TL Natron
½ TL Nelken
1 TL Zimt
Hineinschlagen:
120 g Backfett
2 Eier
⅔ Tasse Milch
1 ½ TL Vanille
Hinzugeben:
3 Tassen rohe geschälte und geschnittene Äpfel
Gut mischen. Auf ein gefettetes und gemehltes Backblech (ca. 20 x 30 cm) geben.
Mit Streuseln bedecken aus:
1 EL zerlassene Margarine
2 TL Zimt
5 EL braunen Zucker
2 TL Mehl
½ Tasse gehackte Nüsse oder Kokosraspeln (wahlweise)
½ Tasse Haferflocken
35-40 Minuten backen.

Holländischer Apfelnapfkuchen

Ergibt 1 Kuchen
175 °C (vorheizen)
55 Minuten

Zu einer Creme rühren:
90 g Margarine
1 Tasse Zucker
Hinzugeben und gut schlagen:
2 Eier
1 TL Vanille
Getrennt mischen:
2 Tassen Mehl
1 TL Natron
½ TL Salz
Die trockenen Zutaten beigeben, abwechselnd mit:
⅓ Tasse Sauermilch oder Orangensaft
Darunterheben:
1 Tasse geschnittene Äpfel
⅓ Tasse gehackte Walnüsse
In einer gefetteten Backform etwa 55 Minuten backen.

Alternativ-Vorschlag:

⅓ Tasse gehackte Preiselbeeren zugeben.

Kuchen-Entdeckung

Kuchen mit Puderzucker bestäuben. Besonders schön auf einem Schokoladekuchen: Auf den Kuchen ein durchbrochenes Papierdeckchen legen, Zucker daraufstäuben. Das Deckchen vorsichtig abnehmen. Frisch gebackenen Kuchen warm servieren. Die Reste einen Tag später mit Fruchtsoße oder geschlagener Creme (s.S. 274) servieren.

Apfelmus-Nusskuchen

Ein Rezept, das man gut zu zweit backen kann, z.B. mit einem Kind zusammen.
Reicht für 10 Portionen
175 °C (vorheizen)
35-40 Minuten

1. Person:
Mischen und beiseite stellen:
1 Tasse Apfelmus
1 TL Zitronensaft
Abmessen und vermischen:
2 Tassen Mehl (¼ davon kann Vollweizenmehl sein)
1 TL Natron
1 TL Zimt
½ TL gemahlene Nelken
¼ TL Salz
Hacken und beiseitestellen:
½ Tasse Datteln

2. Person:
Schaumig rühren:
90 g Margarine
1 Tasse braunen Zucker
Hinzugeben:
2 Eier
Gut schlagen.
Abmessen:
1 Tasse gehackte Walnüsse oder Sonnenblumenkerne
½ Tasse Rosinen
Ein 20-x-30-cm-Backblech fetten.

Nun gemeinsam:
Abwechselnd Apfelmus und trockene Zutaten zum Schaumiggerührten geben. Gut verschlagen. Nüsse, Datteln und Rosinen hineinrühren. Den Teig auf das Blech gießen und verstreichen. 35-40 Minuten backen.

Vollkorn-Orangennapfkuchen

Ergibt 1 Kuchen
175 °C (vorheizen)
60-65 Minuten

In einer großen Schüssel mischen:
1 ½ Tassen Vollweizenmehl
1 ½ Tassen Weißmehl
¾ Tasse Zucker
1 bis 2 EL geriebene Orangenschale
2 TL Backpulver
½ TL Salz
Hinzugeben:
¾ Tasse Orangensaft
½ Tasse Milch
½ Tasse Öl
1 geschlagenes Ei
½ Tasse gehackte Nüsse (Variation)
Rühren, bis die trockenen Zutaten alle durchfeuchtet sind. Den Teig in eine gefettete Backform gießen.
Bestreuen mit einer Mischung aus:
1 EL Zucker
½ TL Zimt
60-65 Minuten backen (bis ein eingestochener Zahnstocher sauber herausgezogen werden kann).

Möhren-Kokos-Napfkuchen

Ergibt 4 kleine Napfkuchen
175 °C (vorheizen)
45-50 Minuten

Zusammen in eine große Schüssel sieben:
2 ½ Tassen Mehl
1 Tasse Zucker
1 TL Backpulver
1 TL Natron
1 TL Zimt
½ TL Salz
Gesondert mischen und dazugeben:
3 geschlagene Eier
½ Tasse Öl
½ Tasse Milch
Rühren, bis alle trockenen Zutaten durchfeuchtet sind.
Hineinrühren:
2 Tassen geraspelte Möhren
1 ⅓ Tassen Kokos
½ Tasse Rosinen
½ Tasse Nüsse
Auf 4 gefettete kleine Backformen verteilen. 45-50 Minuten backen. Aus den Formen nehmen und gut auskühlen lassen. Eingewickelt in den Kühlschrank legen, bis sie benötigt werden.

Bostoner brauner Napfkuchen

Ergibt 4 kleine Napfkuchen
175 °C (vorheizen)
45-50 Minuten

In einer Schüssel mischen:

2 Tassen Vollweizenmehl
½ Tasse Weißmehl
2 TL Natron
1 TL Salz

Hinzugeben:

2 Tassen Buttermilch oder Sauermilch
½ Tasse dunklen Rübensirup
1 Tasse Rosinen (gehackt und mit etwas Mehl bestäubt)

Glatt rühren und auf 4 kleine Backformen verteilen, ½ Stunde ruhen lassen. 40-45 Minuten backen. Sorgfältig kühlen, ehe man sie aus der Form nimmt. Luftdicht verpacken und vor der Verwendung noch 24 Stunden lagern.

Soja-Bananen-Napfkuchen

Sojamehl ist als Mehl teuer, nicht aber als Eiweißquelle.
Ergibt 1 Kuchen
175 °C (vorheizen)
50 Minuten

Zusammen sieben:

1 Tasse und 2 EL Sojamehl
1 ½ Tasse Weißmehl
2 ¾ TL Backpulver
½ TL Natron
¾ TL Salz
½ Tasse Zucker

In die trockenen Zutaten schneiden:

50 g Backfett

Hinzugeben und mischen, bis alles durchfeuchtet ist:

1 geschlagenes Ei
⅓ Tasse Milch
1 Tasse zerdrückte Bananen (2-3 Stück)
½ Tasse gehackte Nüsse (Variation)

In eine gefettete Backform streichen. 50 Minuten backen. Den Laib zum Abkühlen aus der Form nehmen. Schmeckt gut warm oder getoastet.

Ingwerbrot mit Weizenkeimen

Reicht für 9 Portionen
175 °C (vorheizen)
45-50 Minuten

In einer Schüssel mischen:

2 Tassen Mehl
1 TL Natron
¾ TL Salz
1 ½ TL Zimt
1 TL Ingwer
¼ TL Nelken
3 EL Zucker
½ Tasse Weizenkeime

Hinzugeben:

1 Tasse Buttermilch oder Sauermilch
8 EL Rübensirup
⅓ Tasse Öl oder zerlassene Margarine
2 geschlagene Eier

Schlagen, bis der Teig glatt ist. Auf ein gut gefettetes Backblech (ca. 20 x 25 cm) geben.
45-50 Minuten backen. Prüfen, ob er durchgebacken ist. Heiß mit Apfelmus, das mit Joghurt, Schlagsahne oder steif geschlagenem, gesüßtem Eiweiß abgezogen ist, servieren.

Zucchini-Brot

Ergibt 2 Laibe
175 °C (vorheizen)
1 Stunde

In einer Schüssel mischen und gut schlagen:

3 große Eier
¾ Tasse Zucker
1 Tasse Öl
2 Tassen rohe, geschälte, geriebene Zucchini (abtropfen lassen)
1 EL Vanille

Zusammen sieben:

3 Tassen Mehl
1 TL Salz
1 TL Natron
¼ TL Backpulver
3 TL Zimt

Zur Zucchinimischung geben und gut verrühren.
Hinzugeben:

1 Tasse grob gehackte Nüsse

In zwei gefettete Backformen geben, eine Stunde backen, aus der Form nehmen und auskühlen lassen.

Alternativ-Vorschlag:

Gefrorene Zucchini benutzen; diese sind jedoch im Mixer zu pürieren.

Käsekuchen

Reicht für 12 Portionen (Stücke)
180 °C (vorheizen)
60 Minuten

Zusammenrühren:

2 ½ Tassen Quark
1 ½ Tassen Zucker
4 Eigelb
½ Tasse Mehl (knapp gemessen)
½ Tasse Mondamin (knapp gemessen)
1 Päckchen Vanillezucker

Langsam daruntermengen:

½ l Milch
1 kleine Dosenmilch (170 g)

Steif schlagen und darunterheben:

4 Eiweiß

In eine gefettete Springform geben und eine Stunde backen.

Schnell-Fruchttorte

Die Festigkeit der Torte ist abhängig von den verschiedenen Früchten und der Saftmenge. Sie schmeckt aber stets köstlich.
Reicht für 6 Personen
175° (vorheizen)
40 Minuten

In einer Schüssel mischen:

½ Tasse Zucker oder 3 EL Honig
½ Tasse Mehl
½ Tasse Milch
1 TL Backpulver
¼ TL Salz

In eine gefettete flache Auflauf- oder Backform geben.

Hinzugeben:

2 Tassen Früchte (frisch, gefroren oder konserviert)

40 Minuten backen.

Essies Fruchttorte

Reicht für 6-8 Personen
175 °C (vorheizen)
45-50 Minuten

In einer Schüssel schaumig rühren:
40 g weiches Backfett
½ Tasse Zucker
Getrennt davon mischen:
1 Tasse Mehl
2 TL Backpulver
¼ TL Salz
½ TL Zimt (nach Belieben)
Die trockenen Zutaten zu dem Schaumiggerührten geben, abwechselnd mit:
½ Tasse Milch
glattrühren und den Teig in eine Springform geben.
Darauf verteilen:
2 Tassen abgetropfte Früchte (Saft aufbewahren): Pfirsiche, Beeren oder Kirschen
Bestreuen mit:
2 bis 4 EL Zucker
Darübergießen:
1 Tasse Saft
45-50 Minuten backen. Warm mit kalter Milch, Schlagsahne oder Eiscreme servieren.

Pfirsichkuchen

Reicht für 6 Personen
200 °C (vorheizen)
15/30 Minuten

In einer Schüssel mischen:
1 ⅓ Tassen gesiebtes Mehl
¼ TL Backpulver
½ TL Salz
2 EL Zucker
Hineinschneiden:
60 g Margarine
Den Teig auf den Boden und die Seiten einer gefetteten Backform streichen (20 x 25 cm).
Belegen mit:
8 bis 12 Pfirsichhälften, frisch oder aus der Dose
Darüberstreuen:
3 EL Zucker mit
1 TL Zimt vermischt
15 Minuten backen.
Mischen:
1 geschlagenes Ei
1 Tasse saure Sahne, Sauermilch oder Joghurt oder eine Mischung davon
Über die Pfirsiche gießen und nochmals 30 Minuten backen.

Alternativ-Vorschläge:

- Die Pfirsiche nicht mit Zucker bestreuen, sondern mit Honig beträufeln.
- 2 Tassen frischen, geschnittenen Rhabarber verwenden. Die Zuckermenge auf ½ Tasse erhöhen.

Kekse

Gebäckteig (für Kekse und anderes)

Ergibt 18-20 Kekse
220 °C (vorheizen)
10-12 Minuten

Zusammen in eine Schüssel sieben:
2 Tassen Mehl
3 TL Backpulver
½ TL Salz
Hineinschneiden:
50 g Backfett
Auf einmal dazugießen und rühren, bis sich eine Kugel formt:
¾ Tasse Milch
Den Teig auf ein gemehltes Brett stürzen und 20-25-mal leicht kneten. 1 cm dick ausrollen, mit einem bemehlten Ausstecher oder einem Glas ausstechen. Auf ungefettetem Blech 10-12 Minuten backen, heiß servieren.

Alternativ-Vorschlag:

Käsetropfenkekse: 1 Tasse geriebenen Käse vor dem Backfett einrühren. Die Milch-Menge auf 1 Tasse erhöhen und den Teig in esslöffelgroßen Portionen auf das ungefettete Blech setzen.

Grundmischung für Haferplätzchen

	ca. 4 l	*ca. 8 l*
Sieben:		
weißen Zucker	**1 Tasse**	**2 Tassen**
br. Zucker	**1 Tasse**	**2 Tassen**
Mehl	**3 Tassen**	**6 Tassen**
Salz	**2 TL**	**4 TL**
Natron	**2 TL**	**4 TL**
Backpulver	**1 TL**	**2 TL**
Hineinschneiden:		
Backfett	**360 g**	**720 g**
Hinzugeben:		
Haferflocken	**6 Tassen**	**12 Tassen**

Gut mischen. An kühlem Ort aufbewahren.

Haferplätzchen

Ergibt ca. 50 Stück
175 °C
12 Minuten

In einer Schüssel gut mischen:
2 geschlagene Eier
2 TL Vanille
4 Tassen Grundmischung (s.o.)
Teelöffelweise auf ein gefettetes Backblech geben, mit einer Gabel flach drücken. Bei 175 °C rund 12 Minuten backen.

Alternativ-Vorschläge:

- Gehackte Nüsse, Rosinen, Kokosraspeln, Schokoladestreusel oder Sonnenblumenkerne zugeben.
- 1 TL Zimt zur Eiermischung geben.

Je 2 gebackene Plätzchen mit einer Mischung aus Erdnussbutter und Honig oder Gelee zusammenkleben.

Hafer-Dattel-Plätzchen

Ergibt ca. 70 Stück
175 °C
10-12 Minuten

Zu einer Creme verrühren:
90 g Margarine
1 Tasse Zucker
3 Eier
Gut schlagen.
Zusammen durchsieben:
1 ½ Tassen Mehl
1 TL Backpulver
½ TL Salz
1 TL Natron
1 TL Zimt
½ TL Piment
Zur Creme geben, abwechselnd mit
½ Tasse Milch
Hineinrühren:
2 Tassen Haferflocken
1 Tasse gehackte Datteln
½ Tasse Kokosraspeln
½ Tasse Nüsse (nach Belieben)
Teelöffelweise auf ein gefettetes Backblech geben.
Bei 175 °C ca. 10-12 Minuten backen.

Haferplätzchen mit Schokoladenstückchen

Ergibt 70-80 Stück
190 °C
10 Minuten

Zu einer Creme verrühren:
180 g Backfett (darf je zur Hälfte Margarine und Schmalz sein)
45 g Erdnussbutter
½ Tasse Zucker
½ Tasse braunen Zucker oder
½ Tasse Honig
2 Eier
1 TL Vanille
Hinzugeben:
1 ½ Tassen Mehl
1 TL Natron
½ TL Salz
2 Tassen Haferflocken (fein geschnitten oder gehackt)
1 bis 2 Tassen Zartbitterschokolade
1 Tasse gehackte Nüsse (nach Belieben)
Gut mischen. Teelöffelweise auf ein gefettetes Backblech setzen. Bei 190 °C etwa 10 Minuten backen.

Knusperhäufchen

Ergibt rund 70 Stück
175 °C
10-12 Minuten

Zu einer Creme verrühren:
180 g Backfett
1 ⅔ Tassen braunen Zucker oder Honig
2 Eier
2 TL Vanille
6 EL Milch
Mischen und beigeben:
2 ½ Tassen Mehl
1 TL Natron
½ TL Salz
Hineinrühren:
4 Tassen Müsli (s. S. 68)
Teelöffelweise auf ein gefettetes Backblech setzen.
Bei 175 °C ca. 10-12 Minuten backen.

Haferplätzchen – mit einem besonderen Zweck

Der besondere Zweck: Kindern eine Freude machen. Ergibt 60-70 Stück
160 °C
10-15 Minuten

Erforderlich:

1. Plätzchenteig

Zu einer Creme verrühren:

180 g Margarine oder Backfett
1 Tasse braunen Zucker

Hinzugeben:

2 Tassen Haferflocken
½ bis 1 Tasse Milch

Gut schlagen.

Zusammensieben:

2 ¼ bis 2 ½ Tassen Mehl
3 TL Backpulver
1 TL Salz

Unter die Creme heben und gut mischen. In kleinere Portionen aufteilen und gut kühlen.

2. Ein sauberer Küchentisch
3. Backbleche
4. Kleine Wellhölzer aus der Spielküche oder kleine runde Flaschen
5. Ausstecher
6. Schürzen oder Handtücher, um die Kleider der Kinder zu schützen
7. Kinder im Alter von zwei Jahren aufwärts mit sauberen Händen

Außerdem erforderlich (für Großeltern, Eltern und Nachbarn):

1. Geduld
2. Kinderliebe
3. Lächeln
4. Reichlich gespendetes Lob
5. Weisheit beim Teilen der Geräte unter den Kindern
6. Ein Auge zum Zudrücken

Methode:

1. Vor jedem Kind Mehl auf den Tisch streuen
2. Teigstücke austeilen
3. Zeigen, wie man einen 5 mm dicken Teig ausrollt, Plätzchen aussticht und aufs Blech setzt
4. Backröhre anheizen auf 160 °C
5. Nicht beachten, wie viel Mehl auf den Boden fällt und wie viel Teig in die Münder wandert
6. Die Bleche in die Röhre schieben, sobald sie voll sind
7. Die Plätzchen jedes Kindes in eine eigene Schale legen
8. Wenn alles fertig ist, jedem Kind seine Plätzchen geben

Ergebnisse:

1. Glänzende Augen
2. Glückliche Gesichter
3. Klebrige Hände
4. Heiße Wangen
5. Süße Stimmen, die sagen: »Hm, ist das lecker.«
6. Spontane Umarmungen durch mehlige Arme
7. Einige wenige Plätzchen

Braune Brotstäbchen

Ergibt rund 70 Stäbchen
160 °C
30 Minuten

Lösen:
1 Päckchen Trockenhefe in
1 Tasse warmem Wasser
In einer großen Schüssel mischen:
1 Tasse (180 g) zerlassenes Backfett oder Öl
3 EL Honig
2 TL Salz
1 Tasse kochendes Wasser
Wenn dies lauwarm ist, hinzufügen:
2 geschlagene Eier
1 TL Honig
die gelöste Hefe
Nach und nach einrühren:
6 Tassen Vollweizenmehl
Gut rühren, aber nicht kneten. 1 Stunde oder länger im Kühlschrank kühlen. Wenn der Teig gekühlt ist, mit mehligen Händen Stücke abbrechen. Kugeln in der Größe eines Tennisballes formen, dann jede Kugel zu einer langen Rolle formen. Jede Rolle in 2 Stücke teilen und jedes Stück bleistiftdick rollen. Diese Stäbchen auf ein gefettetes Blech legen und zu doppelter Größe aufgehen lassen. Bei 160 °C knusprig backen.

Alternativ-Vorschlag

Die Stäbchen in Sesam- oder Sonnenblumenkernen rollen oder mit Knoblauchsalz bestreuen.
1 Tasse geriebenen Käse dem Teig zusetzen.

Schokoplätzchen

Ergibt 60-70 Stück
190 °C
8-10 Minuten

Zu einer Creme verrühren:
180 g Margarine oder Backfett
1 Tasse braunen Zucker
5 EL Honig
Hinzugeben:
2 Eier
2 EL heißes Wasser
2 TL Vanille
Schaumig schlagen.
Zusammensieben und beigeben:
1 Tasse weißes Mehl
1 ½ Tassen Vollweizenmehl
⅔ Tasse Sojamehl
1 TL Salz
1 TL Natron
Hinzugeben:
2 Tassen Zartbitterschokolade (fein geschnitten oder gehackt)
1 Tasse gehackte Nüsse (nach Belieben)
Teelöffelweise auf ein gefettetes Backblech setzen.
Bei 190 °C etwa 8-10 Minuten bzw. hellbraun backen.

Erdnussbutter-Plätzchen

(hoher Eiweißgehalt)
Ergibt ca. 70-80 Stück
190 °C
8-10 Minuten

Zu einer schaumigen Creme verrühren:
- **270 g Backfett (Margarine)**
- **½ Tasse groben Zucker**
- **½ Tasse braunen Zucker**
- **½ Tasse Honig**
- **180 g Erdnussbutter**
- **3 Eier**
- **1 TL Vanille**

Zusammensieben und beigeben:
- **2 ½ Tassen Vollweizenmehl**
- **1 Tasse Milchpulver**
- **1 Tasse Sojamehl**
- **1 TL Salz**
- **1 TL Backpulver**
- **2 TL Natron**

Den Teig kühlen. Zu Kugeln von 2,5 cm Durchmesser rollen und auf ein gefettetes Backblech setzen. Mit einer bemehlten Gabel flach drücken. Bei 190 °C 8-10 Minuten backen.

Vollkorn-Erdnussbutter-Plätzchen

Ergibt rund 60 Stück
190 °C
8-10 Minuten

Zu einer Creme verrühren:
- **90 g Backfett (Margarine)**
- **180 g Erdnussbutter**
- **1 ½ Tassen Zucker oder 10 EL Honig**
- **1 Ei**

Zu dieser Creme geben:
- **1 Tasse Weizenkeime**
- **2 TL Vanille**
- **6 EL Milch**

Mischen und beifügen:
- **1 ½ Tassen Vollweizenmehl**
- **½ TL Salz**
- **1 TL Backpulver**
- **2 TL Natron**

Zu Kugeln von 2,5 cm Durchmesser formen. Auf ein gefettetes Backblech setzen und mit einer bemehlten Gabel flach drücken. Bei 190 °C 8-10 Minuten backen.

Diät-Plätzchen mit Datteln

Ergibt ca. 60 Stück
175 °C
10-12 Minuten

In einem Kochtopf mischen:
1 Tasse Rosinen
½ Tasse geschnittene Datteln
1 Tasse Wasser
3 Minuten kochen und ständig rühren. Abkühlen.
Zu einer Creme verrühren:
2 Eier
90 g Margarine
3 TL Honig
1 TL Vanille
Zusammensieben:
¼ TL Zimt
1 Tasse Mehl
1 TL Natron
Die trockenen Zutaten abwechselnd mit der Dattelmischung zur Creme geben. Gut schlagen, einige Stunden kühlen. Teelöffelweise auf ein gefettetes Backblech setzen. Bei 175 °C 10-12 Minuten backen.

Neuseeländische Vollweizen-Plätzchen

Ergibt rund 35 Stück
175 °C
10-12 Minuten

Mischen:
½ Tasse zerlassene Margarine
1 EL Maissirup (oder Honig)
⅔ Tasse Zucker
Hinzugeben:
1 Tasse Vollweizenmehl
⅛ TL Salz
1 TL Natron gelöst in
2 EL Wasser
Gut mischen.
Hineinrühren:
⅔ Tasse Kokosraspel
⅔ Tasse gehackte Nüsse
Mit einem Esslöffel (gestrichen) im 5-cm-Abstand auf ein nicht gefettetes Backblech geben. Bei 175 °C 10-12 Minuten backen.

Melasse-Kugeln

Ergibt ca. 50 Stück
175 °C
12-15 Minuten

Zu einer Creme verrühren:

135 g Backfett (Margarine)
1 Tasse braunen Zucker
1 Ei
¼ Tasse dunkle Melasse (Rübensirup)

Zusammensieben und beigeben:

2 ¼ Tassen Mehl
½ TL Salz
2 TL Natron
1 TL Zimt
1 TL Ingwer
½ TL gemahlene Nelken

Gut mischen. Den Teig mehrere Stunden kühlen. Kugeln von ca. 2,5 cm Durchmesser formen und in grobkörnigem Zucker (Hagelzucker) wälzen. Im 5-cm-Abstand auf ein gefettetes Backblech setzen. Bei 175 °C 12-15 Minuten backen.

Alternativ-Vorschlag:

In grob gemahlenen Haselnüssen wälzen.

Weizenkeim-Kugeln

Ergibt rund 40 Stück
175 °C
12-15 Minuten

In einen Mixer geben:

2 Tassen Mehl
1 Tasse geröstete Weizenkeime
180 g Backfett (Margarine)
¾ Tasse Zucker
1 Ei
1 geriebene Orangen- oder Zitronenschale (unbehandelt)
1 TL Vanille
½ TL Salz

Bei geringer Geschwindigkeit schlagen, bis alles gut vermischt ist. Zu Kugeln von rund 2,5 cm Durchmesser formen und diese in

¾ Tasse Weizenkeimen

wälzen. Auf ein Backblech setzen und 12-15 Minuten bei 175 °C backen.

Erdnussriegel

Ergibt etwa 25 Stück
175 °C
30 Minuten

Schaumig rühren:
90 g Margarine
½ Tasse braunen Zucker
½ Tasse Kristall-Zucker
1 Ei
½ TL Vanille
Dazugeben:
½ Tasse feine Haferflocken
¾ Tasse Vollweizenmehl
½ TL Natron
¼ TL Salz
Hineinrühren:
1 Tasse grob gehackte Erdnüsse
½ Tasse Rosinen
Den Teig glatt in eine Backform streichen. Bei 175 °C etwa 30 Minuten backen. In der Form abkühlen. In Riegel schneiden.

Alternativ-Vorschlag:

Die Erdnüsse durch andere Nüsse ersetzen.

Ingwerbrötchen

Ergibt ca. 50 Stück
175 °C
10-12 Minuten

Zusammen mischen:
1 Tasse heißes Wasser
1 Tasse Melasse (Rübensirup)
Gesondert mischen und beigeben:
3 Tassen Mehl
½ TL Natron
1 TL Backpulver
1 ½ TL Ingwer
½ TL Salz
Hinzufügen:
¼ Tasse zerlassene Margarine oder Öl
1 Tasse Rosinen
Gut mischen. Teelöffelweise auf ein gefettetes Backblech setzen. Bei 175° C etwa 10-12 Minuten backen.

Rosinen- oder Dattel-Riegel

Ergibt etwa 35 Stück
200 °C
25-30 Minuten

In einen Kochtopf geben für die Füllung:

2 ½ Tassen Rosinen
¾ Tasse Wasser
¼ Tasse Zucker (oder Honig)
3 EL Zitronensaft
2 EL Stärkemehl

oder:

3 Tassen gehackte Datteln
1 ½ Tassen Wasser

Auf schwacher Hitze dick kochen. Abkühlen.
In eine Schüssel geben:

135 g Margarine
¾ Tasse braunen Zucker
1 TL Salz
½ TL Natron
1 ¾ Tassen Mehl
1 ½ Tassen Haferflocken

Zu Streuseln mischen. Die Hälfte der Streuselmischung in eine gefettete 20 x 30 cm große Form drücken. Die abgekühlte Füllung darin verteilen. Die restlichen Streusel darauf verteilen und leicht andrücken. Bei 200 °C 25-30 Minuten backen Warm in Riegel schneiden.

Kokosnuss-Dattel-Kugeln

Eine zuckerfreie Süßigkeit für die Schulpause oder als Weihnachtsgebäck.
Ergibt rund 35 Stück

Mischen und auf schwacher Hitze unter ständigem Rühren erhitzen:

2 geschlagene Eier
90 g Margarine
250 g fein geschnittene Datteln

2 Minuten kochen, vom Feuer nehmen und zugeben:

1 ½ Tassen Puffreis (ungesüßt)
½ Tasse gehackte Nüsse
1 TL Vanille

Abkühlen, zu kleinen Kugeln formen und in Kokosraspeln oder gemahlenen Haselnüssen wälzen.

Pfeffernüsse

Die Einsenderin schreibt: »Wir entwickelten diese Art Pfeffernüsse zum vergangenen Weihnachtsfest und verschenkten viele davon an Leute, die staunten, dass etwas derart Schmackhaftes auch noch gesund ist.«
200 °C
10 Minuten

In einer großen Schüssel schaumig rühren:
2 Tassen Honig
90 g Margarine
1 Ei
Hinzufügen:
¾ Tasse heißes Wasser
½ Tasse fein gehackte Nüsse oder Sonnenblumenkerne
1 TL Zimt
½ TL Ingwer
¼ TL Nelken (gemahlen)
1 ½ TL Backpulver
½ TL Natron
4 Tassen gesiebtes Vollweizenmehl
4 Tassen Weißmehl
In lange bleistiftähnliche Stangen von etwa 2 cm Durchmesser rollen und über Nacht zwischen Lagen von Pergamentpapier oder Stoff-Servietten einfrieren. Am nächsten Tag 1 cm dicke Scheiben abschneiden und auf ein gefettetes Backblech legen, sodass sie sich nicht berühren. Bei 200 °C 10 Minuten backen. Die Pfeffernüsse sind nach dem Abkühlen hart. Sie werden weich und aromatisch, wenn man sie einige Tage in geschlossenen Dosen lagert.

Zuckerplätzchen alter Art

Ergibt rund 120 Stück
190 °C
10-12 Minuten

Schaumig rühren:
1 ½ Tassen Zucker
180 g Schmalz, Margarine oder Backfett
2 Eier
1 Tasse saure Sahne
Hineinrühren:
2 TL Backpulver
8 bis 8 ½ Tassen Mehl
1 TL Zitronensaft (nach Belieben)
1 TL Vanille
Den Teig kühlen, ausrollen, mit etwas Zucker bestreuen und nochmals leicht überrollen. Kleine runde Plätzchen ausstechen. Bei 190 °C etwa 10-12 Minuten backen.

14. Gärtnern und Konservieren

Das Ziehen und Einmachen von Lebensmitteln lernt man am besten in einer Gemeinschaft, die dies praktiziert. In unserer kleinen Stadt läutet das Telefon, und ich höre Fragen wie diese: »Machen Sie Ihre Dillgurken in kochendem Wasser ein oder geben Sie sie einfach in die Salzlauge und verschließen Sie sie?« – »Machen Sie heute Tomaten ein? Wir haben zu viel und möchten in Urlaub fahren.« – »Was meinen Sie, ist es zu spät, Endiviensalat zu pflanzen?« Oft rufe ich auch selbst an, um zu hören, wo man den besten Mais kauft, oder um nach einem neuen Rezept zu fragen.

Wir wissen, dass der Laden an der Ecke den ganzen Winter über Konserven vorrätig hat und sogar frische Produkte (aus wärmeren Gebieten) anbieten wird. Durch die Massenherstellung und -verteilung von Lebensmitteln werden wir mit allem versorgt, was wir brauchen – bestimmte Preise und Geschmäcker vorausgesetzt. Aber im Spätsommer scheint sich unsere Gemeinde stillschweigend zusammenzutun in dem allgemeinen Bedürfnis, Lebensmittel für den Winter einzulagern. Die Tradition des Einlagerns ist – Gott sei Dank – noch nicht ganz verloren gegangen.

Fangen Sie das Gärtnern und Einmachen nicht nur aus Pflichtgefühl gegenüber Ihrem Haushaltsbudget und dem Welthunger an, auch wenn es beiden zugute kommt. Beginnen Sie damit aus Freude, für die Gesundheit und um das Geschenk zu erhalten, das Gott uns gegeben hat, als er uns in einen Garten setzte und sagte: »Seht her! Ich habe euch die Samen tragenden Pflanzen auf der ganzen Erde und die Samen tragenden Früchte der Bäume als Nahrung gegeben« (1. Mose 1,29).

Wir haben in diesem Kapitel nicht den Raum, Ihnen ein ganzes Handbuch über Gärtnern und Einmachen zu bieten. Aber Ihre Buchhandlung hat gute einschlägige Werke vorrätig und auch Freunde können Ihnen mit Rat und Tat zur Seite stehen. Hier ist eine Mustersammlung an Ideen von Personen, die ihr eigenes Gemüse ziehen und einlagern:

Gärtner- und Einmachentdeckungen

Gärtnern:

Dicke oder Puff-Bohnen lassen sich sehr leicht ziehen. Lassen Sie sie am Busch hängen, bis die Schoten trocken sind. Aus den Schoten herausschälen und in kaltem Wasser waschen. Breiten Sie sie ein paar Tage auf einem Papier zum Trocknen aus, bis sie unter Hammerschlag zerreißen. Ehe die Bohnen am Strauch trocken werden, pflücken Sie einige und kochen Sie sie als Gemüse. Zum Essen kochen Sie sie in Wasser und geben (wenn Sie das mögen) noch gehackte Zwiebeln und Sahne dazu. Mit Sahne passen sie gut zu Kartoffeln (anstelle von Bratensoße).

Wir haben noch keine schnelle Methode gefunden, Trockenbohnen zu enthülsen. Deshalb machen wir es, wenn wir mit Freunden zusammensitzen und uns unterhalten. Wir schieben die zum Essen gedachten Bohnen (nicht die für die nächste Aussaat bestimmten) für mehrere Stunden in einen 95 °C heißen Ofen, um sie vor Rüsselkäfern während der Lagerung zu schützen.

Sonnenblumenkerne sind leicht zu ziehen, und es macht Spaß, sie zu essen. Um sie für Frühstücksmüsli, Plätzchen oder Salate zu schälen, versuchen Sie Folgendes: ¼-½ Tasse in einen Mixer geben. 10 Minuten bei niedrigster Stufe mixen. Wenn noch nicht alle Körner geschält sind, kurz wie-

derholen. Rühren Sie die aufgeknackten Körner in eine Schüssel mit Wasser. Wiederholen Sie diesen Vorgang, bis mehrere Tassen Körner aufgeknackt sind. Nun lassen Sie die Schüssel stehen, bis sich die Kerne absetzen.
Schöpfen Sie die Schalen ab, die obenauf schwimmen (verwenden Sie sie als Vogelfutter, wenn sie nicht alle aufgeknackt sind). Gießen Sie das Wasser ab und breiten Sie die Samen auf einem Blech aus. Wenn sie trocken sind, sortieren und reinigen Sie die Kerne. Bis zum Verbrauch kühl und trocken lagern.

Ziehen Sie grünes Blattgemüse wie Grünkohl, Senf, Raps, Spinat und Mangold in nährstoffreicher Erde. Gut wässern. Das Aroma von unter idealen Bedingungen schnell in einer kühlen Jahreszeit gezogenem grünem Gemüse ist nicht zu vergleichen mit dem Geschmack von mittelmäßig gewachsenem Grün in heißem trockenem Boden. Versuchen Sie (wenn Ihr Klima dies erlaubt) es einmal mit zwei Pflanzperioden (im zeitigen Frühjahr und im Spätsommer, Ende August).
Grünkohl und Mangold bekommen keine Frostschäden bis - 8 °C. Meine Eltern zogen sie im Herbst als frühe Wintergemüse.

Wenn es in Ihrem Klima möglich ist, den Boden mit Heu oder Stroh abzudecken, sodass er nicht hart friert, dann kann man frische Wurzelgemüse während des ganzen Winters haben. Pflanzen Sie Lauch, Karotten, Schwarzwurzeln, Rote Rüben und Weiße Rüben im Juli, sodass sie eine ideale Größe erreichen, bevor der Frost das Kraut der grünen Oberteile abtötet. Der Teil unter dem Boden bleibt weiter bestens brauchbar.

Einkochen

Dill Pickles

Ein Pickles-Rezept, das in der Tat »mehr durch weniger« bringt: schnell, billig, zuckerfrei, knackig, aromatisch – und alle Zutaten, ausgenommen Salz und Essig, können selbst gezogen werden.
Ergibt 10-12 Liter

10-12 Stück Liter-Einmachgläser auskochen und pro Glas einfüllen:

kleine ganze oder größere in Stücke geschnittene Gurken
1 Weinblatt
1 Stengel frischen Dill
¼ Zwiebel
1 Knoblauchzehe (nach Belieben)
1 kleine rote Paprika oder ¼ TL getrocknete rote Paprika

Einen Einmachtopf halb mit Wasser füllen.
In einem Kochtopf mischen:

13 Tassen Wasser
6 Tassen Essig
1 Tasse Salz

Zum Kochen bringen und vorsichtig in die gefüllten Gläser gießen. Diese mit Einmachring und Deckel verschließen und 5 Minuten ins kochende Wasser stellen.
Kann nach 2 Wochen gegessen werden.

Brot- und Butter-Pickles

Ergibt rund 6 Liter

In Scheiben schneiden:
30 mittlere, ungeschälte Gurken (ergibt ca. 1 Liter)
8 mittlere Zwiebeln
In feine Streifen schneiden:
2 große rote oder grüne Paprikaschoten
Die Gemüse in eine große Schüssel geben.
In Eiswasser lösen und darübergießen:
¼ Tasse Salz
3 Stunden stehen lassen. Abgießen.
In einem großen Topf mischen:
5 Tassen Zucker
5 Tassen Essig
2 EL Senfkörner
1 TL Kurkuma
1 TL ganze Nelken
Zum Kochen bringen. Die abgegossenen Gemüse zugeben und zum Kochen bringen. Nicht weiterkochen. In sterilisierte Schraubdeckelgläser füllen und verschließen.

Einmach-Entdeckung

Einkochen von Tomatensoße: Die Tomaten kochen und in den Fleischwolf geben. Die Brühe durchlaufen lassen, dabei nicht drehen. Dann ein anderes Gefäß darunterstellen und das Fruchtfleisch durchdrehen. So erhält man eine dicke Soße. Die dünne Brühe kann zum Trinken oder für Suppen sterilisiert werden, die Soße zu Spaghetti oder zu Auflaufgerichten.

Süß-saure Gurken

Ergibt rund 3-3,5 Liter

Klein hacken:
12 bis 14 Gurken
1 Stangensellerie oder ½ kleine Sellerieknolle
2 Zwiebeln
2 grüne Paprika
2 süße rote Paprika
Über Nacht stehen lassen. Abgießen und beifügen:
2 EL Salz
Gut mischen.
In einem großen Topf aufkochen:
3 Tassen Zucker
3 Tassen Essig
1 TL Selleriesamen
½ TL Kurkuma
1 TL Senfkörner
Die Gemüse zugeben und 30 Minuten kochen. In Schraubdeckelgläser füllen und verschließen.

Einmach-Entdeckung

Schnelle Zubereitung von Tomaten: Tomaten waschen, entkernen und schlechte Stellen ausschneiden. Die Haut daranlassen, in Stücke schneiden. Im Mixer pürieren. Gut in Chili- und in Spaghettisoße oder in Suppen; kann für den späteren Gebrauch eingekocht oder eingefroren werden.

Quer-durch-den-Garten-Pickles

Ergibt 9 Liter

In einer Salzlösung aus ½ Tasse Salz und 2 l Wasser einige Stunden einlegen:

1 l kleine ganze Gurken

Getrennt davon in Salzwasser knackig-zart kochen:

½ l Perlzwiebeln
2 l Möhrenscheiben
1 l Selleriestücke
1 l Blumenkohlsträußchen
1 l gelbe Wachsbohnen
1 l frische Kernbohnen
4 süße rote, in Streifen geschnittene Paprika

Die Gemüse abtropfen. Die Gurken ebenfalls abtropfen. Alle Gemüse in eine große Emailleschüssel legen.
In einem sehr großen Topf mischen:

1 ½ l Wasser
1 ½ l Essig
6 Tassen Zucker
¼ Tasse Gurkengewürz in einem Beutel

Zum Kochen bringen und 5 Minuten köcheln. Den Gewürzbeutel herausnehmen. Die Gemüse jetzt in den heißen Sud geben. Schnell zum Kochen bringen. In heiße Gläser abfüllen und verschließen.

Sauce Creole

Ergibt 3 Tassen

In einer großen Pfanne erhitzen:

2 EL Öl

Weich kochen, aber nicht braun werden lassen:

1 Tasse gehackte Zwiebeln
½ Tasse gehackten Sellerie
1 zerdrückte Knoblauchzehe

Hinzufügen:

2 Tassen gekochte oder frische, gehackte Tomaten
1 Lorbeerblatt
1 Prise trockenen Thymian
½ TL Basilikum
¼ TL Oregano
⅛ TL Selleriesamen
1 EL gehackte Petersilie
1 TL Salz
1 Prise Zucker
frisch gemahlenen Pfeffer

Unbedeckt auf schwacher Hitze rund 1 ½ Stunden kochen oder so lange, bis die Soße auf die Hälfte eingedampft ist. Gelegentlich rühren. Während der letzten 20 Minuten Kochzeit hinzugeben:

1 große, süße, gewürfelte Paprika

Im Kühlschrank bis zum Gebrauch aufbewahren. Man sollte die Soße in der Tomatenzeit in großen Mengen machen und einkochen oder einfrieren.

Chilisoße

Ergibt 5-6 Liter

Weich kochen:

2 mittlere geschnittene Zwiebeln
4 l geschnittene Tomaten

Durch ein Sieb streichen, um die Häute und Kerne zu entfernen.

Hinzugeben:

1 Tasse Zucker
½ bis 1 Tasse Essig
5 TL Salz
1 TL Zimt
1 TL gemahlene Senfkörner
½ TL Currypulver
½ TL Muskat, Cayennepfeffer oder Chilipulver nach Geschmack

Kochen und auf die gewünschte Festigkeit eindampfen. In ½-Litergläser füllen, verschließen und 5 Minuten in heißes Wasserbad stellen.

Einmach-Entdeckung

Nehmen Sie italienische Fleischtomaten für Tomatensoße. Sie enthalten wenig Wasser, und gekocht und püriert ergeben sie eine schöne, dicke Soße.

Tomatenketchup

Mit dem Mixer erhält man ein sämigeres Ketchup.
Ergibt 4 Liter

Durch eine der beiden folgenden Methoden zubereiten:

4 l Tomatenmus, gewürzt mit
4 bis 5 großen Zwiebeln

1. Kochendes Wasser über die Tomaten gießen; diese schälen, vierteln und mit den Händen einen Teil des Saftes herauspressen (zum Trinken aufbewahren).
Die Tomaten und Zwiebeln im Mixer verquirlen.
2. Die Tomaten vierteln und mit den Zwiebeln kochen. In den Fleischwolf geben und den Saft auslaufen lassen. Dann eine andere Schüssel vorlegen und das dicke Fleisch durchdrehen. Die Menge abmessen.

In einem großen Topf mischen:

4 l Tomatenmus
2 EL Selleriesalz
4 TL Salz
2 Tassen Zucker
2 Tassen Essig
¼ TL rote Paprika (nach Belieben)
4 TL gemischtes Gurkengewürz in einem Beutel

Zum Kochen bringen. Die Hitze verringern und 1-1 ½ Stunden köcheln, gelegentlich rühren. Den Gewürzbeutel herausfischen.

In einer kleinen Schüssel mischen:

5 EL Stärke
¼ Tasse Wasser

In die kochende Tomatenmischung rühren. Weitere 5 Minuten kochen. In heiße, sterile Gläser füllen und verschließen.

Spaghetti-Soße zum Einkochen

Ergibt 12 Liter

Alles in Stücke schneiden:

25 l ungeschälte Tomaten
3 ungeschälte große Kartoffeln
2 Staudensellerie (kann auch durch 1 Sellerieknolle ersetzt werden)
3 süße rote Paprika
1 Peperoni
8 mittlere Zwiebeln
3 Knoblauchzehen

2 ½ Stunden in großen Töpfen kochen. Durch den Wolf drehen.

Hinzugeben:

1 ½ Tassen Zucker
2 EL Salz
1 Tasse Öl

Wieder zum Kochen bringen. In Gläser füllen und verschließen. Eine halbe Stunde in kochendes Wasser stellen.

Gefrorene Gemüsesuppe

Ergibt etwa 10 Liter

In einem großen schweren Topf bräunen:

2 kg Rinderhack

Hinzugeben:

1 l Mais
1 l grüne oder gelbe Schnittbohnen
1 l Erbsen
1 Stängel fein gehackter Sellerie
½ fein gehackten Kohlkopf
6 fein gehackte Zwiebeln
6 fein gehackte Möhren
2 Tassen weiße oder rote, gekochte Kernbohnen
6 Stängel gehackte Petersilie
Salz, Pfeffer und Kräuter nach Geschmack

Mit Wasser oder Fleischbrühe bedecken. Kochen, bis die Gemüse gar sind. Auf kleinere Behälter verteilen und einfrieren.

Alternativ-Vorschlag:

Kinder freuen sich über Buchstabennudeln in dieser Suppe.

Schnelle Erdbeermarmelade

Ergibt etwa 4 Tassen

Gut mischen und 24 Stunden stehen lassen:

2 bis 3 Tassen zerdrückte Erdbeeren
3 Tassen Gelierzucker

Stark aufkochen und ca. 4 Minuten kräftig sprudelnd kochen lassen vor dem Einfüllen in heiß gespülte Gläser. Es empfiehlt sich, eine Gelierprobe zu machen.

Alternativ-Vorschlag:

Mit anderen Früchten erhält man entsprechend andere Marmeladensorten. Empfehlenswert sind Mischfruchtmarmeladen von süßen mit sauren (pektinreichen) Früchten. Dadurch geliert die Marmelade besser, ohne dass die Kochzeit oder die Zuckermenge erhöht werden muss. Eine gute Ergänzung für Erdbeeren ist Rhabarber.

Apfelaufstrich aus dem Backofen

Ergibt 6 Liter
175 °C
3 Stunden

In eine große gefettete Kasserolle (feuerfeste Form) geben:

5 l ungesüßtes Apfelmus
10 Tassen Zucker
1 Tasse Essig
2 TL Zimt
1 TL Nelken

3 Stunden bei 175 °C backen oder bis es dick wird.
Alle 20 Minuten rühren. In Gläser füllen und verschließen.

Rasch zubereitete Marmelade zum Sofortverzehr

Im Mixer ca. 5 Minuten pürieren, bis die Marmelade sämig wird:

1 Tasse Früchte (sehr gut eignen sich Erd- oder Himbeeren)
1 Tasse Zucker

Vorteil:
Weil diese Marmelade nicht gekocht wird, enthält sie noch alle Vitamine und das besondere Fruchtaroma. Im Kühlschrank kann sie ca. 2 bis 3 Wochen aufbewahrt werden.

Alternativ-Vorschlag:

Statt frischer Früchte können auch tiefgefrorene verwendet werden.

Apfel-Honig-Aufstrich aus dem Backofen

Ergibt 5-6 Liter
150 °C
3 Stunden

Entkernen, schneiden und garen:

3,5 kg Äpfel

Durch den Wolf drehen oder durch die flotte Lotte. In diesem Falle braucht nicht entkernt zu werden. Ergibt etwa 4 l Apfelmus.
In einer großen Emaille-Kasserolle mischen:

das Apfelmus
375 g Honig
1 Tasse Apfelwein oder Essig
1 Tasse zerdrückte Ananas

3 Stunden bei 150 °C backen, gelegentlich rühren. In Gläser füllen und verschließen.

Einfrieren

Hacken Sie eine große Menge Petersilie und packen Sie sie in mehrere Dosen. Leere Margarinedosen können verwendet werden. Ins Gefrierfach des Kühlschranks stellen. Wenn man etwas braucht, mit dem Löffel die gewünschte Menge leicht abschaben.

Wir haben fast immer ein oder zwei überreife Bananen herumliegen. Ich friere sie ungeschält ein. Wenn sich genügend angesammelt haben, verwende ich sie für Kuchen oder zum Brotbacken.

Einfrieren von Kürbis: Den Kürbis halbieren, die Samen herausschneiden, umgekehrt auf ein Kuchenblech legen und backen, bis er weich ist. Wenn man genug Kürbisse hat, füllt man den ganzen Backofen, um Energie zu sparen. Den weichen Kürbis ausschaben und mit möglichst wenig Wasser zu einer zarten Masse mixen, die man dann einfrieren kann.

Einfrieren von Äpfeln für Kuchen: Schälen, vierteln und in Scheiben schneiden. Sofort in kaltes, gesalzenes Wasser tauchen und in einen Gefrierbehälter geben. Das Salzwasser verhindert das Braunwerden der Äpfel.

Einfrieren von Maiskolben: Die Maiskolben säubern, indem man die Enden stutzt und die Deckblätter entfernt. Nicht waschen oder mit Wasser zusammenbringen. In Plastikbeuteln einfrieren.
Zum Servieren die Kolben in kochendes Wasser geben und 6-8 Minuten kochen, nachdem das Wasser wieder zu sprudeln begonnen hat. Schmeckt wie frischer Mais.

Einfrieren des Krauts von Roten Rüben, Spinat und anderem Grün: Blätter abschneiden, waschen und blanchieren (abbrühen). Sofort in Eiswasser legen, abtrocknen und einfrieren. Zum Servieren mit etwas Wasser kochen; Salz und Butter oder eine weiße Soße dazugeben.

Am Ende des Sommers sammle ich Reste aus dem Garten und friere gemischte Gemüse für Suppen ein. Leicht überreife Gemüse sind so gut zu verwerten.

Wenn Sie Zwiebeln günstig erwerben können, kaufen Sie große Mengen. Hacken und in kleinen Portionen einfrieren. Wenn Paprika reichlich auf den Markt kommt, in Streifen schneiden oder würfeln und auf Kuchenblechen einfrieren. Wenn sie hartgefroren sind, in Behälter schaufeln und wieder einfrieren.
So kann Paprika jederzeit in kleinen Mengen zum Würzen, Verzieren oder Kochen herausgenommen werden. Will man Beeren zum Verzieren von Obsttorten oder Nachtischen verwenden, dann die Früchte ebenfalls einzeln auf Pergamentpapier einfrieren und in gefrorenem Zustand in Gefrierbeutel füllen, um sie dann weiter tiefzugefrieren.

Trocknen

Trocknen Sie Äpfel zum Knabbern zwischendurch.
Legen Sie geschälte, aufgeschnittene Äpfel mit einer Schutzbedeckung in die Sonne. Oder trocknen Sie sie auf Drahtgittern im Backofen bei sehr niedriger Hitze 4-6 Stunden. Das ist aber wegen des Energieverbrauchs nur bei Holzherden sinnvoll.

Kompott aus Trockenäpfeln und Preiselbeeren

Ergibt 6 Tassen

In einem Topf mischen:

250 g trockene Apfelscheiben
2 ½ Tassen Wasser

Zum Kochen bringen, die Hitze verringern und zugedeckt 10 Minuten köcheln. In eine Schüssel umgießen.
In denselben Kochtopf geben:

2 Tassen frische Preiselbeeren
¾ Tasse braunen Zucker oder Honig
1 ¼ Tassen Wasser

Zum Kochen bringen, bis die Preiselbeeren aufspringen. Die gekochten Äpfel dazugeben und 10 Minuten köcheln, dabei gelegentlich rühren. Kühlen.

Ich trockne oft Bananen. Mein örtlicher Markt verkauft mir eine Kiste fleckiger Bananen, die aber immer noch schön sind, für ein Drittel des Einzelhandelspreises. Ich schäle und viertele sie der Länge nach und halbiere sie dann kreuzweise. Ich lege sie auf zwei alte Ofengestelle und trockne sie im Backofen bei sehr niedriger Hitze 24-28 Stunden. Das Herdlicht oder eine elektrische Glühbirne, die mit einer Verlängerungsschnur in den Ofen gehängt wird, gibt genug Wärme.
Wenn es zu heiß ist, tritt der Saft aus den Früchten aus, und das vermindert den aromatischen Geschmack. Essen Sie sie zwischendurch.

Trocknen Sie Pfefferminzblätter im Schatten auf einem Stück Leintuch oder Zeitungspapier. Bewahren Sie die getrockneten Blätter in dunklen Gläsern auf. Es gibt ein Dutzend und mehr Minzarten, jede mit einem bestimmten Aroma. Pfefferminzpflanzen können Sie von Freunden bekommen oder in einer Gärtnerei. Pflanzen Sie einige um den Wasserhahn neben dem Haus als winterfeste Dauerkultur. Das beste Aroma haben die frisch entrollten Blätter und die wachsenden Spitzen der Staude. Pflücken Sie diese für Tee. Wenn die Pflanze Seitentriebe bildet, wird die Ernte größer.
Auf dieselbe Weise können andere Pflanzen, die sich zum Tee oder zum Würzen eignen, getrocknet werden.

Für Tee:
Zitronenmelisse
Ringelblumenblüten
Brennnessel
Schafgarbe
Lindenblüten
Apfelschalen

Zum Würzen:
Bohnenkraut, Borretsch, Dill
Pilze (in feine Scheiben geschnitten)

Getrocknete Mandarinenschalen:
Die Schale gut waschen und an der Luft vollkommen trocknen lassen. Dann in Stücke brechen oder im Mixer pulverisieren. Wenn man lieber dünne Scheiben haben möchte, dann vor dem Trocknen schneiden. In schönen Gläsern aufbewahren. Getrocknete Schalen verbessern ihr Aroma mit dem Alter und sind jahrelang haltbar. (Nur Schalen unbehandelter Früchte verwenden!)

Register

H